法華經講義

——第一輯

——平實導師　述

ISBN 978-986-5655-30-3

執著離念靈知心爲實相心而不肯捨棄者，即是畏懼解脫境界者，即是畏懼無我境界者，即是凡夫之人。謂離念靈知心正是意識心故，若離**俱有依**（意根、法塵、五色根），即不能現起故；若離**因緣**（如來藏所執持之覺知心種子），即不能現起故；復於眠熟位、滅盡定位、無想定位（含無想天中）、正死位、悶絕位等五位中，必定斷滅故。夜夜眠熟斷滅已，必須依於**因緣**、**俱有依**緣等法，方能再於次晨重新現起故；夜夜斷滅後，已無離念靈知心存在，成爲無法，無法則不能再自己現起故；由是故言**離念靈知心是緣起法**、**是生滅法**。不能現觀離念靈知心是緣起法者，即是未斷我見之凡夫；不願斷除**離念靈知心常住不壞之見解**者，即是恐懼解脫無我境界者，當知即是凡夫。

——**平實導師**——

一切誤計**意識心為常**者，皆是佛門中之常見外道，皆是凡夫之屬。意識心境界，依層次高低，可略分爲十：一、處於欲界中，常與五欲相觸之離念靈知；二、未到初禪地之未到地定中，暗無覺知而不與欲界五塵相觸之離念靈知，常處於不明白一切境界之暗昧狀態中之離念靈知；三、住於初禪等至定境中，不與香塵、味塵相觸之離念靈知；四、住於二禪等至定境中，不與五塵相觸之離念靈知；五、住於三禪等至定境中，不與五塵相觸之離念靈知；六、住於四禪等至定境中，不與五塵相觸之離念靈知；七、住於空無邊處等至定境中，不與五塵相觸之離念靈知；八、住於識無邊處等至定境中，不與五塵相觸之離念靈知；九、住於無所有處等至定境中，不與五塵相觸之離念靈知；十、住於非想非非想處等至定境中，不與五塵相觸之離念靈知。如是十種境界相中之覺知心，皆是意識心，計此爲常者，皆屬常見外道所知所見，名爲佛門中之常見外道，不因出家、在家而有不同。

——平實導師——

如聖教所言，成佛之道以親證阿賴耶識心體（如來藏）爲因，《華嚴經》亦說**證得阿賴耶識者獲得本覺智**，則可證實：證得阿賴耶識者方是大乘宗門之開悟者，方是大乘佛菩提之眞見道者。經中、論中又說：證得阿賴耶識而轉依**識上所顯真實性、如如性**，能安忍而不退失者即是**證真如**、即是大乘賢聖，在二乘法解脱道中至少爲初果聖人。由此聖教，當知親證阿賴耶識而確認不疑時即是開悟眞見道也；除此以外，別無大乘宗門之眞見道。若別以他法作爲大乘見道者，或堅執**離念靈知**亦是實相心者（堅持意識覺知心離念時亦可作爲明心見道者），則成爲實相般若之見道內涵有多種，則成爲實相有多種，則違實相絕待之聖教也！故知宗門之悟唯有一種：親證第八識如來藏而轉依如來藏所顯眞如性，除此別無悟處。此理正眞，放諸往世、後世亦皆準，無人能否定之，則堅持離念靈知意識心是眞心者，其言誠屬妄語也。

——**平實導師**——

目次

第九輯：

第十輯：

第十一輯：

第十二輯：

第十八輯：

第十九輯：

第二十輯：

第二十一輯：

自序

大乘佛法勝妙極勝妙，深奧極深奧，廣大極廣大，富麗極富麗，謂此唯一佛乘妙法，意識思惟研究之所不解，非意識境界故，佛說爲不可思議之大乘解脫境界，名爲大乘菩提一切種智，函蓋大圓鏡智、成所作智、妙觀察智、平等性智；然而此等極勝妙乃至極富麗之佛果境界，要從因地之大乘眞見道始證，次第進修方得。然大乘見道依序有三個層次：眞見道、相見道、通達位。眞見道者位在第七住；相見道位始從第七住位之住心開始，終於第十迴向位滿心；通達位則是圓滿相見道位智慧與福德後，進修大乘慧解脫果，再依十無盡願的增上意樂而圓滿，名爲初地入地心菩薩。衆生對佛、法、僧等三寶修習信心，十信位滿心後進入初住位中，始修菩薩六度萬行，皆屬外門六度之行；逮至開悟明心證眞如時，方入眞見道位中；次第進修相見道位諸法以後，直到通達而得入地時，歷時一大阿僧祇劫，故說大乘見道之難，難可思議。

大乘眞見道之實證，即是證得第八識如來藏，能現觀其眞實而如如之自性，名爲證眞如；此際始生根本無分別智，同時證得本來自性清淨涅槃。乃至證悟般若不退而繼續進修之第七住位始住菩薩，轉入相見道位中，歷經第一大阿僧祇劫中三十分之二十有四的長劫修行，同時觀行三界萬法悉由此如來藏之妙眞如性所生所顯，證實《華嚴經》所說「三界唯心、萬法唯識」正理；如是進修眞如後得無分別智，終能具足現觀非安立諦三品心而至十迴向位滿心，方始具足眞如後得無分別智，相見道位功德至此圓滿，然猶未入地。

此時思求入地而欲進階於大乘見道之通達位中，仍必須進修大乘四聖諦，現觀四諦十六品心及九品心後，要有本已修得之初禪或二禪定力作支持，方得相應於慧解脫果；或於此安立諦具足觀行之後發起初禪爲驗，證實已經成就慧解脫果；此時已能取證有餘、無餘涅槃，方得與初地心相應，而猶未名初地。而後再依十大願起惑潤生，發起繼續受生於人間自度度他之無盡願，不畏後世長劫生死眾苦，於此十大無盡願生起增上意樂而得入地，方得名爲大乘見道之通達位，眞入初地之入地心中，完成大乘見道位所應有之一切修證。此時已通達大乘見道位應證之眞如全部內涵，圓滿大乘見道通達位應有之無生法忍智慧，及慧解脫果與增上意樂，方證通達位之無生法忍果，方得名爲始入初地心之菩薩。

然而觀乎如是大乘見道之初證眞如，發起眞如根本無分別智，得入第七住位，成爲眞見道菩薩摩訶薩；隨後轉入相見道位中繼續現觀眞如，實證非安立諦三品心而歷經十住、十行、十迴向位之長劫修行，具足眞如後得無分別智，生起初地無生法忍之初分，配合解脫果、廣大福德、增上意樂，名爲通達見道位眞如而得入地。如是諸多位階所證眞如，莫非第八識如來藏之眞實與如如二種自性，同屬證眞如者。依如是正理，故說未證眞如者，皆非大乘見道之人；證眞如者謂現觀如來藏運行中所顯示之眞實與如如自性故，實相般若智慧依如來藏之眞如法性建立故，萬法悉依如來藏之妙眞如性而生而顯故，本來自性清淨涅槃亦依如來藏之眞如法性建立故。

如是證眞如事，於眞藏傳佛教覺囊巴被達賴五世藉政治勢力消滅以後，由於時局紛亂不宜弘法故，善知識不得出世弘法，三百年間已經不行於人世。及至時局昇平人民安樂之現代，方又重新出現人間，得以繼續利樂有緣學人。然而，縱使末法時世受學此法而有實證之人，欲求入地實亦匪易，蓋因眞見道之證眞如已經極難親證，後再論及相見道位非安立諦三品心之久劫修行，而能一一教授弟子四眾者，更無其類；何況入地前所作加行之教授，而得具足實證大乘四聖諦等安立諦十六品心、九品心者？眞可謂：「善知識者出興世難，至其所難，得值遇難，得見知難，得親近難，得共住難，得其意難，得隨順難。」如是八難，具載於《華嚴經》中；徵之於末法時世之現代佛教，可謂誠言，眞實不虛。

縱使親值如是善知識已，長時一心受學之後，是否即得圓滿非安立諦三品心及安立諦十六品心、九品心而得入地？觀乎平實二十餘年度人所見，誠屬難事；殆因大乘見道實相智慧極難實證，何況通達？復因大乘慧解脫果並非隱居深山自修而可得者，如是證明初始見道證眞如已屬極難，更何況入地進修之後所應親證之初地滿心猶如鏡像現觀，解脫於三界六塵之繫縛；二地滿心猶如光影之現觀，能依己意自定時程及範圍而轉變自己之內相分，令習氣種子隨於自己施設之進程而分分斷除；三地滿心前之無生法忍智慧，能轉變他人之內相分；以及滿心位之猶如谷響現觀，能觀見自己之意生身分處他方世界廣度眾生，而使無生法忍及福德更快速增長。至於四地心後之諸種現觀境界，更難令三賢位菩薩了知，何況未證謂證、未悟言悟之假名善知識，連第七住菩薩眞見道所證眞如都只能想像者？

雖然如此，縱使已得入地，而欲了知佛地究竟解脫、究竟智慧境界，亦仍無法望其項背，實因初地菩薩於諸如來不可思議解脫及智慧仍無能力臆測故。縱使已至第三大阿僧祇劫之修行——已得八地初心者，亦無法全部了知諸佛的境界，則無法了知佛法之全貌，如是而欲了知十方三世諸佛世界之關聯者，即無無其分。以是緣故，世尊欲令佛子四眾如實了知三世佛教之亙古久遠、未來無盡，以及十方虛空諸佛世界等佛教之廣袤無垠；亦欲令弟子眾了知世間萬法、出世間法及實相般若、一切種智無生法忍等智慧，悉皆歸於第八識如來藏妙眞如性者，則必於最後演述《妙法蓮華經》而圓滿一代時教；是故 世尊最後演述《法華經》時，一仍舊貫而如《金剛經》稱此第八識心爲「**此經**」，冀諸佛子醒悟此理而捨世間心、聲聞心，願意求證眞如之理，久後終能確實進入絕妙難思之大乘法中。斯則 世尊顧念吾人之大慈大悲所行，非諸凡愚之所能知。

然而法末之世，竟有身披大乘法衣之凡夫亦兼愚人，隨諸日本歐美專作學問之學者謬言，提唱六識論之邪見，以雷同常見、斷見外道之邪見主張，公開否定大乘諸經，謂非佛說，公然反佛聖教而宣稱「**大乘非佛說**」。甚且公然否定最原始結集之四大部阿含諸經中之聖教，妄判爲六識論之解脫道經典，公然貶抑四阿含諸經中之八識論正教，令同於常見外道之六識論邪見；全違 世尊依八識論而解說聲聞解脫道之本意，亦令聲聞解脫道同於斷見、常見外道所說之解脫，則無餘涅槃之境界即成爲斷滅空而無人能知、無人能證。如是住如來家，著如來衣，食如來食，藉其弘揚如來法之表相，極力推廣相似像法而取代聲聞解脫道正法，最後終究不免推翻如來正法；如斯之輩至今依然寄身佛門破壞佛法，而佛教界諸方大師仍多心存鄉愿，不願面對如是破壞佛教正法之嚴重事實，仍多託詞高唱和諧，而欲繼續與諸多破壞佛教正法者**和平共存**，以互相標榜而**維護名聞利養**。吾人若繼續坐令如是現象存在，則中國佛教復興，以及中國佛教文化之推廣，勢必阻力重重，難以達成；眼見如是怪象，平實不得不詳解《法華經》之眞實義，冀能藉此而挽狂瀾於萬一。

　　如今承蒙會中多位同修共同努力整理，已得成書，總有二十五輯，詳述《法華經》中 世尊宣示之眞實義，因名《法華經講義》，梓行於世，冀求廣大佛門四眾捐棄邪見，回歸大乘絕妙而廣大無垠之正法妙理，努力求證，共爲復興中國佛教文化、抵禦外國宗教文化之侵略而努力，則佛門四眾今世、後世幸甚，中國夢在文化層面即得實現。乃至繼續推廣弘傳數十年後，終能使中國成爲全球最高階層文化人士的歸依聖地、精神祖國；流風所及，百年之後遍於歐美社會各層面中廣爲弘傳，則中國不唯民富國強，更是全球唯一的文化大國。如是復興中國佛教文化之舉，盼能獲得廣大佛弟子四眾之普遍認同，乃至廣有眾人付諸實證終得廣爲弘傳，廣利人天，其樂何如。今以分輯梓行流通在即，因述如斯感慨及眞實義如上，即以爲序。

佛子　平實　謹序

公元二〇一五年初春　謹誌於竹桂山居

第一輯：

《妙法蓮華經》

〈經題略說〉

講經十幾年，除了第一部經—我記得是講《楞伽經》—是第一次臨時選定要講的經典；除此以外，都是講到一半過後——大約是前一部經快講完了，然後再選另一部經，才延續下去宣講另一部經。既然這一部經也不是刻意安排，就剛好是前一部經講完時選了這一部經，是一個新的開始，但或許是有一些什麼特殊因緣而使我選擇這一部經典吧！因為這部經典的意涵很特殊。但是這一部經講起來以後，在經文上面我是希望速度會比較快一點，因為原則上我不想如同古德那樣作科判，原則上要將 佛陀的本意直接講出來，所以預想速度上會稍微快一點；但在其中所隱含的眞義上面，仍然要加以演繹出來。也就是「演義」而不作科判的意思，講起來的內容將會比較精彩，當然內容也會比較多。另外是說，這部經有一個特性，它是在顯示十方諸佛的眞實本質，不是聲聞聖者所能理解，更不是聲聞凡夫們所能理解，乃至不是初入地菩薩所能理解，所以我們才特定要選這部經來說。

照例還是要從經名開始說，這部《妙法蓮華經》的經名總共就這麼五個字，一般人把它簡稱爲《法華經》。我們把這個經名分成三個部分來說，最後的一個部分就是一個「經」字，這很容易講；前面就是分成妙法與蓮華來說，重點當然還是放在妙法上面。「妙法」，顧名思義當然就是很神奇，才叫作妙，不神奇就不講「妙」字。到底是什麼樣的法，才說是神奇的法、勝妙的法？當然，我們得要來一起探究一下。「妙法」第一個說明的，就是「祂」是指如來藏，所以妙法並不是指某一些法說得很勝妙、很深妙而叫作妙法，而是說如來藏這個法—也就是如來藏這個心—很微妙殊勝，所以把這個心稱爲妙法。既然說祂是妙法，這個如來藏心就必然有祂的殊勝奧妙深微不可知的許多特性，才能稱爲妙法。

首先來說這個如來藏心，第一種特勝的微妙法性就是能生。說祂能生，當然就必然有所生，那麼能生的法是可以生萬法的；沒有辦法生其餘諸法的法，譬如意識心、色身等等，就不具有能生的功德性。這樣講，可能諸位不容易領略，我們再把它稍微詳細說明一下：凡是能生的法，必然就出生萬法。再作一個比較詳細的解釋，譬如如來藏出生了意根，意根依附於如來藏而存在，不能單獨存在。意根從如來藏中出生了以後，祂也沒有辦法出生別的法，祂只能夠被如來藏作爲所藉的助緣，然後來出生了五色根；所以意根只是個助緣，意根不能出生五色根，有了意根以後，出生五色根的仍然是如來藏。

接著說，如來藏出生了意根與五色根以後，六根具足了；可是這六根沒有能力出生六塵，這六根只是如來藏的助緣，由如來藏出生了六根——是如來藏再藉六根作爲助緣來出生六塵；所以六塵不是由六根所生，結果六塵仍然是由如來藏出生。如來藏這樣子出生了六根與六塵之後，接著有根塵相觸，於是出生了眼等六識；然而，眼耳鼻舌身意六個識不是由六根生，更不是由六塵生，也不是由六根與六塵共生，仍然是由如來藏生。

有了這十八界，六根六塵六識具足了，於是一個完整的人類出生了，所以接著就有萬法了。可是，萬法的種子在哪裡呢？還是在「妙法」如來藏心裡面，因爲一切種子含藏在如來藏中。那麼出生了五陰之前，如來藏先得藉著祂所出生的意根配合，然後與共業有情共同出生了山河大地，共同出生了欲界天、色界天；這些器世間也仍然是由如來藏生，而不從所生的十八界來生；一神教說的造物主上帝，只是神話而不是法界中的事實，因爲上帝的五陰也是被生法，被生的法不能出生其他的五陰，否則即是「諸法由他生」，就違背法界的實相。而六根與六塵也不能合生六識，否則便成爲「諸法是共生」，一樣違背法界實相，龍樹的《中論》早就破斥過了；所以龍樹的信徒們不該誤會龍樹的意旨，主張單單有六根與六塵便能出生六識覺知心。能生的法一定會出生萬法，所藉助的助緣等諸法，都只能是助緣，也都是由能生的如來藏所生；這些被生的助緣等諸法的本身，都沒有出生諸法的能力；所以，因爲這個如來藏心具有這樣「能生」的功德，因此說祂是微妙法、勝妙法，這就是妙法的第一個定義。

這個妙法還有個特性，叫作金剛性，換句話說，祂具有不可壞性。任何一個有情，不論他是四聖六凡的哪一類有情，都無法毀壞任何一個有情的如來藏心；祂具有金剛性，恆住而不可壞；因為不可壞性，所以是妙法。這個不可壞性，不是經由修行而成為不可壞，是祂本來就具有這種不可壞性，無始劫前就已經如是。即使卑賤到成為一隻細菌了，但牠的如來藏心仍然具有不可壞性，性如金剛，所以《入楞伽經》和《楞嚴經》中才說：證得如來藏的人，就是證得金剛三昧。

那麼如來藏心的這個金剛性，縱使身處於卑賤的細菌身中，假使有一個方法可以凝聚十方諸佛的威神之力，合為一個超強的威神力，以這樣的威神力，仍然無法毀壞任何一隻卑賤細菌的如來藏；因為如來藏具有這一種不可壞性，所以祂稱為金剛心，自然應該說是妙法。《金剛般若波羅蜜經》之所以被命名為金剛，也正是因為述說這個如來藏心具有金剛不可壞性，所以說祂是金剛心，因此而說祂是妙法。實證這個金剛心如來藏的教派，才有資格宣稱為金剛乘；密宗自稱金剛乘，是往自己臉上貼金，而且是把下流當風流。

假使有人宣稱他可以毀壞什麼人的如來藏，那有二個大過失：第一是違背聖教量，第二是違背法界中的現量。作爲一個學佛人，套用一句台灣俗諺來說，我們要勸告他：牙齒軟一點比較好，不要像鋼鐵那樣。閩南語罵人家說他鐵齒，意思是說他的牙齒太硬了；因爲別人講的，他都不信，硬要堅持己見；可是他不信邪，往往就會遭了邪門。聖教中說第八識心具有金剛性，永遠不可毀壞，我們就應該信受；因爲不只釋迦佛如此說，十方諸佛、三世諸佛都如此說或者將會如此說；這是說，包括諸位將來成佛了，一樣是會如此說的；爲什麼呢？因爲這是法界中的現量。「量」的意思就是事實，事實是這樣，那就成爲定量，不可改變，所以現前可以看見的事實就稱爲現量。如來藏具有金剛不可壞性，這是法界中的現量；實證如來藏，可以有智慧如此觀察，就有親證的現量；他依著現量觀察所說出來的法義，就是現量的智慧，他儘管依著現量來說，卻能全部符合經教。

以前有人不信邪，當我們幫忙他們證得第八阿賴耶識以後，他們提出一個創見。我要先補充一下：在佛法中不許有創見，完全要依循聖教量，因爲諸佛的聖教是不可改變的。而且諸佛是具足實證的，所說出來的法義是演述法界中的現量，當然是不可改變的。所以如果將來正覺同修會蓋了道場，裡面一個房子叫創見堂，那麼那時的正覺同修會一定是出問題了，因爲佛法中不許有創見。只有正法滅了以後，世間沒有佛法了，然後有最後身菩薩來人間示現成佛，才允許有創見，是因爲他所說的法義，大家都不曾聽聞過，才方便說爲創見；可是他的創見仍然在過去諸佛已經說過的範圍之內，並無違背，所以結論仍然是沒有創見。那爲什麼不能有創見？因爲這是法界中的定量，就是如來藏心的金剛性是顯示祂的不可壞性，是十方三世一切法界中決定不可改變的現前事實，所以祂是法界定量。如是親證的人，他的所證就是現量；依這個現量而作出來的比量都不可能成爲非量，所以他所作的比量演繹也一樣是定量。

那麼話題拉回來說，有人不信邪，因爲他的牙齒不是琺瑯與牙骨質做的，而是鐵做的，比我的牙齒剛硬多了，就敢提出來說第八阿賴耶識是生滅法。當年，他們的創見提出來了，而法界定量中是不可能有創見的，當然我們一定要對他們的說法提出質疑。假使我們所證的是符合法界中的定量，是現量親見，然而有人提出的創見是不符合法界定量的，我們當然要回應，因爲這是正法存亡的關頭。

三乘菩提就是依這個金剛法來施設建立的，現在有人要把祂推翻掉，說這個第八阿賴耶識是生滅法。當這種話在私下流傳的時候，我們聽到了，當場丟出一個很簡單的題目：「請你向對方提出請問：『既然你認爲第八識是生滅法，請問第八識何時生、何時滅？』讓他從兩個方面來說：第一個、從法界的現量來說，第二個、從聖教量來說，請他們提出來。」當然，從法界現量方面來說，他們無法證明阿賴耶識心是生滅的；因爲他們永遠無法證明自己的第八識是何時出生的，也找不到一個方法可以把祂壞滅。老實說，不必談到第八識，光是問他們說：「請問：你的意根是什麼時候出生的？」就夠了。連意根這個有生之法，他們都找不到出生的時候；因爲祂無始以來就從如來藏中出生而存在著，誰也找不到意根是從何時出生的，誰都無法向前推溯出來，何況是能生意根的第八阿賴耶識呢！

當然，後來他們就從聖教量裡面摘錄了許多經論文字出來。但問題是，摘錄出來的那些經文的結論中，每一句、每一段都在證明他們的主張是錯誤的，我們反而用他們的舉證來破斥他們，這就夠了，都不必再另外找資料來破他們。這意思就表示說，這個金剛性，沒有什麼理由可以解釋；你無法、也不必解釋說祂爲什麼是金剛性，因爲祂無始劫以來法爾如是。如果硬要找一個理由來解釋，也可以啦！就是剛剛講的第一個道理——妙法，又叫作能生。能生諸法的那個法，就表示一切法都從祂而生。假使有人主張某一些法能毀壞祂，那些法也都是由祂而生的法；如果由祂所生的法可以回過頭來毀壞祂，那麼那個所生的法應當比祂更能生，因爲那個被生的法竟然比祂多了一個法，是可以回頭來毀壞祂。能毀壞如來藏的法，連如來藏自己都生不出來，被祂生的法竟然能夠出生一個法來毀壞如來藏，這個說法有沒有可能成爲定量？有沒有可能？不可能嘛！能不能稱爲現量？不能！因爲那個法是被如來藏所生的，而如來藏自己都沒有這個功能了，何況所生的法能有毀壞能生的如來藏的功能，所以不可能成爲定量。因此世間沒有任何法可以毀壞如來藏，正因爲這個金剛性、不可壞性，所以稱祂爲妙法。

那麼，第三個理由說祂爲妙法，因爲祂法爾而有，沒有辦法去推論說，祂是怎麼存在的，也沒有辦法追究到祂何時出生。莫說阿羅漢三明六通以後可以現觀到以前八萬大劫，即使諸佛完全沒有限制的宿住隨念智力的功德，也無法推究出如來藏是什麼時候出生的。諸佛的宿住隨念智力是沒有限制的，一樣是永遠推究不出來。如果是被生的法，都是會有出生的時間，就不會是妙法。因爲十方三世所有法界之中有一個定量，就是這四個字：有生必滅。凡是有出生過的法，將來一定會壞滅——有生就沒有辦法避免壞滅。而這個如來藏心是法爾而有，本來就有的，沒有出生的時候；既然不曾有出生的時候，祂就不會有壞滅的時候了。

諸位以前一定也聽人家講過《六祖壇經》，六祖說：將滅止生的法，不是佛菩提。這是在說明二乘道的法都是將滅止生，用聲聞解脫道來滅掉自己，來停止後世的五陰再出生。然後六祖提出來說，佛法是本來不生，不是生了以後把它滅掉而永遠不再生。因爲那是生滅法，然而佛菩提是本來不生，本來不生就不必有滅，永恆常住，這才是眞正的佛法。那麼，如果修學解脫道時說，要把自己十八界滅盡了，「後有永盡」，「不受後有」，那是把現象界中的蘊處界滅壞而不再去受生，所以不受後有，那就是滅了；滅了以後，未來世不再有五陰十八界出生，這叫作「將滅止生」，是用一個究竟滅的法來停止未來世的自己再出生，那不是本來不生。眞實佛法所證的標的是本來就不生的，才是妙法，才是眞正的佛法。

那麼從聖教量來說，也說祂法爾而有。而證得如來藏這個眞如心的人，不論是誰，下自七住位菩薩，往上攀升到十住、十行、十迴向、十地，等覺、妙覺乃至諸佛，都無法證明眞如心如來藏曾經出生過，因爲法爾而有。不曾有生，所以就永遠無滅；不生不滅，才能成就中道義。既然是不生也不滅，所以祂能稱之爲「妙法」。法界中再也找不到任何一個法具有這種勝妙性，所以說妙法無二，不可能有二種。因此 世尊降生時說「唯我獨尊」，所以第八識眞如心就是「妙法」。如來藏眞如心是萬法的根源，沒有任何法可以跟祂互相匹敵，其他的所有諸法都沒有辦法跟祂相提並論。

世間誰最大？皇帝最大！可是皇帝還有人可以跟他匹配，所以就有皇后跟他匹配了。那麼若是說到皇帝的老子呢？皇帝的老子上面有時也還有太皇太后呢！可是如來藏是一切法的本源，祂不是跟人家相待而存在的法；祂是出生諸法的法，諸法由祂出生，那麼祂與諸法就是主從的關係了，不是平等對待的關係。既然如來藏是萬法之主，萬法當然不能與祂相待，所以祂是唯我獨尊；因爲是三界內外唯我獨尊，當然是「妙法」，所以 釋迦老爸剛來人間的時候，就立刻扮神頭鬼臉，走了七步，一手指天一手指地說：「天上天下，唯我獨尊。」不知道的人說：「你看，因爲祂是佛，所以唯我獨尊。」廢話！如果是那樣解釋的話，村塾的老師也會講，何必等你大善知識來講。如果那樣也可以叫作善知識，把中學裡的國文老師請來都可以講經說法了，因爲是依文解義嘛！誰不會？然而 釋迦老子降生人間，行走七步時，祂就說：「天上天下，唯我獨尊。」且道是阿哪個「我」？可不是那個五陰我獨尊，那個五陰我還要靠著淨飯王父母來幫忙才有辦法出生，怎麼叫作獨尊？當然是那個如來藏妙法唯我獨尊，因爲唯我獨尊所以勝妙，才說是妙法。

有一天雲門禪師就舉了這個公案說：「當時老僧若在，一把將他推倒了，送給狗子吃。」他眞是大逆不道，他再怎麼悟得深，不過就是三賢位之內；縱使讓他入了地，想要成佛，還得二大阿僧祇劫之後。膽子這麼大，竟然說：「老僧當時如果在，看見悉達多太子降生時，行走七步在那邊講『天上天下，唯我獨尊』，我就一掌把他撲倒了，送給狗子吃。」眞是大逆不道！然而他意在何處？他其實不在講事相上可以聽見的這些文字。那麼，後代那一些專門搞文字禪的人，拿了禪宗的公案，用《康熙辭典》，或是用《文心雕龍》等文字工具等，拿來作訓詁。訓詁的結果就是依文解義，結果就是一大座的金山擺在旁邊視而不見，撿了個黃銅說：「哇！寶貝！寶貝！」珍惜得不得了！然後就覺得：「我實在註解得太好了！」就印出來流通了。

可是呢，我給他們一句評語：「不值行家一哂！」哂，知道嗎？東西南北的西，左邊加個口字旁。哂就是微笑，不過那個微笑是輕蔑的。是說那種註解不值得行家輕蔑地一笑，連這個都不值。因爲雲門或者 世尊，其實只是在講這個唯我獨尊的正理。世尊走那七步，講那句話，是在講這個唯我獨尊的如來藏；雲門文偃不過就是把那個公案再度圓滿一下而已，沒有絲毫的不敬。後代人不知道雲門禪師的用心所在，就依著他的表相而學著呵佛罵祖，擔了一大擔的口業都還不知道，那才叫愚癡呢！

話說回來，因爲祂唯我獨尊，所以是「妙法」，除此以外，有誰還能夠找得到另一個唯我獨尊的法呢？我預先下個註腳在這裡：一定會像那些鐵齒的人說，如來藏是生滅法，或者說第八識是生滅法；結果呢，最後都無法推翻法界中的現量——第八識如來藏常恆不滅。我敢預先下這個註腳，這個註腳不但適用於現在，也適用到佛法最後五十二年結束；不但如此，還適用到將來　彌勒佛降生時的正法、像法、末法住世的年代，而且還適用到未來無量諸佛的法中。因爲法界的定量，已經證明沒有任何其他一法可以跟如來藏相匹配，所以祂是唯我獨尊的；永遠如是，過去如是，未來也將如是，所以祂叫作「妙法」。

再從另一方面來說祂爲什麼是「妙法」呢？因爲祂是出世間法之根本，請問外道中有沒有出世間法？有沒有？假使有誰說外道中有出世間法，可以拿來我看看，看哪個外道是能證涅槃的？答案是沒有。什麼叫出世間法？就是二乘菩提，因爲它們是出離三界生死苦的法。出離三界的法在四阿含諸經中最常看見的，就是比丘或比丘尼證得阿羅漢果的時候，去到　佛前向　佛自稱：「弟子某某某，生已盡，梵行已立，所作已辦，不更受有，知如眞。」這是最標準的說法。所以證得出世間法的阿羅漢們，都是自己很清楚知道的，不必等誰來跟他印證。

他們自己很清楚知道：「我不會再去受生了，三界中不管哪一道都不會去了。」所以自己去　佛前向　佛陀報告，說他清淨行已經建立了，不會再墜入欲界中了；那麼解脫道中該修的法，他也已經成辦了；也宣稱他不再接受後有了，並且外帶一句「知如眞」——我知道得很清楚。如果一般人聽了阿羅漢們這麼宣示，可能會說：「你爲何這麼傲慢？去到佛前還敢這麼講！」但這不是傲慢，而是因爲他自己已經確定了，是從自己的心性上面現前觀察到，確實不再受後有。請問這幾百年來，南北傳佛教中，有沒有誰宣稱他不受後有？沒有歟！好多人自稱爲阿羅漢，結果都不敢也不會說他們不受後有，這是哪門子阿羅漢？說句不客氣的話，我們會裡隨便哪個明心的菩薩都不會像他們那樣胡言亂語。但即使眞的證得阿羅漢而不受後有之後，也還是如來藏獨存不壞，所以妙法蓮華如來藏是「妙法」。

爲什麼這個「妙法」是出世間法之本？在四阿含諸經中顯示出來，那位聲聞大迦葉（編案：大迦葉有很多位）聚集了四十位阿羅漢以及其他三果、二果、初果人和聲聞凡夫總共五百人，作了五百結集。結集出來以後，他們認爲那就是成佛之道，所以才用「阿含經」這個名稱，因爲阿含的名義就叫作成佛的法道。可是我們檢視了以後，發覺其中所說的法義根本不能使人成佛，是說四阿含諸經所講的不足以使人成佛。如果要說得老實一點，很誠實的說，它最多就能夠使人信受明心的事實存在而已，最多只能證明第八識如來藏妙義是《阿含經》所承認的，談不上成佛的法道。

所以，四阿含諸經裡面也有講到如來藏，其中其實也有密意，在我們菩薩看來，那也是明講了如來藏。可是，單單證了如來藏就能成佛嗎？不行，最多只是成爲第七住位的菩薩，叫作般若波羅蜜多「正觀現在前」，只有大乘眞見道的功德而已，不過就是根本無分別智，連後得無分別智都還沒有呢。可是，他們認爲那就是成佛之道，認爲已經具足成佛之道的義理了，所以取名叫作《阿含經》。但其實那些法義還無法使人成佛，最多只是顯示大乘法中的眞見道而已，至於悟後如何進修成佛之道，可都沒有說明。

如果那就是 世尊一代時教的全部法教，我們就要說一句話了：「那麼釋迦世尊的化緣尚未圓滿，祂應該繼續再來受生示現成佛，把大乘菩提一一演述，具足了成佛應有的五十二位階的成佛之道內涵，而使化緣圓滿。」因爲明心之後應該怎麼樣修行才能成佛，四阿含諸經裡面都沒有講。可是佛世尊明明入滅而不再來這個地球世間了，顯然是化緣圓滿了；這表示大迦葉他們聽聞了大乘經以後，結集出來的「阿含」成佛之道是不完整的，而且是極嚴重遺漏大乘法義內涵的，不能稱爲「阿含」。他們既然自稱爲「阿含」之道，相對於佛菩提道來說，顯然是有增上慢的。但咱們不必計較，因爲菩薩向來不太喜歡跟人家計較，所以菩薩沒有當場指責他們是增上慢，只是主張說：「吾等亦欲結集。」當場公開宣稱說「我們也要來結集」，然後自己就去結集了。於是在七葉窟外聚集一千人來，半年後就把第二轉法輪諸經、第三轉法輪諸經全部結集出來，具足 世尊所說成佛之道的內容，這也才能證明釋迦世尊的化緣已經圓滿完成。因爲 世尊確實有講了那些勝妙法，但聲聞賢聖與凡夫們記不起來，因爲沒有勝解的緣故；而菩薩們各個聽了都有勝解，所以記得；因爲那是菩薩親自經歷的過程，當然聽聞之時都有勝解而可以把它們結集下來。但是四阿含諸經既然不是眞正的「阿含」（成佛之道），可是畢竟仍是出世間法，確實可以使人實證解脫果而出三界生死苦——不論是聲聞阿羅漢果或者緣覺果都可以實證。

爲什麼我說這個「妙法」是出世間法二乘菩提的根本？譬如說，在四阿含中有一部原本就是大乘經，但被聲聞人結集爲聲聞經。在這部經中 佛陀問阿難：「如果這個識不入母胎，有名色不（讀作否）？」阿難說：「無也。」「如果這個識入了母胎以後，馬上就離開了，母胎中的名色能增長不？」阿難說：「無也。」「如果這個識入了母胎以後，雖然住了幾個月，後來又離開了，這名色能圓滿成長不？」阿難還是說沒有辦法。永遠都說沒辦法，世尊甚至說：「這個識在母胎中圓滿了，出生了嬰孩，然後這個識就離開了，嬰孩能生存嗎？能成長嗎？」阿難也是答「無也」，也是答「不」。請問：剛入母胎的時候有意識嗎？有覺知心嗎？都沒有。離念靈知還不曉得在哪裡呢，當然那個識必然就是指能生名色的第八識。從這個基礎，佛陀在阿含部的另一部經中又說：「是什麼緣故，使眾生被無明所遮障而在漫漫長夜中流轉不斷、不到本際，是什麼緣故？」提出這個問題來了，這表示說無餘涅槃中是有本際，不是斷滅空，這也是《阿含經》中所說的。

佛陀也幾度說過：阿羅漢證無餘涅槃，是清涼、寂滅、眞實、常住不變。這也是《阿含經》中說的，所以聲聞涅槃並不是斷滅空，也不是常見外道的識陰境界；「常見」的境界都是生滅法，有爲、無常。然後 佛陀又說：阿羅漢入了涅槃，是六根六塵六識滅盡。那是不是斷滅空？不是。表示滅盡蘊處界以後的無餘涅槃之中，是常住不變的；也是寂滅的，因爲其中沒有六塵；這就表示二乘涅槃的成就，也是依這個如來藏心而建立的，否則便成爲斷滅空了。聲聞解脫道的涅槃既然是依如來藏心而建立，很顯然如來藏就是聲聞涅槃的「本際」，祂就是聲聞菩提出世間法的根本。

那麼你看，三界一切法都還及不上二乘出世間法，所以阿羅漢們才只是證得阿羅漢果，就成爲人天應供，諸天天主都還要供養他們。成爲阿羅漢以後，他不過就是一個人類，可是諸天天主見了他，得要供養他；諸天天主爲什麼不會覺得說：「我是天主，你只是個人間的人，我壽命可以活很多劫很多劫，你不過活個幾十年，爲什麼我要禮拜供養你？」諸天天主爲什麼不這樣想？因爲他們都不是傻瓜。他們爲什麼見了阿羅漢都趕快要想辦法供養？因爲他們只要供養了阿羅漢，他們的天主寶座就保住了。他們是爲了這個著想，才不是想要供養那個人。好啊！請問阿羅漢將來入了涅槃，滅盡十八界以後，剩下他的第八識獨存——成爲如來藏獨住的境界，會是斷滅空嗎？所以阿羅漢之所以能證聲聞涅槃，也是因爲知道入涅槃以後有這個本識眞實存在，不是斷滅空，所以「因內無恐怖、因外無恐怖」，就這樣入無餘涅槃，這顯示聲聞菩提也是依這個如來藏心而建立，因此祂是「妙法」。

如果有一個法是建立出世間法的根本，當然可以是「妙法」，絕對有資格。爲什麼說祂是出世間法的根本呢？還有一個菩提叫作緣覺菩提，更可以證明。以前海峽兩岸佛教界有許多人講因緣法，有沒有誰曾經提到因緣法是依如來藏建立的？沒有。然而這個道理卻是二千五百多年前，釋迦佛已經講過的道理，也是二十年前我個人剛開始弘法時就講出來的道理，以外就沒有看見佛教界有誰講過這道理。除此以外，只有一個人注意到，那個人叫作釋印順，可是他注意到的時候卻因為六識論的邪見作祟，作了錯誤的解釋。他怎麼解釋呢？他把十因緣與十二因緣解釋作增說與滅說的差別，認為二者的正理並無差異。所以因緣法有時被他說成九因緣法，不是十二因緣法。他解釋說：這十因緣跟十二因緣只是增說與滅說，九因緣法的道理也是一樣的。可是我說完全不一樣，如果只是增說與減說，那就不必放在同一部經裡面來講十因緣跟十二因緣了。可是自從他這麼一解釋，因為他身披僧衣，又是年高「德」劭，佛教界都相信他；也因為所有的大法師們沒有一個人智慧比他好，所以就信了他；然後佛門四眾就這樣迷迷糊糊地走下去，就永遠沒有實證因緣法的時候。

好在後來我們把《阿含正義》寫出來；這也是被他所逼，不得不寫。因爲我們把開悟說了，禪也寫了，唯識也寫了，念佛也寫了，密宗的也寫了，最後就得寫阿含；因爲我們剛開始弘法時講念佛，他們說：「蕭平實只懂念佛，他不懂禪。」然後我們寫了禪——《公案拈提》，他們說：「他懂禪，不懂唯識。」然後我們又寫唯識類的法義，他們說：「他雖然懂唯識，密宗他根本不懂。」好了，我們就寫了密宗，他們又說：「唉呀！他雖然懂密宗，但不懂南傳佛法，不懂解脫道。阿含裡面寫什麼，他根本不懂。」甚至於以前還有人批評說：「他講的都是禪、都講大乘法，阿含的內涵他是不懂的啦！」殊不知我讀經典是從四阿含諸經開始讀起的，不是從大乘經典讀起的；因爲未破參明心以前，大乘經典一翻出來，根本讀不懂，別讀了。那時候我還沒破參，請了一套《大正藏》，白馬精舍印的，才三萬六千元，好便宜！功德無量！要讚歎他們。

可是大乘經典都讀不懂，譬如大精進菩薩的事，說大精進菩薩終於出了家，帶著一幅佛的畫像，然後就掛在樹上，端身正坐正念對著佛像。他怎麼證道的呢？他想：「**如同佛的畫像非出息、非入息，**」因爲是佛的畫像，當然不會呼吸，「一切諸法亦復如是，非出息、非入息。」我當時讀了眞的是傻眼了：「這到底什麼意思？」知道他一定在說什麼，可是無法懂，因爲只有明心以後才會懂。又說：「又好像諸佛的畫像非見聞覺知，諸佛也是如此，非見聞覺知。」唉呀！又是好大一個謎團。如佛像非見聞覺知，我們可以懂，爲何一切諸法非見聞覺知？那諸佛在說法時都沒有見聞覺知嗎？當時明明知道這個講不通，可是這既然是聖教量說的，一定有道理，只是我們不懂。但我們不懂，不能隨便批評說那經典亂講，所以當時大乘經典我根本讀不懂。

讀不懂，只好放下了；因爲這一部讀了也是這樣，讀那一部也一樣跟你說法離見聞覺知，你要從何讀起呢？那不然，就改從阿含來讀好了，當時讀阿含部的經典，終於稍微懂一點；因爲它講的都是現象界裡面的法，說六根六塵六識、五陰、六入、名色如何生滅等等，這個還可以讀懂。所以我此世學佛一開始是讀四阿含諸經的；因爲那時大乘經典根本沒辦法讀，就從阿含來讀。偏偏他們說我不懂阿含，那眞是冤枉；因爲我讀經典是從阿含下手的，後來自己參禪才悟入的。好了，既然人家講了，我就起了個念頭說：「好吧！

那我就來寫阿含法義的書吧！」因爲阿羅漢不知道的無餘涅槃中的本際，我都知道了，那我悟後還能不懂阿含嗎？

「大乘經都懂了，還能不懂阿含嗎？」就把以前讀過的，曾經用鉛筆畫了的一些重點（我這個人記憶不好，可是我很會記憶這個重點是在左邊，還是在右邊；因爲經典翻起來讀時，就是有右邊跟左邊兩頁；我會記得在哪一個部分我曾讀過什麼，是在左邊上面那一欄，或者下面這一欄，我會記得這個；所以我就專翻我記得某一邊或上或下的某一欄，就很容易找到了），就這樣，然後把以前標示的重點整理一下，就動筆寫了《阿含正義》。《阿含正義》出版了以後，就沒有人再說我不懂中觀了，因爲連阿含都懂了。他們不懂的阿含，我都懂了；他們要是再講，恐怕又被我拆穿；不好意思，不講了，所以就沒有人再講我不懂中觀。好了，我們把《阿含正義》寫了出來，出版以後不久，遇到一次齋僧大會，我們有一位法師也去參加、去應供。結果在受供的時候，左鄰右舍的法師們居然都知道說：那十二因緣的觀行，得要依十因緣來觀行才能修成功。我說：原來我們《阿含正義》還眞的有不少出家人在讀、在學。

現在大家終於知道十二因緣不能單獨修，單修十二因緣是不能成就的。十二因緣法是拿來攝受初機學人而講的，對於眞實想要取證因緣觀的人，必須要先從十因緣來說，否則他們必然「因內有恐怖」。「因內有恐怖」就會產生「因外有恐怖」，也就是對於內法本識不能實證而產生恐怖，不能確定內法本識是否眞的存在，因此就不敢斷我見，怕落入斷見中，成爲「因外有恐怖」。可是緣覺法的實修，不必證這個本識，只要從理上去推知，確定一定是有這麼一個心便夠了。因爲只有心才能生識陰諸法，色法不能生識陰等法：物不能生心，心才能生法。所以名色既然都是生滅的，名色的前面就必然有這麼一個心。既然是心，就不可能完全沒有識別的功能，所以在《阿含經》所說的因緣法中就把祂叫作「識」。所以從名色再往前推斷會是什麼？是「識」。因此佛陀說明往世當獨覺時觀修因緣法的時候，說祂追究名色是從什麼法中出生的時候，就認定說：「名色由識生。」從名色之所從來的識，再往前觀察時可就一法也無了，因此就說：「齊識而還，不能過彼。」

這就是說，十因緣法從「老病死、生」往前推究，一直推到最後是「名色」。名色之前再推究時會是什麼？就是「識」，因爲除了識，沒有一法能生識陰覺知心與色陰，總不能說虛空可以出生名色吧？達賴竟說可以，達賴在書中曾說眞實的「識」是在虛空。原來他是虛空外道！既然是識，只有識才能生名色，不可能是虛空，也不可能是由物質色法來生名色。緣覺、獨覺雖然沒有證得這個識，但心中確定了，就知道說：那麼就把名色以下的每一個有支全都斷滅，只剩下那個識，那就是出三界了。這樣逆觀、順觀確定沒有錯，然後再來推斷，同樣是從老病死、生，一直往上推到名色，最後推溯爲什麼那個識會出生名色？這一定要推斷出來。推斷的結果是，因爲過去世一世又一世不斷地有六識心在造作諸行，由造作諸行的結果就使後有的行陰種子不能斷絕。然而，在推斷說爲什麼過去世會有六識心不斷造作諸行，爲什麼前世的六識會緣於名色不斷地造作諸行，導致它形成一個勢力—一個不斷受生的勢力—而不可終止？原因就是因爲愚癡無明嘛！無明有兩個：一個是不知道名色由第八識出生，另一個無明則是不知道名色虛妄，所以一直不斷地執著自己必須要有名色。

這個無明，在現代二十世紀佛教最具體的代表，曾是台灣某一個大山頭的修行要領，叫作「把握自己」，這就是最具體的無明。把握自己是在把握什麼？把握名色。名色是虛妄法、是生滅法，結果他們竟不知道這是生滅法，這就叫作無明；最後終究把握不住五陰自己，我見如此堅固的結果，死後仍舊歸於輪迴。前一種無明是因爲不懂得如理思惟，或者不信聖教中說的第八識如來藏眞實存在，因此便斷不了我見，就別說是斷我執了。

「無明」的世俗話就叫作笨——愚癡。佛法不難懂，佛法是很生動、很活潑的，就在我們五蘊身中，不要想得太玄妙。那麼弄清楚了說：是因爲無明，所以才會一世又一世有六識造作諸行，然後接著就一定會投胎，就會由識出生下一世的名色，有名色就會有六入、觸等等，然後就有生老病死，接著就在那邊怨天尤人：「爲什麼我生來那麼命苦？都無法出三界。」都因爲無明，有無明才會這麼命苦。辟支佛把這一點確定了，接下來仍然是聲聞法，就回頭反觀名色到底是眞實、是虛妄？藉四聖諦來觀察每一個因緣支；一一把它現觀完成，他的因緣觀就完成了，那就是辟支佛：我生已盡、梵行已立、所作已辦、不受後有。死後一定入無餘涅槃。這樣看來，辟支佛對十二因緣、十因緣的現觀，還是要依於本識永遠存在「**法爾如是**」的前提，才能完成他的因緣觀。然後他當然也知道，將來滅盡十八界、入了無餘涅槃以後，仍然是剩下那個識。所以顯然緣覺菩提依舊是依本識的獨存，或者依本識的常住不壞來建立的。這樣一來，這個本識如來藏當然就是出世間法的根本，所以說祂是「**妙法**」。

再來說這個本識如來藏，祂也是世出世間法的根本。世出世間法就有兩個層面要說了：第一個叫作般若，第二個叫作種智。般若，大家耳熟能詳。般若波羅蜜多，就是智慧到彼岸之意。這個口號講起來，眞的很響亮：有智慧就可以到彼岸，不必像阿羅漢那樣拚死拚活。阿羅漢得要「自殺（滅盡五蘊）」才能住於涅槃中，菩薩都不自殺，每一世繼續生死時竟然都說沒有生死。菩薩證悟佛菩提以後都可以這樣強詞奪理，強詞奪理以後卻沒有強詞奪理，三明六通大阿羅漢也無法反駁。所以菩薩一世又一世繼續生死，嘴裡卻說「**我沒有生死**」，這叫作智慧到彼岸，是憑著智慧到達本來不生不死的彼岸。

然後年少菩薩證了本來自性清淨涅槃以後，卻回過頭來跟阿羅漢說：「阿羅漢伯伯！你沒有到達無生無死的彼岸。」大阿羅漢也不敢吭聲，只能閉嘴啊！爲什麼呢？因爲他很清楚知道：「我五蘊存在的時候是在有生死的此岸，等到入了無餘涅槃，不再受生了，那時我已不在了，那我怎麼可能住在不生不死的彼岸？」菩薩就說：「我一世又一世在生死的此岸中，但我同時也在不生不死的彼岸。」阿羅漢聽了，只好瞠目結舌，因爲聽不懂；這才知道說：這菩薩還眞的厲害，智慧不得了。他們就因爲這個緣故，所以一方面佛陀在上面誘引他們，有那個成佛的誘餌在那邊，菩薩在下面就幫他們用針刺、用刀砍，非要逼阿羅漢們迴小向大爬上去。阿羅漢們難過得不得了，那就想：「我趕快爬上去，菩薩就砍不著我了；上去又有好東西，佛陀好多勝妙法在那邊等著我呢。」就這樣子，菩薩們就是配合 佛陀來演這一場八相成道的大戲，阿羅漢們都是被菩薩戳過、砍過的，所以才會有那麼多大阿羅漢們迴心大乘而得實證般若，最後才會被 佛陀授記將來成佛。

那麼話說回來，到底智慧到彼岸是憑什麼智慧，而到達無生無死的彼岸？憑的就是法界實相的智慧。然而法界的實相到底是什麼？就是眞如。因爲法界的眞實相就是眞實與如如、常住而不變異，這樣才可能是法界的實相，否則就要叫作法界生滅、法界虛相。所以日本那一些批判佛教的學術研究者，他們批判佛教，而且把四阿含作了個教判說：「四阿含是六識論的主張。」但我們舉證出來說：「四阿含不是六識論的教義，而且是標準的八識論。」他們讀了以後都很清楚知道我講的沒錯，所以好像是今年年初吧，有個消息說大陸有個機構要再度出版有關袴谷憲昭、松本史朗等人的書——《修剪菩提樹》；當那個機構提出要求時，反而被作者婉拒了。那是大陸很有名的機構，想要幫他們出版書，他們竟說不想再出版了。

因爲搞不好，這一出版，人家會拿它來作文章；不出版還沒事，以前被人家弄了個滿臉豆花，洗過也就算了。現在再度出版，一定會招來好幾盆豆花，何必自取其辱？所以我說他們聰明。因爲，我們《阿含正義》很清楚證明：「《阿含經》中的教義是八識論，不是六識論。」那麼，法界的實相既然是定量、是不可改變的，而我們親證之後也依現量、聖教量、比量來證明人間法界確實是八個識，你人間的法界不可能去改變它，這就是一個定量。既然講的是實相般若，而不是虛相般若，那就表示說：諸識裡面一定有一個是眞實法、是常住的、是本住的、是不壞性，而且是能生萬法的根本法。這樣才能叫作實相，否則那個般若就要叫作虛相般若，或者稱爲虛妄般若。

由於實相般若的實證，使得實相智慧生起，是憑著證什麼法而生起？是證如來藏。沒有人能推翻這一點。以前縱使有人不服，他們也始終無法推翻。因爲我雖然還沒有寫過般若的書，可是我講出來有關般若的那些法義，散見於很多的書裡面，他們有沒有辦法來加以評論？連中性的評論都不敢作，何況能夠月旦呢！他們現在聰明了，所以推究說：「爲什麼我們無法評論蕭平實所講的般若法義？結論是：因爲他有證得如來藏，他能夠把般若講得出來、講得具體，不是想像；我們沒有證如來藏，我們作不到。」這就證明一個事實了：證得如來藏妙心的人，才會有實相般若。

又譬如說，《般若經》裡面講無住心、非心心、無心相心、不念心，爲什麼它講心？如果是一切法空的話就不必講心了，但爲什麼 佛陀還刻意要講眞如心呢？然後很多很多的法，例如六百卷的《大品般若經》如是，《小品般若經》也如是，《金剛經》也是如此，最後《心經》乾脆就告訴你是「心」。那麼這樣一想：「這些經中究竟是說哪個心？如果是證得意識心，不管意識心的什麼變相，全都是有念的或者離念的，或者定中的、定外的意識，不管證得什麼心，我們都講不上蕭平實。他可以那樣講，我們都講不上。」那顯然就是要證那個如來藏心了。而且證得如來藏心以後，從如來藏心不落二邊來講般若的話，就無懈可擊。所以這很清楚證明，不論是從聖教或者從法界的定量來說，般若智慧就是依如來藏心而建立的，當然如來藏心就是「妙法」。

那麼，如果是愚癡而且一點點都沒有實證的人，至少也可以從禪宗祖師裡面看出一些端倪。看那些禪宗祖師個個口才辯給、出言不俗，可是爲什麼他們都主張要明心？這是爲什麼？而他們全都願意爲這個如來藏法付出一生，不無原因啦！由這裡也可以看得出來，這很顯然證明了：實相般若所產生的不落二邊的中道觀行——簡稱爲中觀，其實就是依這個「妙法」如來藏心來建立的。既然外道法中的諸天天主都不懂般若，在出世間法中已經實證的阿羅漢也不懂般若，只有菩薩懂般若；而菩薩懂般若的原因，卻是因爲證得這個如來藏心。那這樣子，顯然這個如來藏心就是般若的根本，而般若是世出世間法。如來藏心既然是世出世間法的根本，所以說它是「妙法」。

可是還有一個問題：般若實證了以後，那唯識經典能完全懂嗎？大多還讀不懂欸！只能懂一部分。原來那唯識經典在告訴人家如何成佛，講的都是一切種智，是諸地菩薩應該要實修的法。因爲《般若經》全部通達了，最多就是讓你入地；可是入了地以後，仰望諸佛的境界幾乎看不見。眞的幾乎看不見，太遙遠了！回頭再看看以前自己走過的路——那一大阿僧祇劫，再轉回來看看，自己要到達佛陀的境界依舊是那麼遙遠；這一下子，只好死心塌地請出唯識經典來，好好來研究。

這眞的叫作研究，那些學術研究者都不懂得研究，因爲他們作的都是文字訓詁，那不能叫作研究經論。因爲他們既不能研、也不能究，他們全都只在依文解義的層面。眞正有資格作佛學學術研究的人是證悟的菩薩摩訶薩，因爲只有證悟的菩薩們才能針對成佛之學研之、究之。研是什麼呢？是把它拆解了，然後再磨細了，最後探究它的本質是什麼，這樣才叫作研究。但他們都是在噉文字穀，都只是在咬文字的穀粒。人家是把穀皮剝了，煮成熟飯再吃，他在咬那些文字穀的穀皮，哪能叫作佛學學術研究？那叫作笑話！

言歸正傳，這時候入了地了，當然開始要把第三轉法輪的經典請出來研之究之，一步一步慢慢去把它條分縷析。終於弄清楚：「啊！原來我現在才算入地啦！之前我還自以爲已經入地了，原來那都不算數，現在才算眞的知道什麼叫作入地。」你看，入地還會誤會呢。爲什麼我說這樣子才算入地？因爲先把第三轉法輪經典作一個概略式的瞭解以後，重新回來讀《大品般若經》的時候，終於三賢位的法義整個現前，這時才能算是眞的完成入地的道業了。以前是怎麼樣呢？是見樹不見林，就只看見一棵樹又一棵樹，一一認知這一棵如何、那一棵如何，可是沒有整體去全部整理出來，還沒有整片樹林全部通透。

等到讀了第三轉法輪的經典以後，回頭來讀大品、小品《般若經》以後，才知道說「原來是這麼回事」，於是整片樹林就看出來了，就完成三賢位的般若智慧，終於能夠死心塌地回到第三轉法輪經典來用功了。在第三轉法輪經典中努力研之、究之，到達成佛的時候是要二大阿僧祇劫，是以前那一段長遠修行過程的加倍。這一下，原來一點點洋洋得意的心都不在了，只剩下一個很歡喜的心，埋藏在心裡面很深很深的地方不敢顯露出來。所以，你們看到歡喜地的菩薩，不可能見到他每天笑嘻嘻地，他很歡喜藏在心裡面都不敢講。明明心中歡喜，為什麼不敢講呢？因為每每想到努力修行想要達到佛地，得再二大阿僧祇劫，知道距離佛地很遙遠，當然只能把大歡喜深深埋在心中，不敢顯露出來（作者案：這是從修道的事相上簡說，三賢位在實際上要如何達成入地的目標，請詳閱《正覺電子報》連載的《涅槃》，其中有更詳細的實際內容和次第說明）。好啦！現在終於死心塌地來用功，發覺原來入地以前學的所有般若，都在如來藏心體的自性上面來觀行、來宣講；現在則是在如來藏中所含藏的一切種子層面來講了，這層面大不一樣，內涵也大不一樣。所以，一步一步探究的結果，發覺成佛的憑藉就是一切種子的智慧；但一切種子是誰含藏的？如來藏。

如果有人說他對一切種子很瞭解，可是竟不知道如來藏在哪裡，或者他所知道的如來藏竟然落入識陰與意根中，這話講得通嗎？就好比有人說：「我對汽車的所有構造都很瞭解，可是我不知道汽車長成什麼模樣。」這叫作笑話！所以好多唯識學專家寫了好多唯識的書籍出來以後，你問他說：「請問你的第八識在哪裡？」「我不知道啊！」都答不知道。有的唯識專家，根本就是把第八識依文解義唬弄一遍就算數了，他們根本不知道第八識的所在。

如果像釋印順，那叫作假唯識專家，因爲他的唯識學中只說有六個識。因爲他的唯識學說人類總共只有六個識，而這六個識全都是虛妄生滅的，所以他對第三轉法輪唯識增上慧學經典的判教是怎麼判的？他判作「虛妄唯識」。所以以後見了他，應該管他叫作「印一半」或「順一半」。因爲唯識增上慧學共有二門，有眞實唯識門跟虛妄唯識門，這在馬鳴菩薩的《大乘起信論》中早就說過了，不是只有我平實一個人這麼說，而且古時玄奘菩薩在《成唯識論》中也是早就說過的了。眞實唯識門是指第八識的眞如法性以及未來成佛時名爲無垢識，是講菩薩從因地證得阿賴耶識而漸次改名爲異熟識、無垢識的內涵與過程，最後證得佛地眞如。

若要說虛妄唯識門，釋印順都還不夠格來講解；因爲虛妄唯識門是說有七個識，但他說只有六個識，所以他是把虛妄唯識門中的遍計執性砍掉了，只剩下依他起性門一半，因此釋印順就要改名叫作「順一半」或「印一半」。名符其實啊！沒有冤枉他。所以他說的佛法三系教義的判教，根本是全部都錯判了。因爲般若也不是他說的「性空唯名」，般若講的是世出世間法，是說世間法及二乘菩提出世間法，都由這個世出世間法所生，而這個世出世間法也含攝了世間法，所以說是世出世間法，這怎麼會是「性空唯名」？祂有眞實體性啊！然而釋印順不懂，就把般若判爲性空唯名。一定是體性無常空、生滅空，只有名相言說，才會是性空唯名；釋印順的意思就是說：那般若諸經就是戲論，只是不方便用戲論兩個字來作教判。性空唯名就是戲論，所以他心中是判般若系列諸經爲戲論，然後判第三轉法輪的唯識諸經爲「虛妄唯識」。這眞是睜眼說瞎話！那第三轉法輪諸經裡面明明是講不增不減、不生不滅的第八識，含藏著三界六道世間、二乘菩提出世間、大乘菩提世出世間法等一切種子；分明說這一個心是萬法的根本，怎麼會是虛妄法？如何能判定爲虛妄唯識？釋印順眞是糊塗人。

菩薩完成了般若系列的修學以後，進入到唯識系列的層次來，發覺都在講如來藏的種子；最後發現了一個很重要的結論，就是只有把一切種子的智慧都修學圓滿了，得到一切種智以後才能成佛。一切種子的智慧是三世諸佛成佛的憑藉，而諸地菩薩修學一切種智是因爲還沒有圓滿，所以叫作道種智，就是修道位的一切種智。那這樣，意思很清楚了：如來藏含藏了一切種子，把如來藏找到之後，去實證如來藏心中所含藏的一切種子，圓滿了一切種子的智慧就是成佛了；而一切種子還是收藏在如來藏中，是如來藏具有一切種子。那這樣，如來藏就是世出世間法的根本。既然如來藏是世出世間法的根本，祂當然有資格稱爲「妙法」。

講到這裡，先插個題目進來說，也許有的人聽到這裡，心裡面好大一個問號出現了：「你現在是宣講《妙法蓮華經》，那你講如來藏這個識，講了一大堆幹什麼？」我相信一定有人起了這麼一個大問號。如果我要講輕鬆一點，我就說：因爲我三句不離本行。海峽兩岸佛教界都知道我是在弘揚如來藏妙法，我多講一點如來藏妙義，又有什麼過失？可是除了「三句不離本行」，我要說的是，我想預先透露個消息說：《妙法蓮華經》在講什麼。

有人去問禪宗六祖惠能大師：「請問大師，我誦《法華經》誦那麼久了，可是我爲何不懂它在講什麼。」六祖就說：「那你誦一遍給我聽聽看。」結果他還誦不到一半，六祖說：「不必誦了，不必誦了。」因爲那個僧人日常以誦唸《法華經》作爲本業。他是什麼名字？「法達」？因爲他是誦《妙法蓮華經》聞名的。他還沒誦完，六祖說：「不用誦了，我知道了。」然後六祖就跟他講：「這《妙法蓮華經》用四個字就講清楚了，叫作**開、示、悟、入**。」就是打開佛的所知所見，打開了以後如果大眾還看不見呢，再詳細一點示現給大家看看佛的所知所見；目的就是要大家證悟佛的所知所見，然後讓你進入佛的所知所見裡面。所以總括而言是四個字：開、示、悟、入。

然而我們就得要推究一下了，佛的所知所見是什麼？是如來藏！三句不離本行，還是如來藏。因爲 佛陀降生人間的唯一大事因緣，就是爲了讓眾生證得生命的本源，得以了生脫死。由這個眾生生命的本源能夠實證而得以出離三界生死，或者得以成爲菩薩乃至將來得以成佛；所以我當然要繼續在這「**妙法**」兩個字上面來講如來藏，因爲 佛開示悟入的就是這個如來藏、就是這個妙法。當我們今天把「**妙法**」講完，下回「**蓮華**」跟「**經**」就容易講了。

再來說，爲什麼如來藏是「**妙法**」？既然說「**妙法**」就是指如來藏，當然要證明祂是微妙勝妙之法，因爲祂不增不減。諸位還記得嗎？我們那本《三乘唯識——如來藏系經律彙編》裡面，有一部經典叫作《不增不減經》，我覺得它很重要，所以十幾年前就刻意把它選出來印在裡面。不增不減就是不可分割、不可合併，但不增不減反過來的另外一個意思，就是不可仿製。如來藏是有著作權的，而且這個著作權沒有年限，誰都不許仿製。老實說也沒有誰會有能力仿製祂。現代醫學很迷信一個方法，叫作複製。大家對這個題目好有興趣，目的是要複製人，但是先從複製動物開始，所以就有了複製羊、複製牛。可是，我不曉得他們那些醫學家懂不懂怎麼複製？他們最多只是弄個細胞，把牠培養了，然後放入羊、牛的子宮裡面去而已，科學家、醫學家什麼時候複製過牛或羊？結果是誰複製的呢？

他們一定會說：「不！確實是我複製的。」也許他們不會像這樣講，但他們一定會說：「就是那一頭羊的母親複製的。」是嗎？如果誰會懂得羊語而去跟母羊溝通說：「妳生的這一隻複製羊，是不是妳複製的？」那隻羊媽媽一定說：「不是我複製的，我不曉得爲什麼牠會生長。」如果問那一條複製牛的媽媽，也一定告訴你說：「我也不曉得牠爲什麼會生長，時間到了，牠就生長，我就生了牠。」所以，哪一天你如果遇見了那些複製羊、複製牛的醫學家，問他：「請問你複製的詳細過程是什麼？你總不能夠說：『我把細胞複製好了，放進子宮去以後，牠就自己生長。』」「那這樣不是你複製的啊！那是誰複製的？」他一定會說是牛媽媽複製的，然後你就告訴他：「錯！錯！」兩個都錯。爲什麼錯呢？是被複製的牛或羊自己的如來藏複製出來的。因爲如何生長發育完成牛身、羊身，全都不是牛羊的母親作的，更不是醫學家們作的工作。

至於被複製的那一頭羊、那一頭牛身體的如來藏，是誰複製的？沒有人能複製。科學家、醫學家連如來藏都不懂，何況是要複製。這個問題丟給他們，一萬年後他們一樣是無解。不過一萬年後，他們可以上網查一下「如來藏是什麼東西」就懂了，就知道哪一個是如來藏了，但也一定全都不相信了，於是咱們都得往生彌勒內院去，再也無法住在人間了。法界中的如來藏心無量無數，那些眾生等著要來當羊、當牛，那些眾生太多太多了。我們人類說：「**當羊、當牛讓人家宰來吃，好可憐呵！**」可是比牠們可憐的有情，更多更多啊！

例如比丘不許妄拔生草，也不踩生草，爲什麼呢？因爲那一棵小草就是一個餓鬼的家。這類鬼神有多少？數不盡呵！很多都等著看有沒有機會先到畜生道再說，來到畜生道中雖然要受很多苦，但至少比較接近人道了。可是，那個進入複製細胞的如來藏，是沒有誰能複製的，最多也只能複製一隻牛或羊的色陰。有了適合如來藏入駐的色陰細胞，如來藏入駐了以後，藉那一個細胞再來複製完整的有情色陰出來。但那個細胞也是色陰，卻不是醫學家所複製出來的，依舊由某一個有情如來藏所製造出來的；然後如來藏經由那個細胞來製造出完整的色陰以後，祂就可以流注出六塵與七識的種子，於是一個完整的有情就出現了。

所以名色是可以複製的，如來藏一世又一世不斷地複製名色，但是如來藏本身不可複製。祂具有這個不可複製性，這表示祂的自性不增不減。所以，誰都無法說：「**我要把你的如來藏剝奪一半、搶一半過來。**」也無法說：「**我要把自己眞心如來藏與阿彌陀佛合併而成佛。**」不論是誰，他們絕對沒有辦法。且不說他們根本不知道如來藏在哪裡，就算知道了，無法搶，也無法合併。因爲有這樣的不增不減性，不可以仿製性，所以祂叫作「**妙法**」。如來藏心是誰都無法仿製的，而祂這個專利權限是無始劫的，無法計算時間，超過無量無邊不可思議阿僧祇劫以後還是無法仿製。每一個如來藏都有這個專利權，而且都不必去登記，都可以永遠保有這個專利權。所以不管你講登記主義、不登記主義，祂都照樣保有這個專利權；因爲祂是不增不減而不可仿製，當然就是「唯我獨尊」的，所以祂稱爲「妙法」。還有一點可以證明如來藏是「妙法」，但是沒有辦法講了，時間到了，就只好留到下週再來講。

《妙法蓮華經》，上週講經題的「妙法」二字，也許有人覺得說：「怎麼二個字，你要講那麼久？」但是我把這個經名講完了，後面三字就會講得快一些了。因爲「妙法」這二個字確實不容易瞭解，我們也得繼續讓諸位瞭解；把這經名瞭解了以後，再下去要講什麼，諸位才剛一聽，就可以胸有成竹，然後後面就一段又一段可以很詳細、很快地講過去。

這「妙法」二字，今天還要再講一個原因，叫作「本來解脫」，或者說「本來涅槃」。必須是本來解脫的法才是妙法，如果是修行以後才解脫的法，表示那個法不是很妙。爲何不很妙呢？因爲那個解脫是修來的，本無後有。本無後有的解脫就不是最究竟的解脫了。比如有外道降伏了欲界愛，發起了初禪，他是解脫於欲界。但這個解脫於欲界，不是究竟的解脫；因爲他本來是沒有解脫於欲界的，是經由修行以後，這個意識才脫離了欲界境界，這是修來的，本無後有，所以不是「妙法」。

又譬如說，有的人繼續進修，成就四空定而解脫於色界；這也是意識的境界，是本無後有，是修行而後得解脫的，不是本來解脫，那也不是「妙法」。又譬如有人證得非想非非想定了，接著證得滅盡定，幾乎超脫於無色界了，成爲有餘涅槃，是三界中的聖者，這叫作俱解脫的大阿羅漢；入無餘涅槃以後解脫於三界生死了，才是眞的解脫了；但是，這俱解脫的大阿羅漢證得有餘涅槃、無餘涅槃，這有餘跟無餘涅槃也都不是本來解脫，也是經過修行以後，那意識證得這樣的境界，所以解脫於三界生死，這也不是「妙法」，因爲這也是意識的境界。總而言之，凡是意識的境界都不是「妙法」，因爲不論他是解脫於哪一界，或者解脫於所有三界，全都是本無後有。所以，阿羅漢的有餘、無餘涅槃不是本來解脫，是修行以後才解脫，因此不妙。

如果是學南傳佛法的那些人聽了，一定氣得不得了：「這蕭老師好大的膽子，竟然敢謗法！」可是，這種說法在大乘經與論之中，不乏其例。那是不是菩薩們都在謗法？顯然不是，所以我們要把謗法定義一下。說法不如實，名為謗法；說法如果如實，就不是謗法。譬如阿含諸經裡面，常常會談到謗佛二個字。阿羅漢們到了道場外面遇到外道，共同論法之後，回道場以後，照例都要向 佛陀稟報：「我跟外道討論了某些法。」報告論法的內容完畢，然後都要問 佛：「我這樣說法，有沒有謗佛？」奇怪！說法說錯了，也會變成謗佛。為什麼呢？因為他說那是 佛講的。佛如果不是像他那樣說，而他說自己所講錯的法是 佛講的，那就是在誣賴 佛，等於是毀謗說 佛陀講錯了。

如果他把 佛陀的法義講錯了，而說那是佛法，就是誣賴 佛陀講錯法；因為他說錯的法並不是 佛所說的，但卻說那就是佛法，所以這就是謗佛了。為什麼呢？因為不如實說。明明 佛講的不是那個樣子，他卻說：「我剛剛講的，就是佛講的，佛就是這麼說，佛法就是這樣。」既說是「佛法」，就代表他所說的就是 佛所講的，結果就成為謗佛。可是阿含諸經裡面的記載，還沒有見過阿羅漢說法不如實的，所以 佛陀都說：「你沒有謗佛，因為我也是這樣講的。」如果是凡夫講的而說是佛法，意謂那就是 佛所講的，那他就是謗佛。因爲 佛不是像他那樣說，他卻說那是 佛講的，所以他就成爲謗佛了。

那麼謗法也是一樣的道理，究竟我剛剛說的有沒有毀謗二乘菩提呢？答案是沒有，因爲我是如實說，所說與 世尊說的一樣。假使我說的不如實，我就是毀謗二乘菩提；那我們要來證明一下，我剛剛說的有沒有如實。阿羅漢之所以成爲阿羅漢，是因爲他斷了我見與我執；他不必證如來藏妙法，不須要懂得法界實相。當然我現在說的是他們迴心大乘之前，或者說那一些不迴心的阿羅漢。那麼，阿羅漢的證果既然是斷我見與我執，顯然他不必證法界實相，我見與我執斷了以後，捨報是把自己五陰十八界滅盡，不受後有，所以這種智慧完全是意識的境界，那這個解脫是本來就有的嗎？他們還沒有成爲阿羅漢之前，有沒有這種解脫？諸位當然瞭解，是沒有嘛！

如果他們成爲阿羅漢以前，本來就有這個解脫，那他不必修行就是阿羅漢了，那每一個人出生就是阿羅漢了。好極了！小娃兒剛出生，諸天天主也都要來供養，他也成爲人天應供了，可是明明不是這樣啊！所以二乘人所證的有餘、無餘涅槃都是本無後有。既然是本無後有，那就不妙，不是「妙法」；因爲他們一旦捨報了以後，他們所知的有餘涅槃、無餘涅槃都不見了，不是常住的。已經沒有阿羅漢五蘊存在了，還能有誰證得有餘涅槃、無餘涅槃？可是話說回頭，菩薩卻告訴阿羅漢說：「剛才雖然這麼講，但我告訴你：你證得的有餘涅槃、無餘涅槃，也是本來解脫。」

阿羅漢們一聽，眼睛亮了起來：「爲什麼本來涅槃？爲什麼本來解脫？」菩薩跟阿羅漢說了：「因爲當你們滅了五蘊十八界，入了無餘涅槃以後，你們不在了，你們所知的無餘涅槃也不在了，可是你的本際名爲如來藏，仍然常住不變，你的無餘涅槃就是如來藏常住不變，這就是解脫，你的無餘涅槃就不是斷滅法，所以你的無餘涅槃還是本來解脫。」阿羅漢們一聽：「嗯！有道理。」可是要怎麼樣證實？菩薩說得有道理啊！但是總不能迷信吧！因爲佛法講的是智信，絕對不迷信。凡是迷信的人在佛法中永遠不會有實證，佛法是智信的——以智慧而信。阿羅漢們想：「那我要怎麼證實菩薩所講的是正確的？」阿羅漢們無法證實，可是很想親自證實，菩薩就說：「你們別急啦！等到佛陀二轉法輪講般若時，你們只要迴心大乘，就可以親自證實。」所以大多數的阿羅漢們，就在第二轉法輪時期發菩薩願，成爲菩薩阿羅漢，後來證得如來藏妙法後，就成爲大阿羅漢了。

只有菩薩有資格說二乘涅槃是本來解脫，聲聞阿羅漢自己沒資格說二乘涅槃是本來解脫，所以二乘無學聖者不許說他的涅槃是「妙法」。菩薩把他們拉下來說：「你們的所證不是妙法。」然後再把他們貼上一層金箔說：「你們的所證也是妙法。」而且事實也是如此，那阿羅漢們當然得要信服，當然會發心成爲菩薩而證妙法，於是後來大多數都成爲大阿羅漢。菩薩智慧這麼厲害、說法勝妙，阿羅漢們無可置喙；可是這些菩薩們見了佛陀，個個都像老鼠見了貓一樣，恭敬得不得了，言聽計從，菩薩們沒有一個人敢違背佛說。阿羅漢們心想：「那……佛陀到底是什麼證量？眞弄不清楚。」

確實弄不清楚，因爲菩薩剛明心的第七住位，在善知識教導下，就知道涅槃本際是本來解脫。菩薩是有這樣的智慧，可是這智慧還很粗淺，阿羅漢竟然就不知道了，那麼當然得要推究說：什麼叫作本來解脫？因爲阿羅漢是經由斷我見、斷我執，以及斷了我所執，所以能取證無餘涅槃；可是他們入了無餘涅槃以後，是蘊處界滅盡了，完全沒有自我存在，那時只剩下涅槃本際，就是如來藏，在阿含諸經中說爲「識」，就是這一個識獨自存在，離六塵所以叫作涅槃寂滅；沒有六塵中的一切熱惱，所以叫作清涼；但祂確實是眞實法而無可壞滅，所以叫作眞實；而這樣無餘涅槃的境界將會永遠維持下去，所以叫作常住不變。在阿含中說到阿羅漢的涅槃，就有這幾個名相：眞實、寂滅、清涼、常住不變。這已經證明說，阿羅漢入了無餘涅槃以後不是斷滅空；可是再來推究阿羅漢滅了蘊處界以後，沒有絲毫自我存在了，而這樣的無餘涅槃之中是什麼呢？就是如來藏。是以如來藏的離生死，以如來藏的不生不滅、常住不變，作爲二乘聖者所入的無餘涅槃的本際，顯然二乘聖者所入的無餘涅槃就是如來藏；因爲他自己的蘊處界入全都滅光了，只剩下如來藏存在，所以涅槃就是如來藏，因此說二乘涅槃不妙，只有本來涅槃的如來藏才是「**妙法**」。

我剛開始弘法以前，佛教界不曾這樣講過，所以我們弘法早期，有的人聽我這樣講：「涅槃就是如來藏」，如果依照古時候的言情小說的描述，就描寫說「罵將起來」，他們才剛一聽就罵了起來。因爲那時他們認爲：「如來藏是外道法，阿羅漢的涅槃竟然是如來藏；無餘涅槃是滅盡一切法，無我、無我所，怎麼會是如來藏？」可是他們沒想到一切滅盡就變斷滅空了，涅槃怎麼會是斷滅空？然後，當我們的書越印越多、越寫越多，大家當然要來找毛病。找來找去而且去求證經典的結果，就是被我洗腦成功。以前有人氣他們說：「那些人怎麼都不信？都要找毛病？」我說：「你別生氣，這些努力找我所說法義毛病的人，才是我要度的人。那些根本不找我毛病的人，他們連讀都不讀，我能度什麼人？根本沒機會度他們。」正因爲想要找我的毛病，他們才會被我度。因爲我說的法如實而沒有曲解，符合法界的實相，符合涅槃的本際，那些藉著邏輯找毛病的人找到後來都找不到毛病，去求證經論時也只能夠證實我說的都是正確的，於是漸漸改信我的說法，他的佛法知見水平便不知不覺提升了。

當然也有一些人，並且這種人現在算是多數；他們私下裡讀了我的書，吸收了我書中的知見以後就拿出來說法，大家聽了好高興：「唉呀！師父說得棒啊！跟以前說的大不相同，眞是聞所未聞啊！」可是事後想起來：「這跟蕭平實書上寫的一樣。」然後講經完了就來問師父：「師父！您講的跟蕭老師講的一樣欸！那他的書可不可以讀？」「不可以！」「爲什麼不可以？」「他是邪魔外道！」這表示什麼？表示他只是在顧慮名聞與利養。但是我都可以接受，他禁止徒弟們讀我的書，沒關係！只要他能用我說的去弘法就行了。我只要求這樣子，因爲一來我不攀緣，二來我不貪求他們的恭敬或供養等等。

可是以前，他們找到後來一定是找不到毛病，因爲本來以爲所找到的是毛病，結果把經典論典請出來比對了以後發覺，蕭平實講的才是對的；而他們也無法再找到什麼毛病，因爲不論怎麼思惟，從比量上來推究事實時都必須如此。這樣接著終於漸漸信了：「唉呀！原來無餘涅槃中就是如來藏，那麼就是依如來藏的不生不滅、不生不死而成立了無餘涅槃啊！原來涅槃就是如來藏，蕭老師還眞講得對啊！」於是他的佛法知見提升了，是因爲找我的毛病而提升。他們爲了找毛病，就必須要處理其中發現的所謂的問題；那麼，要處理這些所謂的問題時得要去求證，求證於經典論典之後，他們的知見就提升上來了，最後他們是不知不覺之間就用我所說的法在弘法了，只是他們自己往往沒有覺察出來，最後是由徒弟們慢慢覺察出來。

所以，我發覺這五年來，台灣佛教界的水平提升非常多。唉呀！眞是大快人心！不必管他們支不支持我，只要他們水平提升了，我就夠歡喜的了。我從來沒有任何期望說，想要得到他們在世間法上的回報，只希望整個佛教界的水平提升；而現在看來顯然提升了，所以現在大家都在忙著撇清說：「我們不是六識論的道場，我們是八識論者。」標準的六識論者現在竟然也自稱是八識論的道場。但他們辯解說：「我們的意識有三個：意識粗心、意識細心、意識極細心，所以我們也是八識論，意識極細心就是第八識，就是如來藏。」好極了！我聽了好高興，這表示由於台灣佛教界的水平提升已經很快了，他們不跟著提升就得要被淘汰。所以唯一的計策就是跟著提升，但是以前說的那個六識論怎麼辦？要想辦法自圓其說，把它弄圓滿了符合大家的期望，這樣信徒就不會走掉了。但不管他是六識論、八識論者，或者意識細心的八識論，結論都同樣是：無餘涅槃不是斷滅空，而是眞實、清涼、寂滅、常住不變。

可是明明五蘊十八界都滅盡了，那麼無餘涅槃中到底還剩下什麼？剩下阿含諸經所說的出生名色的識，那個識叫作異熟識、阿賴耶識，又名如來藏，佛地改稱爲無垢識。可是無餘涅槃既然是如來藏，所以阿羅漢滅了自己以後入了無餘涅槃，是得解脫，那解脫卻是如來藏獨存，而如來藏本來就不生不死，所以菩薩說：「**我看你阿羅漢的無餘涅槃仍然是本來解脫。**」剛才還說人家那個涅槃不是本來解脫，現在話鋒一轉又變成本來解脫了！菩薩就是有這樣的智慧，因爲他現前觀察的就是這樣，不迴心的阿羅漢們都是無法插嘴的。

那二乘涅槃不是本來解脫，但是卻依如來藏而建立，而如來藏仍然是本來解脫。那麼《妙法蓮華經》的「**妙法**」就是講這個第八識心，因爲是本來解脫，所以稱之爲「**妙法**」。由此可以證明：「**二乘菩提是由大乘菩提幫它建**

立，如果不是大乘菩提幫它建立，二乘菩提就會落於斷滅空，否則就會退回常見外道見中。」我記得，我好像是十幾年前就講過這個話，不曉得哪一本書裡面。因爲有大乘菩提，所以二乘菩提得以成立。二乘菩提是依大乘菩提建立的，不能夠顚倒事實而說大乘菩提依二乘菩提建立，那樣說的人是顚倒見。而那一些顚倒見的人，現在已經到了窮途末路了。

所以本來解脫才是「妙法」，因此我說二乘菩提不是「妙法」，因爲不是本來解脫；但是菩薩把它轉圜（讀作圓）了，它就可以成爲本來解脫。阿羅漢把五蘊滅盡以後仍然是如來藏，而他的如來藏是本來解脫，所以二乘菩提在菩薩眼裡就成爲本來解脫。這樣菩薩把二邊都照顧到了，既把二乘菩提並非妙法的定位講清楚了，然後再把它轉圜——把它提升上來。所以二乘菩提還是可以學的，不是不應該學的，因爲佛法本就函蓋了二乘菩提；而一切外道都想要實證二乘菩提，這樣就建立了二乘菩提。可是追根究柢，菩薩之所以能建立二乘菩提，仍然是依這個「妙法」如來藏的本來解脫來施設建立。

而這個本來解脫之所以妙，還有一個原因，叫作「不繫縛於任何一法，不依止於任何一法」。假使解脫是要依於他法才能得解脫，那個解脫就一定不是「妙法」。如果不是自己本來解脫的就不是「妙法」，是因為必須要依止於他法才能存在。必須依止於另一個法才能得解脫的時候，顯然自己不是究竟法。如果另一個法是住於本來解脫，就表示依於另一個法才得解脫的那個法並不是解脫，因為要依止他法的事實已經顯示它是生滅法。必須是不依止任何一法而自己本來解脫，才能稱之為「妙法」。

這樣對於「妙法」，諸位有了很具足的知見了，我們接著就來講「蓮華」。蓮華，不管它是什麼顏色的蓮華，人見人愛啦！我還沒有見過哪一種蓮華是我會討厭的。有的蓮華巒大的一朵，有的蓮華小小的一朵，各色各樣的蓮華，青黃赤白，全都很美，全都很清淨，這就是蓮華的特色。有的花很美，又顯得雍容華貴，譬如牡丹，譬如芍藥。可是有的花看起來就是很野、很豔，譬如玫瑰、薔薇。有的花看起來就是一副不討人喜歡的模樣，台灣話叫作「圓仔花」（編案：千日紅）。所以花也有它們各自不同的特色，譬如梅花，它可以經得起風霜，樹葉都冷到掉光了，只要那麼一點點溫暖，它就這樣子綻放出來，令人敬佩。可是還有一句俗話說：桃花夭夭，李花灼灼。意思是說，桃花好妖豔，有點像打扮得花枝招展的公關女郎；那李花白得很明顯，一天到晚在搶風頭的模樣；那它們像什麼？就不談它，諸位想想就好了。

但是蓮華，它就有個特色「美而脫俗」，它始終是那種超脫凡俗的感覺，卻又不會拒人於千里之外，這就是蓮華的特色。蓮華還有一個特色，生長在淤泥之中，你有沒有看過蓮華長在那種很清淨的流水之中？沒有！就是要泥巴，那泥巴如果爛一點，它還長得更美更脫俗。出淤泥卻不染，這就是它的另一個特色。你看有的水池，那水是好幾年都不流動的，已經有些臭了，偏偏它開出的蓮華照樣芬芳，而且長得很脫俗。那如果說：「**唉呀！這個爛泥巴有一點臭臭的，不然我把它移植到別的地方去好了。**」它似乎又長不好了，看來就是一副營養不良的模樣，老是長不大，就好像養個兒子二十郎當，看來才不過十一、二歲的模樣。

蓮華就是這個特性，出汙泥而不染，它就是在汙泥裡面生長出來，所以諸位從這裡要去瞭解：佛菩薩爲什麼都要坐蓮華？這在說明：諸佛都要在欲界成佛，終不在色界天成佛，一定是出於淤泥而成就蓮華。成佛就是要在人間成，菩薩道就是要在人間行，所以菩薩不會去天上行菩薩道；那是爲了某一些因緣才不得不去，那個因緣結束了，他還是繼續回到人間來行道，是因爲人間淤泥中才能具足萬法。很多人有病難醫而去問神：「**某某上帝，某某大帝**。」那正神他們會怎麼說？我常常聽到人家這樣轉述，我自己也親耳聽過，有一句閩南話說：「**神也得問，仙也得看**。」有沒有聽過？很多人聽過嘛！這表示什麼？所有眾神也都尊重人間。

人間有什麼好尊重的？人都還要求神呢，是因爲人間有仙。那仙，當然就要分成很多種仙了。一般住在山上清心寡欲過生活的，也叫作仙，他們叫作山人；一個山字加上一個人，不就名爲仙嗎？所以人家如果畫了圖、寫了字，最後題上說：某某山人。他就是在表示說：「**我是仙人**。」你們要學聰明一點，凡是自稱山人的人，你就說他是仙；因爲他已經告訴你，他的身分就是仙。那仙，就有很多種仙；有修內丹的仙，就是修仙道；修外丹的仙人也是修仙道。有種種仙，例如地行仙、空行仙。可是還有一種道教裡面最高的仙，叫作大羅金仙，有沒有聽過？有嘛！他的身分很高，那是什麼神？（有人回答：佛。）是。佛陀又是金剛仙，他們道教裡面所有的神祇都稱 佛陀爲金剛仙，因爲是不可壞的，而且不可測，所以稱爲金剛仙；當然，有時候道教裡說的大羅金仙是指 佛陀。阿含部裡面有一部經中說成佛之道譬喻爲古仙人道，所以 佛陀也是仙，名爲金剛仙，或者稱爲古仙人。那在告訴我們什麼？告訴我們說：人間是有可敬之人，是眾神也一樣尊敬的人，因爲神也無法預料這個人的智慧如何。

在《楞伽經》裡面不也說過嗎？有個聲論外道化身爲千頭龍，以神通上到忉利天去，找釋提桓因辯論。兩個人相約，這個外道說：「我跟你辯論，每輸一個題目，我就讓你砍掉一個頭，千頭砍盡了，我就沒命。你釋提桓因如果辯輸了，我砍你那個千輻輪寶車。（他那個寶車輪子有一千輻）每輸一次，我就斬斷你一輻。」意思是說，那千輻輪寶車如果都被砍了，那輪子不能跑了，表示他就喪失玉皇上帝的寶座，他就要下來人間了。兩個約好了，開始辯論了，結果那個聲論外道辯贏了，那一位釋提桓因就失掉寶座而下墮於人間了。那你想：是人厲害，還是釋提桓因厲害？釋提桓因是忉利天的天主，第二天的天主。當然娑婆世界有百億忉利天，不曉得是哪一個釋提桓因，佛陀沒有說明，但說過有這麼一件事。所以人間是不可小看的，雖然人的壽命不過百年，少出多滅；然而菩薩示現在人間，絕對不少見；縱使還有胎昧，衆神也還是恭敬他的。但是菩薩也不會輕視衆神，所以菩薩往往有時候跟某個神成爲好朋友。

這表示什麼呢？表示人間雖然是不淨的、是淤泥的，可是淤泥正好出生脫俗清香美麗的蓮華；所以蓮華只在欲界中有，不會在色界天裡還生長蓮華。在色界天根本不需要有花，而那裡也沒有爛泥巴，因爲不需要再吃團食了。這意思在告訴我們，最美、最脫俗、最清幽的蓮華，是從爛泥之中生長出來的。那就要探討一下爲什麼如此？這就是說，人間是個大染缸，各種法都具足；越往天上去，十八界就越少，或者成分越不足；乃至到無色界時只剩下三界，不像人間總共有十八界。如果十八界都圓滿的時候，那麼各種心所法都很圓滿，你可以一一現觀體驗、一一加以證實，所以人間是法最多的地方。

你如果到了無色界天去，在那邊幹什麼？在那邊就是一念不生，都住在定中；譬如在非想非非想天如果不中夭，八萬大劫中一念不生，都不知道自己的存在。假使他不中夭，八萬大劫過了，突然起了一念：「我在無色界天。」接著就下墮人間或三惡道中了。這樣子，住在那邊有意義嗎？沒意義嘛！在人間，即使謗法都比在那邊強，爲什麼呢？謗了法就表示跟那個法有結了緣；雖然是個惡緣，將來還會相遇；未來相遇了，不就改變了嗎？可是在那邊一念不生八萬大劫，人家謗法去地獄受了幾十劫、幾百劫惡果回來，已經在佛法中進修了，他竟還住在一念不生中，還要再待上七萬多劫，那他會有什麼法可學、可證？所以菩薩絕對不去無色界，原則上在人間最好。

雖然在人間會被外道叫作肉眼凡夫，說你不是菩薩，因此外道往往會隨意指著菩薩罵：「你這個邪魔！你這個外道！你這個妖怪！」妖怪算什麼？我被罵得更難聽，還把我叫作人妖，是不是？還有罵什麼？反正由著他去罵，我就感謝說：「謝謝你幫我消了些業障。」就因爲這樣子，好修行啊！

藉這些爛泥巴作營養，就這樣開出蓮華。所以在人間雖然都是爛泥巴，你幫人家清潔也有功勞。你如果到了色界、無色界去，你幫誰清潔五欲？無從清潔起。但在人間就可以，你就教他怎麼樣離開五蓋等等，那你就有功德了，法布施的功德便成就了，所以在爛泥巴裡面才好行菩薩道。但是自己要有個認知：既然是在爛泥巴裡面行菩薩道，你就不要怕髒。眾生既然是髒的，環境是髒的，你可不要怕髒，你就得跟著大家一起髒，只要把心弄清潔就好，身體髒沒關係。心清潔就好了，這樣修行就快，而且最容易驗證一切法，所以成佛最快。

蓮華還有個特性：花果同時。你們看過農家採收蓮子沒有？當那個花開始生長時，花開了可以欣賞花的美，蓮花一旦謝了，馬上就可以採收了。一般的植物，花謝了以後，你要再等一段時間，一個月或者二個月、三個月，然後才有果實。蓮華不同，是花果同時；當它的花開完了，你就大約可以採收了，蓮子就是這樣來的。這花果同時，告訴我們什麼道理？告訴我們說，在因地這個不淨身中就有如來。諸位這樣大概就可以瞭解說：諸佛菩薩為什麼不坐薔薇而要坐蓮華？爲什麼不坐牡丹花而要坐蓮華？須彌山頂還有很多奇花異草，他們爲什麼不要，偏要這一種爛泥巴裡面長出來的蓮華？原因就在這裡。所以你絕對找不到一尊佛菩薩是坐著薔薇啦，坐著牡丹花、芍藥啦；你看不到的，一定只有蓮華；因爲花正盛開的時候，蓮臺就已經準備好了，已經可以坐了。菩薩就在人間這樣行菩薩道，所以不要小看自己喔：不淨身中有如來。

所以，如來藏十喻之中有一個譬喻，說有一天 世尊示現，頂上有蓮華，這朵蓮華很快就開敷了，很漂亮，花裡面有一尊如來趺坐著，然而這朵蓮華很快就萎謝了，把如來包在裡面。在告訴我們什麼道理？蓮華萎謝的時候，就是滅除一分煩惱而顯現成佛之性的時候，這叫作如來藏中藏如來。同時也在告訴我們說，在萎謝臭爛的蓮花中，就已經有一尊清淨的如來趺坐不動，就是我們的如來藏妙心，萎謝臭爛的蓮花就是我們的五陰身心。也就是說，在因地時，你的如來藏中就圓滿具足了成佛的自性，而你現在因地所證的是如來藏，將來成佛的時候還是依這個如來藏而成佛，所以因與果是相應的，猶若蓮花是花果同時的道理一樣。

如果因與果是不相應的，就不可能成就佛菩提；而蓮華正好有這個特性，因果同時，或者叫作花果同時；當花盛開的時候，它的果實同時已經生成了。佛法正是這個道理，當你在因地的時候，你的如來藏就已經存在；祂開出了你這一朵五蘊花，五蘊花中就有自心如來，是同時存在的。所有的花裡面就只有蓮華有這個特色，然後它又出汙泥而不染，而且又美得脫俗，當然要用蓮華作爲佛法或者佛教的象徵。那麼，爲什麼如來藏叫作妙法而又叫作蓮華？剛剛說蓮華是脫俗的，脫俗就表示它不落入五欲之貪。落入五欲之中去貪求，每天追求的是五欲，那就跟蓮華的特性相背離了。

現在，電視上常常在報導，哪個地方有個什麼小吃，好好吃喔！每天吃午飯、吃晚飯的時候，電視一打開都會看到那些節目，好幾台都在播。然後有的人就問那個是哪個地方，甚至打電話去電視台問。然後被報導了以後，那一家的生意就好得不得了。有的人是開車二百公里去吃，眞的浪費資源，眞不環保，只因爲貪口腹之慾，那就表示他沒有蓮華性。請問，學佛人之中有沒有這種人？有！在不在同修會裡面？不在。可是外面道場的這種人很多，常常打電話相約：「今天電視報導那個，我問出來是在哪裡、什麼路，我們下午去吃啦！」這樣就去了。同修會裡面如果有這種人，我就保證說：他若是想要明心，最少得要十年。最少喔！不保證十年可以明心，但最少要十年。因爲他得要被親教師再三地磨練熏習，才有辦法轉變，目前的他，跟蓮華的自性不相應。

蓮華是指什麼？就是如來藏。因爲祂離五欲，所以才叫作蓮華。如來藏從來離五欲，所有菩薩摩訶薩們，沒有一個菩薩曾經看見誰的如來藏曾落在五欲裡面，正因爲從來離五欲，所以是出淤泥而不染，才叫作蓮華。所以，你如果出家又發起初禪了，家裡人便說他有蓮華，可是菩薩往往說那個蓮華不夠好。什麼蓮華才好？菩薩說，要從五欲猛火之中出生了蓮華，那叫作**火中生紅蓮**，就說那個蓮華再怎麼燒都燒不壞。一般的蓮華，用火一燒就完蛋了，因爲是從離欲的環境中修練出來的，好像溫室裡的花兒一樣。但這朵蓮華，五欲之火每天在燒著，它照樣是蓮華，這叫作菩薩修證的禪定。聲聞人修證禪定是要住在遠離五欲的環境中，一天到晚在清淨的環境裡面來修證初禪，心中確實遠離五欲時才會發起。可是這種初禪人，遇見五欲的時候往往心旌動搖，只要多遇見幾次五欲，不小心的結果又被五欲燒壞了初禪。

你們不要覺得這好像有點神話，其實不是神話！世尊親口說過，以前有個離欲仙人，禪定與神通都有，常在天空飛來飛去。有一天他正在天上飛行，要去某個地方，突然間人間傳來一陣聲音，有個女人正在唱歌。唉呀！好美妙！他一面飛一面聽，聽著聽著下墮了，因爲心旌搖動而生起欲心了，所以他的初禪退失了、神通也不見了，這表示他是個仙人。如果他是在市廛中，也就是在城市中，左鄰是每天唱卡拉ＯＫ，右舍是個歌星每天練歌，不管有多麼好聽，當他聽慣了，照樣打坐，坐到心中覺得那美妙的女人歌聲並沒什麼，他照樣入定，然後神通也在這樣的情境下修起了。以後當他聽到女人再怎麼樣唱好聽的歌，他說：「我每天在聽，這有什麼稀奇？」所以，五欲之火燒不壞他這一朵紅蓮。所以說離五欲、斷五欲就稱爲蓮華，這是在人間離、斷，不是出離人間去修的，就不會退失，就是火中生紅蓮。

那麼蓮華也表示什麼？出離三界愛，因爲蓮華是不會被汙泥所汙染的。蓮華是從汙泥裡面冒出來的，可是當它開了花，一點點淤泥都沒有，淤泥表示什麼？表示欲界法、三界法，特別是指人間五欲中的男女欲。所以「妙法」加上「蓮華」而成爲「妙法蓮華」，這個「蓮華」意思是代表出三界。如果還沒有出離三界，心裡面就不得解脫，會有障礙，那就不能像蓮華這樣了。不管它所處的環境多麼惡劣，蓮華始終是不理會的，它是不受影響的，所以說出三界離了三界愛，就稱爲蓮華。

那麼，蓮華還有一個特性，不管你天氣怎麼熱、泥巴多麼爛，它終究沒有熱惱。所以蓮華的特性，是不管太陽每天曬它的；它自己無熱惱，泥巴再爛、太陽再大，它照樣盛開。你們如果有機會去印度看看，它就是這樣子；在台灣也同樣可以看得見這個事實，所以離熱惱才能稱爲蓮華。請諸位看看，三界中一切心，有哪個心是離熱惱的？沒有啊！就只有如來藏而已，所以離熱惱的才是蓮華。那麼，剛剛也說本來解脫就是本來涅槃，才能稱爲蓮華；所以你如果將來要坐著蓮華寶座，諸佛世界到處去，你就是一定要證得本來解脫，並且心光發明，功德力用都出現了，你自然就可以坐著蓮華寶座，十方佛世界到處去；所以是本來解脫、本來涅槃，才能稱爲蓮華。

並且蓮華還有個特性，叫作速成佛道。剛剛不是說了嗎？說蓮華有個特性，叫作花果同時，因爲花果同時才能使你速成佛道；因此，如果不證得這個「妙法」，他就沒有「蓮華」本來清淨無染的智慧，也沒有蓮華的花果同時功德，他要成就佛道可就遙遙無期。諸位想想看，你找到如來藏以後，是不是覺得自己成佛之道是很有把握，一步一步在往前走？是這樣嘛！可是如果沒有找到如來藏以前，往往會說：「我永遠都在外門轉，好不容易遇到有正覺同修會出現在台灣，知道成佛之道的次第與內涵，可是我要怎麼樣去實證？」還是沒辦法啊！

正覺同修會出現在台灣之前，只要談到成佛之道，不然就是錯把解脫道當作成佛之道，那就不是真正的成佛之道；再不然就是剩下一種現象，叫作「渺渺茫茫」，根本無從下手。所以，當你所證的那個法是有蓮華特性的，它也有花果同時的特性，也就是因中有果、果不離因，那你成佛的時間就很快，這就是蓮華的特性。所以那《公案拈提》書裡面我不是說了嗎？也有錄在《超意境》ＣＤ裡面：「果地涅槃本因中，非一非異強分別。」對不對？講的就是這個道理。你果地所證的涅槃其實在因中就有了，不是本無後有的，而是在因地就已經是涅槃的，那就是如來藏；祂本來就涅槃，你只是去把祂證實而已，不必去修祂、磨祂、練祂。所以果地的涅槃在因中就有，這就是花果同時。那這樣花果同時的法就只有蓮華有，所以你所證的如果符合蓮華這個特性，你就可以速成佛道。因此，只有能使人速成佛道的「妙法」，才能夠以「蓮華」來形容。那麼，這個速成佛道的原因就因為是因果同體，如果因中所修的跟果地所證的是不相干的、是兩個東西，那麼因中所修將無法成就果地的果實，那這樣在因地修那麼多法幹什麼？都是白修了。

因此，佛法一定是整體互有關聯而不可切割的，怎麼可以像印順法師那樣把這個切了、把那個割了，然後成爲互不相干的各個部分，還分割成三個互不相干的三系，那怎麼能叫作佛法？所以三乘菩提乃至人天善法，都是整體佛法中的一個部分，是完整而不可切割的；是因爲五乘佛法有一個法連貫在一起，那個法就叫作「妙法」，叫作「蓮華」，叫作「如來藏」，有時又名爲「眞如」。而對這個法實證的果報內涵是因地就已經存在的，是因果同體，只有因果同體的法才能稱爲「蓮華」。請問：法界中有哪一個法能夠是因果同體而有資格被稱爲蓮華呢？當然還是如來藏。因爲咱們家三句不離本行，我就是賣如來藏教法；但是這個如來藏有很多很多的周邊產品，永遠都買不完，你得要買到成佛爲止。

說到這裡，我們就要作一個結論：蓮華是出生於欲界中，終不在色界、無色界中出生。這意味著在欲界中是具足一切法的，而佛法的所證不離如來藏所函蓋的一切法。如果到了色界，那就少掉很多法了，到了無色界又更少，所以我說：**蓮華生於卑濕淤泥之中，終不於高原陸地而生此華**。《維摩詰經》正是這麼講。你如果在高原，那乾燥的地方不會出生蓮華，陸地上也不會出生蓮華，就是要爛泥巴才會出生蓮華；「卑濕淤泥」之中就是低窪的地方，而且很濕潤的地方，才有辦法出生這個蓮華。那就意味著蓮華是在欲界中才有，因爲欲界的人間是三界最低的地方，而且最潮濕、爛泥巴最多。

不信的話，你到無色界去看看，看來看去看不到一個人，爲什麼？因爲無色界無色，那純粹是精神所住的狀態而已。也許你說：「**那不然我到色界去看看好了。唉呀！去無色界白跑了一趟，好了，今天來到色界天，看著大家不然就是在打坐修定，不然就是在論法。**」你要看見哪裡有爛泥巴？都沒有。因爲他們都離欲。既然所有人全都離欲了，就沒有爛泥巴了。看看說這邊這麼清淨，這蓮華不生長，那只好下來他化自在天看看。唉呀！有了，有蓮華，只是不很美。爲什麼呢？因爲他一天到晚想要控制眷屬，雖然還有男女欲，心地不清淨，但那裡畢竟是欲界中男女欲最淡薄的地方，所以蓮華就不很美。然後越往下層次的天，蓮華越漂亮，結果最後看來還是人間蓮華最美。爲什麼？因爲人間最髒、五欲最強烈啊！

你到社會上走一走、看一看，貪瞋癡慢疑，樣樣皆不離，所以才要施設那麼多法律。老實說，如果大家都像我，根本法律一條也不用有、都不用施設了。可是畢竟人不是這樣，你看法律施設了很多規定，不可以騙人，照樣每天有人在騙。不可以殺人，照樣每天有人殺人等等，不可以貪汙，不可以毀謗，不可以什麼……，規定很多的不可以，都是負面表列，可是照樣有人犯。這表示什麼？這表示人間眞的是爛泥巴。如果人間不是爛泥巴，檢察官跟法官們都要失業了，可是他們現在大家都忙死了，忙得一塌糊塗，所以表示人間是爛泥巴最多的地方；可是正因爲爛泥巴，所以長了很多美麗的蓮華。我們正要這樣去學習，因此五濁世界中的諸佛終不在天上成佛，諸佛終不坐別的花臺，永遠都是坐蓮華臺，原因就在這裡。

所以有時候想一想，古時候那些祖師們，他們之中有許多人，我看都是不聰明，生到天上去幹什麼？就是要來人間才好行菩薩道。如果生到天上去，說他對人間的名利都不關心，有種再來人間試試看，看那時候他關心不關心？離開了人間，在那邊說他不關心，可是等到他來到這個境界的時候，又關心起來了。真正對名利等等都不關心，就是要身在名利之中而眞的不關心，那才叫作火中生紅蓮，這樣才能夠經得起任何境界的考驗。在五濁惡世人壽百歲時來人間成佛，不是簡單的事。

別以爲說：「來人間成佛了，就是每天受人家奉事供養哦？」不是！還有人故意請　佛受供，結果把食物都下毒。還有人請　佛受供，結果門檻下面挖了個火坑，佛快到的時候就趕快遮蓋起來，想要害　佛陀不愼下墜於火坑中。你想，像這樣在人間成佛，這個佛好當嗎？你要有那個能力，明知道那個門檻下方是個火坑，你就輕飄飄地走過，跨過去就讓它變成個開滿蓮華的水池。你試問自己有沒有能力？那一些下了毒的香美飯食，佛陀事先交代說：「等唱完了偈以後才可以吃。」比丘們都恭敬遵循，不敢違背；等到那些偈頌唱過了，世尊把它解毒了；大家吃了都沒事，那個假裝歸依的外道就懺悔而眞的歸依了。

這樣成佛好不好當？不好當啊！可是，正因爲每一世都在人間，練成百毒不侵，才能夠這樣成佛。如果在天上修行的，來到人間成佛就沒辦法應付了，表示他還不是無上正等正覺。所以如果你想要快速成佛，就發願：「我生生世世不離人間。」那如果突然間想到一個問題說：「蕭老師！你別害我欸！末法時期一萬年過去以後，這裡又沒有佛法，你教我留在這裡幹什麼？」可是我說人間不限定在這個地球，娑婆世界有百億個人間，你為什麼不會再找另外一個有佛法的人間呢？娑婆世界又不是只有一個地球，所以別愁了，放心呵！

那麼，因此說想要快速成佛，想要具足圓滿的佛法就是要在人間；因為以菩薩位來說，如果你滿了三地心，進入四地心以後，餓鬼道、畜生道、地獄道的有情，你都得要幫忙，你也得要度；當然沒辦法度他們開悟，但是度他們向善，也是你應該作的事。其他的佛世界，如果末法時期過了，有時候你也去化現一下說：「古時候久遠劫前有如來，是某某如來；將來人間還會有菩薩來成佛，你們要好好修行。」讓這個如來眞實存在的傳說繼續延續下去，然後未來人間才會有佛法弘傳成熟的時節因緣，可以讓最後身菩薩來示現成佛，這也是三地滿心以上的菩薩該作的事；所以要作的事情是很多的，人間都不必怕沒事作。

所以有一個原則，就是要常常生在人間，菩薩的道業才容易快速成就；因爲這個人間是卑濕淤泥，最適合蓮華生長。所以繼續受生在人間，看來似乎是個傻瓜呆，其實是眞正聰明者；看來是非常辛苦，可是成就非常快，這就是蓮華出生於人間淤泥中的眞實道理。所以古往至今，乃至未來無量劫之後，所有佛菩薩都是坐蓮華臺，不會坐別的花臺；而且也都會在人間行菩薩道，最後示現成佛，終不在天上成佛。

可是一般淺學的人總是說：「唉呀！欲界的人間，我不喜歡，人間多麼不淨！」想到欲界他就搖頭，可是你如果願意生生世世留在欲界，特別是最髒的人間，那你這一朵蓮華就可以生得很美、很脫俗，而且養分最夠，一定是最健壯的；這樣的蓮華在人間都經得起考驗了，如果到了四王天、忉利天乃至他化自在天，根本沒有任何境界可以考倒你；因爲越往上去，那五欲之火越淡薄。所以在人間實證蓮華的境界是最困難的，但是不要妄自菲薄，你們還是要設法取證初禪。但也不必抱怨說：「唉呀！你蕭老師到現在都不教我們打坐修禪定，我們怎麼證初禪？」也不用急啦！時節因緣總會出現，如果自己的條件還沒有準備好，就趕快要證禪定，我用四個字送給大家——事倍功半，就得花兩塊錢去買來五毛錢價值的東西。

如果自己的條件準備好了來修禪定——事半功倍，花五毛錢就能買到兩塊錢的東西。那你要選擇哪一種？當然是後者嘛！那，什麼是自己在證初禪前該準備的條件？就是除掉五欲，除掉「事事都爲己」的私心。這樣子作，願意爲眾生不斷地付出，那就是菩薩性生起或者具足了，屬於菩薩種姓了，這時花五毛錢來買兩塊錢的初禪，多麼划得來！菩薩道容不容易成就？就是這樣修行的，而這是確實可行的，不是空口白話，我已經這樣子示現給大家看了。

那麼這樣子，「妙法」與「蓮華」都講完了，諸位就知道說，要怎麼樣爲自己預備那個蓮華寶座了。不要老是想著「我要生到天上去」，那你的蓮華寶座經不起人間五欲之火來燒。別說火燒，天氣熱一點，你就枯萎了。你如果是在欲火之中種植起來的蓮華，那怎麼燒都燒不壞，那才眞正叫作

「寶蓮」。有沒有人名字叫作寶蓮？要記住這個意思呵！

最後說「經」字，經的意思很簡單，我也不想多說。經，主要的就是什麼呢？就是貫串的意思。也就是說，把某一些東西整個貫串起來，不會支離散落，那叫作經。就好像你要作一串數珠，一定要有一條繩索把它貫穿起來，才不會散落，它就成為一個完整的數珠。那麼，諸佛說法成為經典，都一定有一個中心主旨。每一部經中都有許多法義是從不同的層面來講的，但每一部經也都有中心主旨；這一個中心主旨就貫穿了整部經，使這一部經的內涵不會散落，這就是「經」的意思。這一部《妙法蓮華經》以什麼為「經」的宗旨？因為開宗明義已經告訴你：妙法蓮華。就是以妙法蓮華把這一部經的宗旨整個貫串起來。那麼《妙法蓮華經》的意思就是說，這部經講的是一個勝妙的法，如同蓮華出淤泥而不染一樣的經典。

那麼請問，這到底在說什麼？三句不離本行，就是在說第八識如來藏。因為剛剛我也說果不離因、因中有果，果因不相離，果與因是非一非異的。那為什麼要強作分別？是因為要讓眾生可以瞭解因與果，所以必須要作各種的分別說；但其實妙法蓮華果就是因、因就是果，因果同時，果與因是不相離的，所以，凡夫地就已經有如來藏的本來涅槃了。即使從來都沒有聽過佛法的人，他一樣具有將來成佛的自性，他一樣具有本來成佛的自性，所以才叫作**理即佛**。如果他聽過了，心裡想：「**唉呀！原來我也有成佛的自性，那我將來也會是佛。**」那他就叫作**名字即佛**。

假使你爲家人講解過六即佛的道理了，他們聽聞以後就從理即佛提升到名字即佛了，所以你是可以提升他們的，但前提是他們有信受理即佛的道理。六即佛裡面，「理即佛」是從來都沒聽過佛這個名稱的有情，螞蟻菩薩、蜈蚣菩薩也是理即佛，牠們也是佛——未來佛，這是在因地就已經有的。如果你有親朋好友聽了，信受了，就是名字即佛位的菩薩。然後他趕快跑到正覺來：「**我也要努力學，因爲聽說正覺裡面是可以實證的，不是只談名相，不是打高空。**」好，終於開始學了，兩年半禪淨班結束的時候，開始尋尋覓覓：「**我那個祂在哪裡啊？眞如心究竟在哪裡啊？**」喔！這叫作**觀行即佛**。他正在觀行諸佛的理體，只是還沒有證得，那就提升到第三個階位了，成爲觀行即佛的人了。你看，這麼快。

當然，如果是修學了錯誤法義，例如進入密宗裡面想成佛，修寶瓶氣、觀想中脈明點、修雙身法，都不可能是觀行即佛位，全都是在外道法中混。以正確的知見而作觀行，求證自心如來第八識，才是眞的觀行即佛位。好了，觀行即佛之後，接著呢，終於有一天找到如來藏了：「啊！原來祂生成這個模樣。」喔！什麼模樣？無背亦無面，無身亦無腳，什麼都沒有，就只是眞如。然後自己胸脯一拍說：「我終於回到故鄉了，這才叫作原鄉。」好了，這叫作**相似即佛**；因爲你看來眞的就像諸佛，因爲諸佛都是證這個心，你現在也證這個心，可是你畢竟還不是究竟佛，所以名爲相似即佛。因爲你證這個心，佛也證這個心，確實很相似啊！可是內涵還是有所不同，那沒關係啦！畢竟已經爬到第四個階位了。你說快不快？快啊！在正覺中修學就是什麼都快。那如果繼續爲眾生努力去作事，爲正法努力去作，無私無我地作，福德、智慧等等漸漸地都圓滿了，該修的三賢位智慧也修好了，發了十無盡願，入了地，好極了！就變成**分證即佛**，進入六即佛的第五個位階了。

分證即佛之後，接下來只剩下一個階位，對不對？唉呀！很高興對不對？所以才叫作極喜地、歡喜地。可是歡喜過一會兒（也許一世、也許是好幾世）說：我剩下最後一個階位要修多久？二大阿僧祇劫。我的媽呀！腳又涼了，是不是？可是心中有把握了：「我已經過完第一大阿僧祇劫了。」所以心裡面還是沾沾自喜，不敢讓人家知道，可是心中畢竟是極度歡喜的；所以叫作極喜地，這是分證即佛。分證即佛位中繼續努力進修，到最後便成爲**究竟即佛**。你看，「理即佛」位，就具足成佛的自性了；而這個自性不是修來的，是本來就有；然而到達佛地的時候還是同一個心，是同樣一個心，所以果因不相離，這才叫作蓮華，而「妙法蓮華」就以第八識這樣的道理，整個貫穿起來宣說，把佛地應該有的智慧與深遠廣大法相給示現出來。

講這一部經之目的，不是爲小根小器的人說；因爲他們不可能相信，所以是爲菩薩種姓們演說的，只有發起了菩薩種性的人才能夠信入。那麼，既然是講「**妙法**」、講「**蓮華**」，當然要把這個「法」打「開」給大家看一看。打開之後，如果大眾還看不清楚，再把它清楚顯明一下：「示」，就是先打「開」然後特地再「示」。這一示，好了，大家都看清楚了：「**啊！原來是要尋找這個喔！**」那你就「悟」了。只要眞的「悟」了，而且心中不疑，那你就「入」了佛法。這就是這一部經很重要的四個字，叫作**開、示、悟、入**。可是，開、示、悟、入一定有一個標的，是要開什麼給人家看？示什麼給人家看？要人家悟什麼？要大眾入什麼境界？那當然就是第八識如來藏。

證如來藏就能清楚看見眞如了，佛陀所說的，就是把 佛陀所知所見的如來藏妙眞如心打開給大家看；打開了，大眾看不太清楚，就詳細地示現給大家看；示現諸佛所知所見的第八識如來藏妙法蓮華，然後要大家悟得諸佛所知所見的這個如來藏妙法；悟了之後心得決定時，覺知心中生起實相智慧，便進入了諸佛所知所見的如來藏眞如境界，這樣你要成佛就很快。因爲這個蓮華是因果同時，是因中就已經具足那個果實，是在證悟後的因地之中就已經看到本來涅槃了。而這個果實是因爲被貪愛或無明遮障，被染汙所遮蓋了；你只要把對自我的貪愛煩惱洗清淨了，把無始無明打破了，然後依著眞如繼續努力進修，這朵本來清淨的蓮華就顯發本有的光明，就是成佛。

所以佛法雖然不是修來的，但是不修行也不能證，這樣成就中道義：非修非不修。如果他不必修行，就說他已經成佛了，那一定是外道。如果說他所有的佛法的內涵都是修來的，那也是外道。一定是說，他要努力去修行，但修行所證的是本來就有的，不是修來的，那才叫作內道。內道、外道就是這樣區分的。以前有些人都勸我說：「老師！你不要老是說人家是外道。」我說：『「外道」二字有什麼不好的意思？』他們說：「佛陀從來不罵人家是外道。」我說：「眞的嗎？經典裡面佛陀也常常指說外道。」後來知道，原來他們是聽了外面的法師說的，就來向我勸告。

但「外道」並不是說他們是不好的，而是說他們不究竟、不正確。爲什麼不究竟？因爲法不如實；爲何不正確？因爲法不清淨。而不清淨的原因是因爲不是本來存在的眞實理。他們外於眞正的佛法「妙法蓮華」去求道，當然就叫作外道。而禪宗參禪的人，如果也是外於眞實心來求道，那當然也要叫作外道。這樣指稱他們，有什麼不對的？好在這十年來，大家聽了我再三說外道，如今也習慣了，現在沒有人再來勸我說：「不要講人家是外道。」可是，外道還眞的不可輕，那薩遮尼乾子還眞的是個大外道；可是這個大外道竟然度了國王信佛，到後來才知道：原來是菩薩特地示現作外道，才能度了那個國王。菩薩行，眞的難可思議！

那麼這樣子，《妙法蓮華經》的經題簡單講完了。我們不是作科判，我只是把我的所見如實說給諸位。我不像古德註解《妙法蓮華經》那樣作科判，我就只是把我的所知所見告訴諸位。那麼，接著當然就要進入經文來說了。（有人說：譯者還沒講。）譯者？好吧！那就先來講這個。

這部經文的翻譯者，我們當然要講一下。把人家都給忘了，眞的有一點忘恩負義的味道。「後秦龜茲國三藏法師鳩摩羅什奉詔譯」。後秦，表示他不是漢朝前面那個秦朝。我們不講歷史與地理，龜茲國大概就在西域那個位置。後秦龜茲國的三藏法師。三藏法師，這個明顯意味著這位翻譯者是通達經、律、論的，才能稱爲三藏法師；也就是說，他對於經典、律典（就是戒律的部分）以及論藏，他都通達了，這叫作三藏法師。不過有一點要注意，三藏法師不完全像鳩摩羅什這樣子。譬如還有另外一種三藏法師，他是在聲聞法中，也有三藏法師，是通達經、律、雜藏；當他通達聲聞法中這三藏——經藏、律藏、雜藏，他也可以叫三藏法師，所以三藏法師有這樣的不同。

但是，這位三藏法師鳩摩羅什，他是大乘法中的菩薩，所以他是通達大小乘的經、律、論三藏的法師。鳩摩羅什，他本來是個出家人；後來被無道的國王逼迫要他娶妻，他也不得不娶。可是娶了，他心中實在也沒有意味，他就只是繼續作他該作的事情，最重要的事情就是譯經，才能把法久遠弘傳下來；所以就掛了個名分在那邊，也穿起俗衣來了。他不得不這樣，因爲他的任務還沒有完，他得要留著命設法完成任務。這就是他不得不修忍辱的地方，否則他可以抗命不管：「你國王不高興，可以把我殺了，我重新受生再來也就結了。」就這麼簡單。對菩薩而言，本來就是這樣。如果事情已經作完了，想要換個身分來的話，國王講什麼，都不理他。隨時想要來砍頭，就讓他砍去。菩薩就是這樣的觀念。

可是工作沒有作完之前，那可不行啦！只好繼續去作。他就是在這個狀況下繼續他的工作，才能夠翻譯很多經典。鳩摩羅什三藏法師翻譯的經典，有一個特色就是優美；你讀起來覺得很優美，跟玄奘法師翻譯的不太一樣。玄奘法師比較不顧慮優美不優美的問題，他把翻譯經文中的誠信度列在第一位，然後第二位是要通達、要完全符合經典的原意，連細微的法義也得要如實，最後才是考慮到文字典雅不典雅。鳩摩羅什在這個部分不像玄奘法師譯得那樣精準，他比較注重典雅，所以他翻譯的經典都很優雅。

「奉詔譯」，這表示是在國家的資源力量下面來翻譯的，因為古時候翻譯經典真的很困難。不說古時候，光現在好了，你如果要請人家翻譯一部經典，自己不精通，那個翻譯費就很可觀，算盤得要打了再打。好像十來年前吧，我們有一個因緣遇到一位大陸來的人，是什麼人就不談它。他願意幫我們翻譯，我的計畫是請他翻譯覺囊巴「他空見」那一本書，叫作《山法了義海論》；因爲那部論跟我們有關，也是咱們過去世撰寫的東西。可是呢，算一算，好像是台幣三十來萬，這筆錢我花不下去；因爲那時候我們正覺的規模還很小，我們的錢還很拮据。現在稍微充裕一些了，當然我現在會改變我的觀念、改變我的想法，從另一個弘法方向來考量；以後還是要作改變，因爲讓大家這麼擠在一起聽經也眞的很委屈。但是，在我們那個時候眞的更拮据，我們每一塊錢都要當兩塊錢用，所以我就花不下去了。

由此可見翻譯是一件大工程，因爲古時候不像現在，現在電腦打進去，印表機可以列印出來；而且，現在還可以直接用電腦檔案直接去製版，現在印刷術這麼發達。古時可不是，古時得要一個字一個字用刻的，再用木版去排版；然後印刷時還不是用機器，是要用人工把那一個字一個字都排好了以後，校對好了沒錯，放了紙上去，在那邊用個沾了油墨的布團慢慢去拓印，那個人工、本錢是非常昂貴的。所以古時候不可能由私人來翻譯、印經，因爲私人負擔不起，所以古時候都是以國家的資金來作這些事情。

你看什麼《龍藏》、《嘉興藏》、《磧砂藏》……等，不都是這樣的嗎？韓國《高麗藏》也是一樣，日本《大正藏》也是一樣，都是由國家出錢印製的。我們現在是有一點不自量力，由同修會出錢想要來編一套《正覺藏》，把僞經摒除，或舉證爲何是僞經的具體理由。因爲我們有人才，而現在印刷不像古時那麼貴；編輯等工作，我們也可以自己來作，這野心眞的很大！不過，我想，我們假以時日，應該是可以作得成。因此說，古時候翻譯經典，那都是國家的事，而且也成爲國家政績的一部分，所以經文的前頭寫的就是「奉詔譯」。

那麼是由誰來翻譯的？由三藏法師鳩摩羅什翻譯的。至於鳩摩羅什的生平，我記得我們的《正覺電子報》有連載過二、三期，如果諸位有需要瞭解，可以直接聯結去查閱就好，我這裡就不浪費時間來講。那麼，今天就講到這裡。

《妙法蓮華經》

〈序品〉第一

《妙法蓮華經》，今天要進入卷一，剛開始是〈序品〉第一：

經文：【如是我聞：一時佛住王舍城耆闍崛山中，與大比丘眾萬二千人俱，皆是阿羅漢，諸漏已盡，無復煩惱，逮得己利，盡諸有結，心得自在。其名曰：阿若憍陳如、摩訶迦葉、優樓頻螺迦葉、伽耶迦葉、那提迦葉、舍利弗、大目揵連、摩訶迦旃延、阿㝹樓馱、劫賓那、憍梵波提、離婆多、畢陵伽婆蹉、薄拘羅、摩訶拘絺羅、難陀、孫陀羅難陀、富樓那彌多羅尼子、須菩提、阿難、羅睺羅，如是眾所知識大阿羅漢等。復有學、無學二千人，摩訶波闍波提比丘尼，與眷屬六千人俱；羅睺羅母耶輸陀羅比丘尼，亦與眷屬俱。】

語譯：【就像是這個樣子，都是我親自聽聞的：有一段時間佛陀住在王舍城的鷲頭山中，與大比丘眾一萬二千人同在一起，全都是阿羅漢，欲漏、有漏、無明漏都已斷盡，不會再有煩惱重新生起，已經抓住自己的利益了，也就是斷盡了三界諸有的結使，心中已經獲得自在而不受生死繫縛了。他們的名字叫作：阿若憍陳如、摩訶迦葉、優樓頻螺迦葉、伽耶迦葉、那提迦葉、舍利弗、大目揵連、摩訶迦旃延、阿㝹樓馱、劫賓那、憍梵波提、離婆多、畢陵伽婆蹉、薄拘羅、摩訶拘絺羅、難陀、孫陀羅難陀、富樓那彌多羅尼子、須菩提、阿難、羅睺羅，就像是這一類被大眾所熟知的大阿羅漢等人。此外還有已經實證的有學位、無學位二千人，也有摩訶波闍波提比丘尼，也和她的眷屬六千人同在這裡；羅睺羅的母親耶輸陀羅比丘尼，也和她的眷屬同在這裡。】

講義：〈序品〉，凡是一部經將要開始說，都有它的因緣。這個〈序品〉就是這一部經典開始最前頭，在顯示因緣的部分，就如同每一本書前面都會有一篇序文。序文，大概都是在說明那本書的大略的內涵，或者說明作者想要表達給讀者知道的某一種理念或者觀念。如果說書本裡面，作者並沒有什麼想要再重複說明或提示的，至少也把這一本書的緣起說明一下，這一類文字便叫作序文。那麼，這部經是大乘佛法中很重要的一部經，當然一定也要說明它的緣起，所以結集這部經的時候，就有一些前提必須要記錄下來，把前提記錄下來就成爲〈序品〉。〈序品〉第一，「第一」是表示說，它是這部經典區分成幾個篇章裡面的第一個部分。那麼，因爲篇章很多，所以也分卷，這個〈序品〉是卷一裡面的一個部分。這部經典總共分成七卷，但我們不會顯示卷次，只依品次來宣演其中的眞實義。

「如是我聞」，這是「證信」的意思，證實這部經典的可信度。那麼，結集者把這部經的內涵口述出來的時候，他是要負責的。口述錯了，他也要負責；口述對了，也要負責——負責領受功德。當然，一起補充、校正的菩薩們也要負責的。因此，一開始要說「如是我聞」，這是代表負責任的態度；是說，這部經的內涵就是這個樣子，而且是我親耳所聽聞的。這表示不是道聽塗說，凡是道聽塗說，不許拿來當作佛法，連當作世間各種事相上的談論都不應該。如果是道聽塗說，一定要先表明一個前提：「我是聽來的，正確不正確，我不保證，你們自己判斷。」應該加上這一句，若沒有加上這個前提的說明，他就得要負責誤導別人的因果。當然，如果他說：「我是道聽塗說的，不一定正確，你就姑妄聽之。」他就不用負全責。「如是我聞」，意思就代表負責任的態度，表示這是我親眼所見、親耳所聞，不是聽別人轉述。所以結集經典時，一定是親耳聽聞的人，才有資格參與結集。

「一時佛住王舍城耆闍崛山中」，經典裡面不會說佛陀住世的第幾年或者在哪一國度的第幾年，因爲佛法不是單獨限制在人間的。而且那時天竺的國度有許多個，你如果說是哪一國建國第幾年的時候，譬如說，這經典若是在王舍城講的，這個時間如果換到別的地方，那別國就抗議說：「佛陀爲什麼不用我們國家的時間？所以到我們這裡來翻譯，我們就要把它改爲我們某某國建國後第幾年。」那又有問題了！可是如果以佛法的本質來說，當你說某某國第幾年，四王天也要抗議：「你們人間才一會兒就過去了，你們佛教開始弘揚到釋迦佛入滅不過四十九年，等於我們天上才一天而已，那你們講明是人間某一國的第幾年，有什麼意義？」如果忉利天乃至他化自在天、梵天等等，從他們的時間來看，這人間的時間記載可都沒有意義。而且佛教不是只有這個地球上才有，也不是只有這個娑婆世界才有，所以通用「一時」最標準，大家都沒有意見。

接著說，在這麼一個時間，佛陀是住在王舍城旁邊的鷲頭山裡面。鷲頭山，或者有時譯作靈鷲山。「耆闍崛」就是用音譯的方式來翻譯，如果你們去朝禮聖地時，遠遠就會看到那個山頂有岩層斜斜的，上下二層不一樣長，重疊在一起看起來，它尖的地方往上蹺，上層比較短，看著像是鷹頭；下層比較長而突出，看著像是鷹嘴；全部看起來就像美國國徽那「白頭鷹」的頭一樣，所以就叫作鷲頭山，有的經典翻譯爲靈鷲山。

這個時節　佛陀是住在王舍城附近的鷲頭山中，與大比丘眾一萬二千人同時在一起。這一萬二千人都是阿羅漢，卻不全是大阿羅漢。又因爲這一萬二千人不是只有聲聞眾，也包括在家眾在裡面，都是阿羅漢。不過，若是在聲聞法的結集裡面，通常不會記錄到在家人；如果證阿羅漢，就會成爲聲聞經中所記錄的對象，因爲聲聞僧團是以出家眾爲主。這裡記載的是一萬二千人，因爲包括在家的阿羅漢。那四阿含諸經中記載的在家人成爲阿羅漢，數目記載得很少，只有二、三件而已。

這些人是「**諸漏已盡，無復煩惱**」，表示這些阿羅漢們大多數是菩薩位的阿羅漢。又說他們是「**大比丘眾**」，這「**比丘**」二字，還有個很有威德的名字，叫作怖魔——恐怖魔眾，因爲大比丘們在世是行菩薩道而不入無餘涅槃的，是生生世世在人間度人成就佛道的人，這就表示天魔對他們的住世要很恐怖：只要大比丘們在世（當然不是指密宗，密宗那些喇嘛都不能叫作比丘，他們只能稱爲喇嘛，不能稱爲比丘，因爲他們根本就是外道；從他們的觀念行爲、身口意以及法教的行門和理論，完全都是外道法，只有名相身相是屬於佛教的，又都不受比丘戒，所以他們不屬於比丘）。

比丘又稱爲怖魔，因爲只要有眞正的比丘在世（當然是包括比丘尼），天魔波旬都很擔憂、覺得很恐怖；因爲比丘之中有大乘比丘，也有二乘比丘；而大乘比丘之中還有大比丘，智慧與威德都很大。那麼大比丘們度了一些人斷了我見的，或者明心的、或者見性的等等，一個個都脫離天魔波旬的掌控範圍。而最恐怖的是大乘法中的大比丘度人成爲菩薩了，但是這一些被度的菩薩，一個個都不像二乘比丘捨壽後會入涅槃，還繼續住在人間度更多的人。不但這樣，每一個人還繼續在人間一世一世去度人，度更多的人都能超越天魔波旬掌控的境界，可是他們偏偏都不走人，一直住在天魔的欲界境界裡面。他們都住在欲界中，天魔竟拿他們無可奈何；所以只要有這種大乘法的大比丘住在人間，天魔都覺得好恐怖，所以大乘法中實證解脫道及佛菩提道的大比丘，最有資格承擔怖魔這個威德名稱。

那麼，又說這一些人都是阿羅漢。阿羅漢至少要有三個德行。末法時代有一些膽大的學人自稱證得阿羅漢，可是並不具備這一些德行。十幾年前從南洋來的、或者傳進來的法義，他們所謂的阿羅漢並不具備這三德，所以都不是眞正的阿羅漢，徒有虛名。阿羅漢一定有三德：無生，殺賊，應供。具備這三德才能成爲阿羅漢。這三個德行，第一個功德是無生，意思是說他不再接受後有，才名爲無生；換句話說，他這一世捨報就不會再出現於三界中，蘊處界全部滅盡，永絕後有。也就是說，他在我見、我執上面的自殺是很徹底的，他這一世死了以後就永遠不再受生了，永絕後有。四阿含諸經中都說是「不受後有」，既然「不受後有」而不再出生了，所以他就有「無生」的功德。一定是無生的功德具足了，才能稱爲阿羅漢；雖然他們不是大乘菩薩所證的本來無生，是滅後無生，但仍然是無生，這是第一個功德。

第二個功德是殺賊，殺賊是無生的所依，無生之所以能無生，是因爲先殺賊。如果是初機學人，才剛歸依三寶時什麼都不懂，才一聽說，就想：「唉呀！這阿羅漢還要殺死賊人。」就好比禪宗有個公案，有個人跟著趙州從諗禪師在院子裡走著走著，有一隻野兔見了他們兩個人，嚇了一跳，趕快逃走了。那個僧人就拿來調侃老趙州說：「和尚是個大修行人，兔子爲何見驚？」說兔子爲何看見你就這麼怕？沒想到老趙州說：「只爲老僧好殺。」老趙州很喜歡殺人，並且他殺了人以後，被殺的人個個都很歡喜，都成爲本來無生。這殺賊指的就是這個道理，是殺煩惱賊而不是殺賊人。那什麼叫作煩惱賊？有三個：我所執、我見、我執。這三個煩惱賊都殺掉了，就叫作殺賊。因爲殺盡了這三個煩惱賊，所以「不受後有」，因此證得無生，所以殺賊才是解脫的本質，無生是殺賊之後的果實。

那麼具有這二德，已經是諸天天主所作不到的，因爲天主不過也是個凡夫；除非是菩薩有任務去接任那個位子，否則諸天天主都是凡夫；欲界六天、色界四天的天主，都是凡夫。那麼無色界呢？無色界沒有天主，因爲無色界無色，都沒有色身，誰能統治誰？所以無色界天沒有天主。

第三個功德，因爲阿羅漢是出三界的聖者，而諸天天主甚至我見都還沒有斷，所以諸天天主以及所有天人都應當要供養阿羅漢，所以阿羅漢又名應供。阿羅漢受人供養是心安理得的，絕對不必心有慚愧，因爲他具足殺賊與無生的功德，當然受供無愧。爲什麼具足這兩個功德可以受供無愧呢？因爲當他能夠「不受後有」時，就是能出三界生死的聖者了，已經成爲眞正的人天福田；誰在他身上種了福德，未來世果報不可限量，所以他才成爲「應供」。必須具足這三德，才能成爲阿羅漢。

如果連第一個殺賊的功德都沒有，譬如說他還喜歡弄大名聲、搞大道場，廣聚徒眾、廣收供養，他顯然還沒有殺賊；然後他說出來的法都還落在意識或識陰裡面，連我見都沒有斷，更別說是證二果、三果，所以他依舊有生，不是無生，顯然不是阿羅漢；因此他若受人供養，自稱阿羅漢時，應該面有慚色。可怪的是，現代所謂的阿羅漢既未斷我見，受供的時候卻都覺得理所當然、面無慚色，那叫作無慚無愧，落入惡心所中。但如果有誰是眞阿羅漢，我就要鼓勵大家：「**你們都去跟他種福田，即使供養一百塊錢台幣，你未來世都有大福德。**」有不得了的福德，爲什麼不去供養？我又憑什麼遮止？

可是如果他們是落在意識的凡夫境界裡面，那麼都不必專程去供養，你隨便路上拉一個人說「我供養你一百塊錢」就結了，因爲都比供養他們好，這是因爲他們是大妄語人，來世報在地獄。你供養路上隨便一個陌生人，他們都沒有犯大妄語業，來世還可以生而爲人，豈不勝過他們？諸位想想，是不是如此？是嘛！你如果遇到是謗法的人，不但不供養他，而且還要口誅筆伐；因爲如果供養了他，你是在贊助他謗法、破法；你一旦供養了他，你就有了破法的共業。所以你每天飯要吃多吃少，都由著你，你亂吃都沒關係，一天要吃五餐也沒關係；可是供養別人時，還眞不能隨便供養；因爲你若是供養到了破法者，就是在支持破法的行爲，那你也要負擔一分共業，當你支持他負擔謗法的共業以後，他是主犯，你是從犯，那不很倒楣嗎？行善的結果竟然變成了惡業，所以眞的要很小心。話說回來，阿羅漢一定要具足這三德。

接著說：「這一些大比丘眾一萬二千人，都是阿羅漢，諸漏已盡。」這在講什麼呢？是說這些大比丘眾是有漏已盡、無明漏已盡。諸漏斷盡之前，先要斷一個法，叫作見惑。見惑是指邪見，是不如理作意而產生的無明；這純粹是解脫道中見地上的事，譬如說色陰是不是眞實我？是否常住不壞？又譬如說受想行識或者最有代表性的意識覺知心——離念的靈知、有念的靈知等等，以及定中的靈知、定外的靈知等等，是不是常住我？首先在這個部分要先弄清楚，確實了知五陰的內容，並且也確實了知每一蘊全部都是生滅法、不是常住，所以五蘊裡面沒有一法是眞實我。

這是在見解上經由現觀而斷除了，這就是見惑斷除，不是在說世間法見解上的迷惑。那麼，有未到地定配合，這個見惑眞的斷了，接著才是斷有漏。有漏指的是三界有：欲界有、色界有、無色界有。那麼，欲界有斷了，就會發起初禪，這就是所有阿羅漢都必定有的「梵行已立」；色界有斷了，就證得四空定中的空無邊處；那麼證得四空定以後，又對四空定的境界愛斷盡了，就是無色界有斷除了。可是，這樣「有漏已盡」還不能出離三界生死，因爲還有個無明漏；所以乃至證得八解脫以及部分已證得滅盡定的人，都還要再修不放逸行，因爲他們還有無明漏未斷。那無明漏是指什麼呢？是喜愛於非想非非想定中的覺知心繼續存在，在《阿含經》中 世尊說這叫作我慢。這不是一般人講的我慢，一般人講的我慢是相對於別人而生起慢心，其實只是慢或過慢，或者慢過慢；《阿含經》中 世尊講的這個我慢，是說喜樂於無色定中的自我繼續存在，由於這樣的自我存在而心生極微細的喜樂，這叫作我慢。

這時候，他的境界就是「我能捨三界有」，這就是我慢相，他還有個捨心在；由於還有這個捨心在，意識就會跟著存在了。意識存在，他就無法出三界，不可能入無餘涅槃，這就是我慢相。所以，這個時候連捨心也要捨掉，然後就不樂於受生，這樣才能夠十八界滅盡，不會再有中陰身生，永住無餘涅槃中。所以，連這個極微細捨心中對自我存在的喜樂相——那個喜樂雖然外表看不見喜樂的模樣，可是對這個自我的存在的喜樂仍然存在，這也要斷除。這個我慢斷除了就是無明漏已斷盡，這樣才能夠說「有漏已盡、無明漏已盡」，才算是諸漏已盡的阿羅漢。

已經「無復煩惱」，當然是說自己三界愛的煩惱不會再出生了。「無復煩惱」這一句不包括煩惱障所攝的習氣種子隨眠。所以如果大乘菩薩見了就會說他：「你還有煩惱，因爲你的煩惱習氣種子還在。」但這段經文裡講的「無復煩惱」，是從二乘菩提來說，是說他的三界愛煩惱——見惑、思惑、無明漏，已經不會再現行了，不理會他的習氣種子是不是已斷盡，這就是「無復煩惱」，「無復煩惱」就是阿羅漢們被稱爲「殺賊」的原因。

「逮得己利」，這意思是說，他在解脫道上面「梵行已立、所作已辦」，因此達到的結果就是「逮得己利」，因爲已經不再被欲界法、色界法乃至無色界法所繫縛。這是從現法來說的，而不是從入涅槃後已無未來世而說。這裡所說的是現法，是說阿羅漢五蘊還在的當下，已經「逮得己利」。

那麼「盡諸有結」，講的是初果斷三縛結，以及三果斷五個下分結、四果斷五個上分結，這叫作「盡諸有結」。因爲這些結使都是在三界有的範圍內，所以叫作「有結」。這「三界有」的結使，因爲「三界有」的繫縛而產生的結，他們把這三界有的結使已經斷盡了。「心得自在」，是說他們還住世，尚未入滅的時候，心都是自在的。

那麼，這一些阿羅漢當然不可能一一具名，否則如果要唸出一萬二千位阿羅漢的姓名，等到唸完的時候要花掉多少時間？也許有人會聽到煩：「爲我唸這麼多阿羅漢名稱作什麼？你還不如爲我唸千佛聖名給我聽。」因此，就推舉一些比較有代表性的阿羅漢來說。那麼，這些阿羅漢都是出家人，都不是在家人，因爲在經典中依於佛座而坐的阿羅漢們都是出家人，都現聲聞出家相；在家的阿羅漢們不會擠進來的，因爲他們不是一天到晚跟隨著佛陀，不像出家阿羅漢們還得托鉢乃至弘法。代 佛說法的通常是出家的阿羅漢們，所以就以這些人作爲出家聲聞眾的代表。

「**其名曰**」，是舉述他們的名稱：阿若憍陳如、摩訶迦葉等等。我們是要一位一位來概要的介紹一下？或者我們把他們的名字唸過去就算了？喔！大家還是希望概要性地介紹一下。

「**阿若憍陳如**」，說爲聲聞第一比丘，因爲他是被 佛陀所度的第一人。這個第一人其實不是他，但他是出家人中的第一人；因爲 佛陀要去度他之前，路上就先度了一些在家人了；但是那時候還沒有僧團，所以 世尊告訴他們三歸依的道理說：「**你們歸依佛、歸依法之後，還得歸依即將成立的僧團。**」因爲那時候還沒有度僧，所以從菩提迦耶走了大概二百公里吧，去到鹿野苑找這五個人度了，才成立了聲聞出家僧團。阿若憍陳如是五人中之首，他也是第一個成爲阿羅漢，所以他叫作聲聞第一，因爲他是得度的第一人。阿若憍陳如等五人，是 世尊知道苦行不能成佛而放棄苦行，去河邊沐浴而接受牧羊女的乳糜供養時，他們看了以爲太子不修苦行、放逸了，所以

他們五個人就離開 悉達多太子，走到鹿野苑去獨居修行了。那麼，本來 佛陀不是要先度他們，是要先度另外一個人，可是以佛眼、天眼一看，知道那人已經往生了，已在無色界天，不在人間了，無法去度他。所以，就去度這五個人，而憍陳如是第一個證得阿羅漢果的人。

接著是「**摩訶迦葉**」。摩訶稱之爲大，所以這位迦葉叫作大迦葉。姓迦葉的人很多，因爲迦葉是一個姓氏。所以就區分爲很多種迦葉。他被稱爲摩訶迦葉，因爲他年紀最長，並且他是頭陀第一。那麼，剛開始弘法時 世尊還特地在大眾中說：「**分半座給你坐。**」但他很知趣，知道自己根本摸不清佛陀的智慧是多麼深妙，摸不到頂，連背部都看不到，所以他知道：「**我絕對不能坐，雖然我年歲比佛陀大很多，也是不能坐。**」他很聰明，佛陀剛出來弘法時，大迦葉也在，佛陀也在，很多人以爲大迦葉是 佛陀，因爲他年歲最大，看來年高德劭。可是等到 佛陀一上座，大家才知道原來這位年輕人才是 佛陀；那時候 世尊應身才三十六歲，大迦葉已經六、七十歲了，然後大迦葉出來證明：「**釋迦牟尼佛是我的師父，我是祂的弟子。**」你看，大眾還是看表相說：「這個年輕人他懂什麼？他出家才多久？這大迦葉可是年少出家，如今年紀六、七十歲了欸！」大家都這樣看。這樣看來，我再多活二十年，不論我有沒有證法，大家就會尊重了，因爲都八十好幾了，這就是世間人的想法。

大迦葉年歲很大，他一生堅持行頭陀行；乃至已經一百十幾歲了，佛陀說：「你年紀這麼大了，可以接受好衣供養、好食物供養。」他都不想要，他說：「我如果開了這個頭，未來世大家會學我，拿我當例子；當大家都廣收供養時，佛法不早就滅了嗎？」所以他就不接受，即使年紀一百多歲了，都不願意接受一點點過分的供養，繼續修頭陀行；所以好衣服他不接受，好食物也不接受。佛陀最後也是認同他：「因爲你這樣示現，所以將來佛教可以久遠流傳，綿延不絕。」所以，這個大迦葉是頭陀第一的迦葉。

接下來有三位，這三位迦葉是三個兄弟：優樓頻螺迦葉、伽耶迦葉、那提迦葉。在《增一阿含經》的另一個譯本中翻譯爲優毗迦葉、江迦葉、伽夷迦葉，一般都把其中的大哥稱爲大迦葉。這三兄弟本來都是事火外道，奉事火神。奉事火神就是每天要點著一把火不許滅掉，如果有人想要跟鬼神界溝通，就經由火神用那一把火來燒，燒化了以後鬼神界就得到供養，他們藉著火神來作媒介，來達成他們想要的目的，所以他們原來都是事火外道。

優毗迦葉又譯爲優樓頻螺迦葉，優樓頻螺就是木瓜林，這些人都不稱名字、都只稱姓。優樓頻螺迦葉，翻譯過來叫作木瓜林的迦葉。好像以前中東那個賓拉登，是一樣的道理來施設稱呼的。賓拉登翻譯爲中文，叫作拉登的兒子。這裡也是一樣，優樓頻螺迦葉就是木瓜林的迦葉。他是住在河邊的一個木瓜林，在那邊奉侍火神，有五百弟子跟隨他學法。那個木瓜林邊有個石洞，石洞裡住了一條火龍，沒有人能招惹牠。世尊爲了要度這三迦葉，必須要先度大哥，就故意去木瓜林旁邊找個樹下住下來。

剛開始優樓頻螺迦葉很擔心利養被 世尊搶了，所以 世尊都不搶他的利養，不論誰來供養，世尊都不接受，說：「你去供養大迦葉他們。」然後 世尊就自己用神通飛到須彌山，拿了食物回來，在大迦葉面前吃。不能搶了他的供養，一絲一毫都不行，所以 世尊就這樣子，讓他也看看說：「喔！這個道人眞不得了，竟然飛到須彌山去拿供養回來。」然後傍晚故意要向大迦葉借宿，到了晚上說：「我要在你這裡借宿一晚。」大迦葉說：「我這裡沒有地方可以給你住。」佛說：「那個石洞可以借我住啊！」大迦葉說：「我不是吝惜那個山洞，那裡面有毒龍，你住進去一定被害。」他心中也不想佛陀被害，覺得那麼莊嚴的修道人被害死是很可惜的。但佛陀說：「只要你答應借給我就可以了，至於我會不會被害，你別擔心！」他就說：「既然這樣，你就去住吧！」因爲那是他的地盤，不能搶他的地盤。他答應了，佛陀晚上就住在那洞窟裡。

結果，大迦葉那個晚上也不敢睡覺，就望著那個石洞：「哇！那個火越來越強，越來越強。」他想：「完了！完了！這個修道人這麼好，結果竟然被火龍給害死了。」就派人去幫忙澆水滅火，但世尊故意讓大火滅不掉，大家一個晚上沒睡好。沒想到第二天早上，瞿曇從山洞裡面走了出來。「瞿曇」，知道嗎？就是釋迦佛的俗姓，因爲他還沒有歸依於佛陀，就稱呼世尊爲瞿曇。世尊走了出來，大迦葉就問：「你沒有被火龍燒死？」佛陀說：

「沒有啊！我把牠收服了，牠現在當我的徒弟了，已經收服在我缽裡面。」世尊要先度那條毒龍才好度大迦葉，就隨著那條毒龍搞神變，弄了種種神變，後來就以慈心三昧把牠收服了。世尊收服這個大迦葉的過程是最辛苦的，費好多時間；可是因爲他們三兄弟在當時很有名，徒眾也最多，必須要先收服。因此就繼續搞了很多神變，最後才收服他，然後他和五百弟子們後來就歸依 佛陀當弟子；佛爲他說法，他證得阿羅漢，證了以後連同五百弟子都歸依 佛陀。

大迦葉歸依了 佛陀以後，奉事火神的那一些道具都用不著了，都丟到連若河裡面去；那事火的用具流著流著，流到了下游一點時，二弟江迦葉的徒弟們看到從上游漂下來好多奉事火神的用具，趕快去報告，江迦葉就想：「我大哥是不是被害了？難道五百人都被害了嗎？」就率著徒弟們順著河流走向上游去了，結果一看都好好的，竟然還都成爲沙門了。因爲這位江迦葉有弟子三百人，共同前來就跟著聽法，聽著心中覺得：「有道理！有道理！」既然聽出道理以後，他們也得法眼淨，然後請求在 佛陀座下出家，成爲善來比丘的阿羅漢。三弟伽夷迦葉也有二百位弟子，他不久又看見二哥等人丟棄的事火、持咒的器具，從連若河裡流了下來，又順著河流找上去，隨後也成爲善來比丘，他的二百位弟子也就隨他在 佛陀座下一起出家了。這些事火外道就這樣成爲阿羅漢，當然就要歸依 佛陀，難道還歸依火神嗎？於是世尊座下就有一千位出頭的弟子了，僧團突然間就變大了。

他們成爲阿羅漢以後，都已經知道那火神只是個凡夫而已，當然不再歸依火神了。所以，我對外道不太排斥的原因是在這裡，但我很排斥佛門裡面自以爲是而繼續在誤導眾生破壞正法的法師。可是我不排斥外道，爲什麼呢？因爲外道們將來可能投入佛門成爲三寶弟子，還可能成爲大菩薩；可是在佛門中破壞正法的那些大法師們，你沒辦法轉變他們——無可救藥！他們永遠都會堅持六識論而以常見外道邪見抵制正法。但外道可度，將來可能成爲佛法裡面的龍象。這種人很多，佛法中最有名的是薩遮尼乾子，後來成爲大菩薩。

二迦葉聞法證果了，接著就會影響到三弟伽夷迦葉，也成爲佛弟子。這些先打住不說，先說他爲什麼叫作伽夷迦葉，因爲這位迦葉就住在伽夷，有時候翻作伽耶。爲了避免把大迦葉、二迦葉、三迦葉這三個兄弟給弄混了，所以就用地名冠在各人的迦葉姓氏上面，來區別三兄弟。譬如說，我們會裡面有好多位素貞，就區分爲大素貞、中素貞、小素貞，是一樣底道理。當然要這樣區分嘛！不然人家聽了名字都弄不清楚是指誰。所以這三兄弟，各以不同的地名來稱呼爲迦葉，意思是住在河邊木瓜林的迦葉、住在伽夷的迦葉。最後是伽夷成爲阿羅漢，當然跟著就是二百位弟子又把奉事火神的道具全都丟到河裡去了，也不要了。所以經過情形是，大迦葉的先流下去，江迦葉他們的用具也丟進河裡，也流下去了；流到後面伽夷迦葉那邊呢，那伽夷迦葉住在河流旁邊，看著上游的事火器具一直流下來，算一算，第一次將近五百、第二次將近三百，算完了，心想：「不得了！我兩個兄長都被害了。」於是逆河找上去，結果二迦葉等人都不在，好像眞的被害了，可是又看不見屍首；又往上游繼續找，結果兩個哥哥都在那裡聽法，他想：竟然歸依那個年輕人！因爲　佛才不過三十六歲而已，那一年可能也不超過三十七歲。他們竟然聽一個年輕人在說法，他想一定有道理就跟著聽。當然佛陀有方便說法，有新的人來，當然會講一些新來的人需要的法義。然後他聽著聽著，他也跟著成爲佛弟子了，他座下有二百人；後來回去了以後，一樣也把器具丟了。就這樣，這三個迦葉，大迦葉、二迦葉、三迦葉，三個兄弟本來就是三個外道，被度爲佛弟子以後，加起來共有一千零三個人，就全部成爲佛弟子。

然後講到「舍利弗」，舍利弗如果直譯過來，叫作身子。身子就是身體，因爲他的母親身材很好、相貌也很莊嚴，這個孩子就命名爲身子；至於他的名字其實是把父母的名字各取一部分來命名的。他是十大聲聞裡面的智慧第一，所以他的智慧非常好，這個大家都知道，不用解釋了。

「大目揵連」，其實就是目連尊者，他是神通第一，有時候叫作目揵連。這大家也是耳熟能詳，不必說明。

接著「摩訶迦旃延」，摩訶迦旃延是論義第一，討論法義他最行；所以他最會講解經典，又叫作解經第一。講經，沒有人能超過他；迦旃延就是這一點很厲害，經典只要結集出來，他拿來宣講時一定有很多人得利益。所以他是解經第一——解釋經典是第一人，因爲他最能夠議論經中的法義，把某一些經典裡面的法義加以說明、論說，然後大家就能夠瞭解那裡面眞正的意涵。「摩訶」表示在幾個迦旃延裡面他是老大，或者人家區分說大迦旃延、小迦旃延等等，因爲迦旃延也是個姓。

「阿耨樓馱」，阿耨樓馱可能大家讀得不是很順暢，有一點陌生，但是另外有一個譯名，大家聽了就知道——阿那律；只是翻譯不同。阿那律尊者就不必太解釋了，大家都知道他是天眼第一。可是，阿那律他的本意是什麼？本意叫作無貪。阿那律或者阿耨樓馱，都是音譯。那無貪，是因爲他只要有什麼物品，都願意跟別人分享，所以有這樣的名稱。

「劫賓那」，劫賓那語譯後叫作房宿，所以劫賓那比丘就稱爲房宿比丘；房屋的房，寄宿的宿，或者叫坊宿比丘；僧坊的坊，一個土字旁加一個四方的方。爲什麼會叫這個名字？這些阿羅漢們本來的名字都不見了，都用這一些來代表；就好像現在我們常常跟人家取綽號，綽號叫久了，他本名就不知道了。劫賓那叫作房宿比丘，爲什麼呢？因爲 佛陀看見他得度的因緣成熟了，有心要度他。他有一天因爲趕路或者別的原因，寄宿在僧坊裡面，住在一個出家人建的一個小屋子裡。佛陀就化現爲一個老比丘，隨後跟著去借宿，就住在同一個房間裡。這個比丘就把他躺著的稻草分一半給這位 佛陀化現的老比丘，二人一起共宿。佛陀就爲他說法，使他成爲阿羅漢。所以，阿羅漢是不是經由修定而成就？不是呵！是由智慧而成就，當然他們本來都已經是離欲者，本來就是「梵行已立」，都是已經有初禪圓滿的證境。

如果有人說：「**阿羅漢？哪有可能？才跟你學個二年半就成爲阿羅漢，我才不相信！**」那表示他是個少聞寡慧的人，因爲他從來沒有讀過《阿含經》，阿含諸經裡面的記載很多，外道來見了佛，往往都還不客氣地直呼名姓：「**瞿曇！如何、如何……。**」就這樣叫。有的叫喚說：「**喬答摩！如何、如何……。**」就這樣子。等到雙方論法以後，佛陀爲對方說法，不久對方就得法眼淨。得了法眼淨，對方再開口時就不叫 佛陀爲瞿曇了，就改口稱呼「世尊」了，因爲知道祂絕對不是個凡夫，就相信祂是「佛陀」，就改稱「佛陀」，或者改稱「世尊」。然後　佛陀繼續說法，他成爲阿羅漢，當下請求出家，就在　佛陀座下出家了。

世尊座下那些聖弟子們都是這樣度來的，本來都是外道。所以，我對外道反而沒什麼惡劣的感覺，因爲他們有可能會成爲佛弟子而進入正覺，實修正法；可是對於佛門這些大師們，我都覺得他們不如外道；因爲外道至少不破法，他們講他們的外道法、信他們自己的神，不會來說咱們正覺的佛法有錯誤，也不來罵我們正覺說「你們是邪魔外道」。你們看，有哪個外道來罵我邪魔外道的？都沒有。罵我邪魔外道的人，都是那些大法師、大居士；不然就是附佛法的外道，譬如密宗四大教派。你看迦葉三兄弟這些人本來都是外道之身，聽　佛說法以後就成爲阿羅漢了。這個劫賓那也是一樣，就這麼跟　佛陀同宿一晚，佛陀說了法以後，他成爲阿羅漢了，因爲這樣就稱他爲房宿比丘。那麼，房宿梵音就叫作劫賓那，這就是他名號的由來。

「憍梵波提」，諸位也許又覺得這名字很陌生，可是如果換另一個譯名，諸位就曉得了：牛呞比丘。牛羊的牛，呞是口字旁加司法院那個司。他爲什麼被叫作牛呞比丘？因爲他的腳長得像牛蹄，並且每一次用過齋，他就得在嘴裡面不斷地嚼著嚼著，得要嘔氣又嚼著嚼著，好像牛在反芻一樣，所以就被人家稱爲牛呞比丘，他的本名大家反而不記得了。他這樣子成爲阿羅漢，讓人家看了實在是有失體統，所以 佛就把他送到梵天去，可是梵天不接受這樣的阿羅漢。只好把他寄宿在忉利天裡面，於是 佛陀就把他寄宿在忉利天。不過，這是個聲聞人，結集三藏的那位大迦葉派人去忉利天通知他下來一起結集四阿含諸經，他一聽到「佛陀走了」，他也不想留在世間，馬上就入無餘涅槃了，所以是個定性聲聞。

這裡倒要講一個因果的事情。不要隨便笑人，特別是在佛法中出家的人或者有實證的人。嘲笑一位實證佛法的人，即使才剛開悟都還沒有入地，果報已經很嚴重了，更別說是入地的菩薩。即使出家人是還沒有實證的凡夫，你們也不要隨便嘲笑，因爲那一件僧衣也代表一部分佛法。牛呞比丘爲什麼生成這樣子？他就是往世嘲笑一個出家人、一個老比丘。因爲以前又不像現在可以做假牙，那老比丘年歲大，牙齒掉光了；吃食的時候只能用牙齦慢慢地磨呀、磨呀、磨呀，那就好像牛反芻出來用牙齒在左右咀嚼草葉一樣。他供養了以後也就罷了，偏偏又加上一句話說：「師父！你吃東西怎麼像牛一樣啦！」就這麼一句話，使他後來五百世都生為牛，今世餘習未盡而成為這個樣子。

所以，你如果路上走著走著，看見哪個出家人他長得模樣有點怪，你說：「唉呀！這個比丘、這個比丘尼，為何像什麼。」你那句「像什麼」的話就千萬不要講出來。你都不要講，因為那有未來世的果報。很多人不重視口業，因為他們不相信因果，不曉得因果的嚴重。所以，如果要評論一個人，一定要有根據；沒有根據就不要隨便講話，因為每一句話都有因果。憍梵波提就是因為這個緣故，所以五百世生於牛中導致此世還有這個餘習；因此他即使成為阿羅漢了，人家反而不稱他的名姓，反而把他叫作牛呞比丘──都稱他為憍梵波提。

另外是「離婆多」比丘，離婆多翻譯過來叫作星宿，天上的星宿。這個星宿比丘是因為他媽媽求生他的故事而立名的。他媽媽愚癡，每天晚上向天上的星宿祈求，求一個兒子。其實這兒子不是天上的星宿送來的，只是她要晚年一點才能生出這個兒子。但她不知道，以爲眞的是求星宿而得來的。所以，他的媽媽一天到晚都說：「我這個兒子是我求星宿求來的。」所以，他後來出家，人家就叫他離婆多，這也是阿羅漢。

「畢陵伽婆蹉」就是畢陵尊者，「畢陵尙慢」有沒有聽過？他有個衆所周知的故事，就是過恆河的時候把恆河神叫作「小婢」，所以恆河神去向佛陀告狀。那是他的習氣，他不是故意要起慢心。佛陀就叫他向恆河神道歉，他說：「好！我跟他道歉。」然後就呼喚說：「小婢！過來！我跟妳道歉。」開口又叫小婢了，所以那是他的慢習，他不是故意，那不是慢的現行，只是習氣出現而已。

接著是「薄拘羅」，薄拘羅翻譯過來叫作善容，也就是說他的容貌很良善，大家見了都喜歡，所以就把他叫作善容，善容梵音叫薄拘羅。

「摩訶拘絺羅」，摩訶拘絺羅翻譯過來叫作大膝。他膝蓋就是比人家大，就稱爲大膝。他也有個故事，與舍利弗有關。舍利弗的媽媽懷著舍利弗時變得很會說法，他的舅舅再也講不過他的媽媽了。本來是這個弟弟比姊姊會說法，但姊姊自從懷了舍利弗以後，就很會說法了，他舅舅摩訶拘絺羅就去出家、學法，因爲他知道：「將來我這個外甥一定比我更會說法，把我壓下去了，這還得了！」學法時用功忙到沒時間剪指甲，就是很有名的長爪梵志。這個摩訶拘絺羅有這麼一個典故，這樣介紹，大家就知道他是誰。

「難陀」，難陀翻譯過來叫作歡喜，所以難陀比丘就叫作歡喜比丘。因爲他心性好，誰見了他都歡喜，所以直接就叫他難陀比丘，也就是歡喜比丘。他是 世尊的堂弟，後來也跟著出家，就是難陀。

另外一個難陀是「孫陀羅難陀」。關於難陀呢，因爲有兩個難陀，總要區別出來，所以這位難陀就被稱爲孫陀羅難陀。孫陀羅難陀是誰？這個孫陀羅難陀是 佛陀的弟弟。爲什麼把他叫作孫陀羅？孫陀羅是一個很漂亮的女人，這位難陀竟然被人家用女人來稱呼他；這是爲什麼呢？因爲他的妻子孫陀羅很漂亮，年輕美麗，非常美。佛陀度了他出家以後，他都不用功，一天到晚都在想著家裡美麗的妻子。所以，佛陀看看說這樣不行，就用神通帶著他去忉利天。孫陀羅難陀看到五百天女好漂亮，可是沒有夫君，他就問，佛陀說：「你直接問她們。」他就去問天女，那天女說：「我們夫君死了，新夫君還沒有來，我們還在等他。」「妳們的新夫君是誰？」「我們的新夫君如今在佛陀座下出家，他死了會來成爲我們的丈夫，他叫作孫陀羅難陀。」聽到天女這麼說，他想：「這五百天女都是我的妻子。哇！」見色忘義，就把家中的孫陀羅給忘了。可是他回到僧眾中，就一天到晚想著那五百天女，因爲太美了，他的妻子比起來就像獼猴遇見了世界小姐一樣，沒辦法比，所以他就一天到晚想著那五百天女，一樣是不用功。

佛陀看看這樣也不行，怎麼辦？又把他帶去看地獄。到了一個地方，好大一個鼎，裡面煮了油在那邊沸，獄卒沒事幹、在那邊等。他說：「每一個刑具都有犯人在受苦，這個爲什麼空著？」佛陀說：「你去問獄卒呀！」要讓他自己問，不然他不信，那獄卒就告訴他說：「我在等一個人。」「你在等誰？」「我等的這個人，他在佛陀座下出家，死了以後會生到天上去，天上捨報了以後就會來到這裡了。」「那個人是誰？」「他叫作孫陀羅難陀。」

這一聽，嚇死了，回來以後他就用功了。你看，有親情關係還是有差別，因為他是佛陀最小的弟弟，佛陀疼愛他；但他老是不用功，沒辦法，就只好這樣子度他。因為他這樣繼續浪費時間下去以後就是那個果報，所以他回來以後就很用功，很用功結果也成為阿羅漢。

可是，因為他剛出家的時候心心念念都在想著他的老婆，一直想要還俗，所以大家就叫他孫陀羅難陀，用他太太的名字來呼喚他。如果說某甲好不容易才被人家度了，結果出家以後，因為他一直想著他的妻子，比如說如果他的妻子叫作阿花，那就說阿花某甲。那這樣子想來也真的沒什麼面子，不過好在阿羅漢不重面子，隨便怎麼叫都沒關係，因為「我生已盡，梵行已立，所作已辦，不受後有」，是諸漏已盡，無明漏也盡，怎麼叫都沒關係；因為「我」是假的，隨人家怎麼叫，表示那個聲音只是在指定某一個人，所以阿羅漢這個都不計較。這就是孫陀羅難陀，他是依妻立名，依著他的太太的名字來建立他的名號。

孫陀羅難陀，有三十種大人相，所以有時候如果天色比較昏暗的時候，他遠遠走來，人家都誤會他是 佛，所以大家趕快就站起來，等候 佛陀過來；結果等他過來時一看是他，心裡就不爽快了；所以他的人緣不是很好，因爲人家很討厭他，就去稟 佛，佛就規定他要在僧服上放一種物品去晒太陽，產生一些不同顏色的點，讓別人遠遠就能區分出來那不是 佛陀來了。另有一位比丘名爲阿羅軍荼，他的僧服又喜歡穿得寬寬的，就像 佛陀穿的那樣長長寬寬。（你們看過沒有？四大山頭有個法師有沒有？南部的那個。）他就是學習 佛陀的模樣，常常引起大眾誤會，覺得不愉快；大家都來告狀，很討厭他的穿著，老是讓人家站起來等候他。後來 佛陀因爲這個緣故，所以就有規定：「**比丘們不許像我穿這麼長的僧服。**」這規定是這樣來的，本來是沒有規定的。

接下來是「**富樓那彌多羅尼子**」，這富樓那尊者很有名，在《阿含經》中說他最有悲心，也最會說法，說法第一。當追隨的弟子們很眾多時，當地的信眾已無法供養全部僧眾了，佛陀便吩咐弟子們說：「**你們跟著我在這裡托鉢很難，可以到四方去弘法；不要兩個人到同一個地方去，大家都到不同**

的地方去。」然後大家就互相約定說：我去哪裡，你去哪裡。大家都表白了，留下最壞的、會害人的外道最多的地方，沒有人要去，富樓那也一直沒表白，最後 佛陀問他說：「你想去哪裡呢？」他說：「我去那個沒有人要去的地方。」他最會說法，結果他去到那邊也沒有被害，反而度了一堆人。這就是富樓那彌多羅尼子，簡稱富樓那尊者。

「須菩提」，諸位也都瞭解他了，《金剛經》的緣起者，他是解空第一。可是須菩提脾氣不好、脾氣暴躁，他的心性是不錯的、是善良的，可就是脾氣很暴躁，因爲他是從天龍往生過來的，瞋習很重，大眾都怕他。須菩提的意思是善現、善業、空生，有不同的解釋，所以才被叫作須菩提。他是解空第一，所以成爲《金剛經》的緣起者，能夠跟 佛陀對話空性。

接著「阿難」尊者，其實應該叫阿難菩薩，因爲阿難在大乘經裡面後來也是入地了。阿難尊者是多聞第一，是因爲他往昔發願受持諸佛的法教。阿難這個名稱本意叫作無染，因爲他本來心性就很清淨，而且長得很英俊，又很有情義。由於他很英俊，往世跟摩登伽女又有很深的因緣，他們一劫又一劫常常在一起、常常當夫妻，感情太深厚，所以摩登伽女這一世見到他的時候，愛他愛得要命。眞是愛得要命，所以拜託她媽媽用〈先梵天咒〉把他給迷惑了，在密室中幾乎就要毀了他的戒體。世尊知道了，於是頭頂放光，光中有一尊化佛，誦出〈大白傘蓋心咒〉；就由那尊化佛命令文殊菩薩拿著這個咒語去救阿難，把摩登伽女也一起攝受回來；就因爲這個緣故，才會有《楞嚴經》的妙義爲大家宣演出來，《楞嚴經》就是這樣來的。所以阿難是《楞嚴經》的緣起者，因此〈楞嚴咒〉、〈大白傘蓋咒〉就是因爲阿難的因緣而來的。

那個摩登伽女被攝受來了以後，佛也度她成阿羅漢。佛怎麼度她呢？佛說：「妳愛阿難啊？」「愛啊！」「妳愛他哪個部分？」「他長得很俊美、很俊俏啊！」「好，妳看他哪個部分最俊俏？」「鼻子吧！」「把鼻子割給妳好不好？」「不要！」「那把耳朵割給妳好不好？」「不要！」什麼都不要，最後問完了，她知道原來阿難只是個組合體，是生滅無常的，後來她也成爲阿羅漢了，就稱爲性比丘尼。可見阿難是長得很英俊、很英挺，所以有許多人會愛上他，幾乎沒有一位比丘尼見了他而不喜歡的。阿難的本意就是無染，因爲他本來就沒有什麼貪染；至於他跟摩登伽女，那是沒有辦法解開的結，因爲他們很多劫以來就生生世世在一起；那眞是無可奈何，雙方互相貪愛的習氣種子流注出來時就是那個樣子。

「**羅睺羅**」，羅睺羅阿羅漢是　佛的兒子，他是密行第一，他有很多密行。有很多的密法，佛陀傳授給他，很多人都不知道，所以他是密行第一。爲什麼他叫作羅睺羅？羅睺羅的意思叫作遮障，所以羅睺羅比丘就叫作「**障比丘**」。佛世有很多比丘、比丘尼，是依著各人的特性而立名的。羅睺羅比丘爲什麼稱爲障比丘？因爲他出家的障礙很多，而且他最有名的障礙，就是六年處胎。他六年處胎，當然也是有過去世的因緣；因爲他過去世有一次調皮搗蛋，拿了東西把鼠洞給塞了，沒讓老鼠出洞就塞死洞口了，結果裡面死了六隻老鼠，所以感應這一世要處胎六年。住在母胎裡面六年舒服不舒服？尤其是已經十月懷胎滿足應該出生了，那時已經稍微知道一些事情了，例如胎中很偪促。可是他還要繼續住胎而不能出生，爲什麼要受這個苦？因爲往世把鼠穴塞了，六隻老鼠死在裡面，就因爲這樣，所以他這一世的果報因緣也正好成熟了，便有這個障礙；即使出家修行以後也是還有一些障礙，所以就把他叫作障比丘，「障」就是「羅睺羅」。以上是屬於男眾的阿羅漢，以這一些大阿羅漢作代表。

然後還有其他二千個人，是有學位阿那含以下、以及無學位阿羅漢等，總共有二千人。是什麼樣的聖人呢？就是無學位的，譬如「摩訶波闍波提」比丘尼，她也是證阿羅漢果的人，這一類是無學位；可是她也有一些眷屬或者證初果，或者證二果、三果不等，是屬於有學位的聖人，這一些人是另外一批人。摩訶波闍波提，還另外有眷屬六千人。同時還有羅睺羅的母親「耶輸陀羅」，就是 悉達多太子的妻子；後來也跟著 世尊出家，她也有自己的眷屬。

「摩訶波闍波提」是 佛陀出家前的姨母，因爲摩耶夫人生了 佛陀之後就往生了，是往生到忉利天去。因此，佛陀年幼時都是由姨母—摩耶夫人的姊姊—來扶養，來將祂扶養長大，所以實際上就是 佛陀的姨母兼養母。因此，摩訶波闍波提比丘尼捨壽的時候，佛陀還親自抬棺，跟著眾弟子一起抬棺，表示感恩的意思，也是教導大眾要孝順父母。這是佛的姨母，她有眷屬六千人。

羅睺羅的母親耶輸陀羅，她的出家也有一段典故。佛陀半夜出家，所以她很傷心，朝思暮想。後來佛陀終於回來看望父親淨飯王，耶輸陀羅就一心一意想著要怎麼樣把 佛陀誘惑，讓祂還俗再成爲自己的丈夫。所以供養佛陀的時候，她用什麼作供養呢？她親手做歡喜丸來供養。歡喜丸是用好多種好吃的東西弄成一個飯糰，叫作歡喜丸，一般的歡喜丸就是讓人家吃了心裡歡喜。可是耶輸陀羅就在裡面放了一些春藥，想要看 佛陀會不會被引誘，就可以還俗和她再結連理。結果 佛陀吃了，什麼事都沒有，因爲三界愛的習氣種子早都斷盡了，不可能再受到春藥的影響，當然她好失望。

她打扮得花枝招展，把歡喜丸裡面放了藥，結果竟然沒有用；這是因爲佛陀把三毒包括習氣種子都已斷盡了，連毒藥都沒有用，春藥當然也是沒有用。所以，以後如果誰自稱成佛了，拿砒霜給他吃（大眾笑…），檢驗看看。

對啊！三毒習氣種子斷盡的人是百毒不侵的。佛陀有一次度外道也是這樣啊！那個外道的妻子是佛弟子，請佛來供養，佛默然應許了。沒想到她食物都弄好了以後，她丈夫就來下毒，他妻子也就不敢去請佛來受供。她就哭得一塌糊塗，心中很難過，因爲再要準備已經來不及了；可是佛已經默然表示接受供養，時間又到了，該怎麼辦？佛陀知道了還是去，當然早就知道那些飯菜都有毒。佛陀到了以後，就爲她的丈夫說法，然後他知道自己錯了，很慚愧又不知道這時該怎麼辦。佛陀就說：「時間已經到了，你就上供吧！」她那個丈夫不敢，因爲明知下毒了——是自己下的毒。

佛陀說：「沒關係，你就拿上來。」因爲他聽了法以後知道自己不對，也歸依佛陀了，他就不敢供養有毒的食物，重新備辦也來不及了，就懺悔說：「這沒有辦法供養您與僧眾。」佛陀說：「沒有關係，你就全部都鋪出來。」鋪排好了以後，佛陀就找人通知所有僧眾，要等誦過某一個咒以後才許吃。是佛陀講的，當然大家都遵守，因爲很多人都還不知道那飯菜被下毒。全部通知完了，指定一個比丘上來，把那個解毒的咒誦完了，佛陀說：

「好了，現在可以食用了。」結果大家就開始吃了，那個丈夫是擔心死了，不曉得該怎麼辦，只好半信半疑看著、看著，結果是大家都沒事，他就完全信受了，就這樣又度了那個丈夫。所以如果誰敢說他成佛了，請他吃砒霜（大眾笑…）。他如果沒有那個證德，就別再說他成佛了。人家是毒不死的，那些假佛可是三毒——不說習氣種子——連現行都沒辦法斷除絲毫，一天到晚都想著誰供養最多、誰從來都不供養；連貪毒的現行都還沒有斷，能夠自稱成佛？這是連現行都沒斷除，更別說是斷除習氣種子欸！

講到這裡，就拉回來說羅睺羅的母親耶輸陀羅比丘尼；她出家前弄了歡喜丸，裡面還下了藥，結果沒有用，這一下子才算失望透底，心中也就全都信服了。因爲下了藥竟然沒有辦法迷倒 佛陀，所以她相信她的丈夫眞的是佛陀。因爲，世間法中最難相信的就是身邊的人，對不對？她想：「這人以前是我的丈夫，怎麼可能成爲佛陀？」她不相信嘛！結果這一下子，歡喜丸加了春藥進去，竟然一點作用都沒有，而且還很清楚地爲她說法，讓她得法眼淨，所以她後來信了。信了以後不久，就出家了。我記得好像是帶了五百婢女跟著出家，所以她也有眷屬，亦與眷屬俱。

經文這樣子一開頭就講了這麼多聖人在場的事情，目的在作什麼？在證明這一部經典的眞實性。也就是提出來說：講這一部經的時候是有這些人在場的。當這部經典結集出來時，這些人多數都還在世，是可以出來證明的。若是不信的話，你就去找這些人問問看，是不是他們全都在場，這就是人證。這裡是以聲聞表相的出家、在家四眾來作證明，舉出這幾個比較有代表性的人來作證明，在家二眾就說是他們的眷屬而不是一一指稱姓名。這是聲聞法中的出家、在家四眾的代表。

經文：【菩薩摩訶薩八萬人，皆於阿耨多羅三藐三菩提不退轉，皆得陀羅尼，樂說辯才，轉不退轉法輪；供養無量百千諸佛，於諸佛所植衆德本，常爲諸佛之所稱歎；以慈修身，善入佛慧；通達大智，到於彼岸；名稱普聞無量世界，能度無數百千衆生。其名曰：文殊師利菩薩、觀世音菩薩、得大勢菩薩、常精進菩薩、不休息菩薩、寶掌菩薩、藥王菩薩、勇施菩薩、寶月菩薩、月光菩薩、滿月菩薩、大力菩薩、無量力菩薩、越三界菩薩、跋陀婆羅菩薩、彌勒菩薩、寶積菩薩、導師菩薩，如是等菩薩摩訶薩八萬人俱。】

語譯：【還有菩薩摩訶薩八萬人，都是已經在無上正等正覺不退轉的人，並且都是已經證得總持，樂於為人演說妙法以及辯才無礙，時常運轉不退轉的法輪；都已經供養過無量百千諸佛，也於諸佛的所在廣為種植各種功德作為根本，時常被諸佛所共同讚歎；而且是以慈悲之心修行自身，善於證入諸佛的智慧中；已經通達了廣大智慧，到達本來無生無死的解脫彼岸；他們的名稱普遍周聞於十方無量世界，都能度化無數百千的眾生。他們的名字叫作：文殊師利菩薩、觀世音菩薩、得大勢菩薩、常精進菩薩、不休息菩薩、寶掌菩薩、藥王菩薩、勇施菩薩、寶月菩薩、月光菩薩、滿月菩薩、大力菩薩、無量力菩薩、越三界菩薩、跋陀婆羅菩薩、彌勒菩薩、寶積菩薩、導師菩薩，像是這樣的菩薩摩訶薩總共有八萬人同時在這一處。】

講義：接著，當然就是由大乘法中的出家、在家四眾來為這部經典作人證，就說菩薩摩訶薩有八萬人，也都是已經在無上正等正覺中不退轉的人。

那麼，這個不退轉當然就有講究了。不退轉者，有很多的不退轉，首先是信不退轉。信不退轉就是從初信位修到第十信位滿足了，這一些十信滿足的人，你如果問他說：「你相信、不相信有佛呢？」「信啊！」「相不相信有三寶呢？」「信啊！」「來學好不好？」「我還沒有空啦！」這就是第十信位。這一種信不退轉的人，絕對不會毀謗三寶，可是他還不可能眞的來修學。如果叫他說：「逢年過節，你來禮敬三寶。」他願意來拜佛。他們叫作拜佛，到了過年的時候，你說：「老爺爺，來正覺講堂拜佛吧！」他說：「好啊！好啊！」他一定會答應你。每到過年的時節，你不找他，他也會問你說：「今年爲什麼不找我去拜佛啊？」他也會主動來找你，他會來拜佛，可是就只有一年來拜一次，因爲他還在信位；但他對三寶的信是不會退失的，一世又一世就這樣子。這個信不退，有的人一劫就完成了，有的人得要一萬劫，各不相同。到了第十信位滿足了，就成爲信不退。

接著叫作住不退，他會開始學佛；你叫他退轉，他還不會退轉；不管怎麼樣都不退轉，他就是要學佛。至於能不能實證，他覺得無所謂，只要能學佛就好。有沒有這種人？多的是嘛！「我只要能夠學佛就好，什麼開悟啦！什麼證初果啦、證眞如啦！那都不是我的事情，我沒有辦法啦！」可是他願意學。叫他學解脫道，願意啊！可是叫他學大乘，他不太願意；也有這種人，他就叫作聲聞種姓的人。可是另一種人，你如果跟他說要來學佛菩提，他願意；你若是教他學聲聞法、四聖諦、八正道，他聽不下去；因爲學到後來知道全部都要斷滅，他可不要了。這叫作菩薩種姓人。他就在六住位之內，在外門廣修六度萬法，有時進、有時退，始終不能進入內門來，這也叫作住不退。在十住位的前六住裡面就這樣進進退退安住著，不會退回十信位去，一直都在外門廣修六度萬行。有沒有這種人？有啊！好多啊！一大堆啊！漫山遍野。在佛教道場裡面出入的，包括一部分外道裡面的人，也都還有，這些人叫作住不退，在六住位裡面。

可是，這一些人在修證的位不退當中，其實是位有退；有時候進到第六住位，有時候退回初住位，有時候又進到四住位，有時候又退回初住位，只是住於不退失修行而已，所以也稱爲住不退。那麼要到什麼時候才能成爲眞的位不退？要六住滿心位，我見眞的斷除了，然後參禪修學第六般若波羅蜜，已能現觀能取與所取皆空，再建立對眞如妙義所依的如來藏實有的正知見，最後般若「正觀現在前」，也就是般若智慧的正確觀察已經現前了。那麼般若正觀現前是在什麼時候？是禪宗開悟明心的時候，明心了就知道原來般若是這樣親證的，懂了！這叫作正觀現在前。在第六住位是要學般若波羅蜜的，當般若波羅蜜的正觀現在前，表示他對實相法界的智慧現前了；而這智慧的現前是因爲證如來藏才能現前，這時就承擔下來而不退失了；如果心中還有疑，後來退失了，就不是七住位以上的位不退了。眞的進入第七住位以後，就會在七住位以上永不退轉了，就開始一階又一階次第上進了。可是爲什麼能夠不退？《菩薩瓔珞本業經》佛有這麼說：值諸佛、菩薩、善知識攝受故，所以才不退。

世尊說：「**復值諸佛、菩薩、知識所護故，出到第七住，常住不退。自此七住以前，名爲退分。**」換句話說，在進入第七住位以前，總是會在初住位與六住位之間進進退退的。想想看，我出來弘法，幫大眾證悟以後都有繼續在增上班課程中，演說更深妙法來證明大眾的所悟，幫助大眾進修更深妙的眞如妙義，這樣來攝受大眾，都還有人退失。某一些人在我的幫助下已經知道如來藏了，我也有定期解說內門的妙法來攝受他們，他們都還會退失；那如果沒有諸佛、菩薩、善知識攝受，當然更是會退轉。所以 世尊才開示說：「佛子！若不值善知識者，若一劫二劫乃至十劫，退菩提心。如我初會眾中有八萬人退，如淨目天子法才、王子舍利弗等，欲入第七住；其中值惡因緣故，退入凡夫不善惡中，不名習種性人。退入外道若一劫、若十劫，乃至千劫，作大邪見及五逆，無惡不造。是爲退相。」

無量劫前的淨目天子法才與王子舍利弗，「般若正觀現在前」，由於沒有諸佛、菩薩等善知識攝受，後來也是退失了。世尊曾說：「般若正觀現在眼前時，若沒有諸佛、菩薩、善知識攝受，有人在一劫後心疑而退失，有人在二劫乃至十劫之後心疑而退失。」最大的問題是，退失以後就會不信因果，因爲不知道一切身行、口行、意行全都是在自己的如來藏中造作的，不論是善業、惡業種子都會落謝在自己的如來藏中，所以不信因果的結果就是世尊說的「無惡不造」：退失而轉成外道以後，於一劫乃至千劫之中反而生起大邪見，無惡不造乃至造下了五逆罪，然後就是墮落地獄而開始流轉於三惡道中很久，才能再回來人間。所以，要到願意接受諸佛、菩薩攝受，不退失於所證的如來藏之後，他才可以成爲位不退的菩薩。這就是第七住位的住心菩薩，從此以後成爲位不退，在此之前都有退，最多就只是在六住位保持住位的功德而已，只能成爲信不退。

接下來繼續進修，在十住位眼見佛性，證得世界如幻觀；在第十行位證得猶如陽焰的現觀，在第十迴向位證得如夢觀，這都還在位不退的功德之內。把三賢位應修的法修好了，然後因爲修除性障猶如阿羅漢了，發起了十無盡願；而且入地應該有的廣大福德也具足了，所以成爲初地的入地心菩薩。這時候已經了知佛道的內涵大概是怎麼走的，內容大約是什麼，已經知道了、通達了，從這個入地心開始就稱爲行不退。

行不退的菩薩們還是有退喔！因爲有時會有念退的現象。假使他出來弘法了，一心一意爲大眾，不求名聞，不求利養，也不接受弟子們的供養；他什麼都不求，完全只是爲大眾付出，竟然還會有人對他忘恩負義，有時候想起來：「這些娑婆世界的眾生具足五濁，忘恩負義，度他們幹什麼？」這不就是退失的念頭了嗎？可是他會把弘法度眾的事業結束嗎？不會，他會繼續作下去。這個念不退的時間長與短，就看各人的修爲；有的人也許這一個念生起了，住持正法的大行便退了好幾天：「不度了！不度了！不度眾生了。」如果這幾天都沒有利樂眾生的大行，什麼都不想作，這就是行退，就是三賢位內的菩薩，不是入地的菩薩了。

入地的菩薩們只有念退，不會有行退的現象。地上菩薩的念退時間有長、有短，長的話，多到幾天的時間；短的話也許不過幾秒鐘，他就心回意轉：「不管他，那些眾生就讓他去，我還是要繼續度更多的人親證佛菩提。」即使有念退幾天的現象，可是修證佛道的三行還是在繼續著。這一類經驗，我也經驗過，不過都是只有幾秒鐘；度眾的事情，後來想一想，還是得要度眾生，不能因爲他們的退失就不度眾生，連退失的人也得要在未來世繼續度他們；所以就這樣子，一直走到今天來。有時候還是會有念退，遇到嚴重挫折時偶然會出現啦！不會常常念退。就這樣子一直到七地滿心之前，都叫作行不退的菩薩，這也是不退轉。

到了八地初心就不會有念退的情事再發生了，乃至一剎那的念退都不可能有；因爲八地初心菩薩不像七地前，在七地滿心位是煩惱障習氣種子也已斷盡的，那就沒有事情可以使他念退了。在初地入地心時就已經斷除了煩惱障的現行，換句話說，要有能力取證無餘涅槃的人才有資格入地，他是故意起惑潤生，或是留惑潤生而不證無餘涅槃的人。可是入地開始就同時在修除習氣種子，到七地滿心就全部斷盡了，這時候是超越色陰、受陰、想陰習氣種子的境界，不論世間法如何，他都不會再有念退的情事發生。

八地心位因爲連習氣種子都斷盡了，不再有三界愛的習氣種子了，還會有什麼事情可以使他退心的？所以他不可能再有念退的情形出現，因此轉入八地時就不再有念退的情事。所以從第八地到等覺位都是念不退的聖者，也是稱爲不退轉；但是終究沒有究竟，所以還得要再進修。因此，在等覺位中整整修行一百劫，專修福德來滅盡識陰的習氣種子，到了妙覺位成爲最後身菩薩來人間示現成佛，究竟成佛時才稱為究竟不退，所以「不退轉」是有很多層次差別的。菩薩們當然有的是位不退，有的是行不退，有的是念不退。如果是究竟不退，那當然是諸佛，就不在菩薩數中。

可是，這裡講的是：「菩薩摩訶薩八萬人，皆於無上正等正覺不退轉。」這表示說，這些人至少是要明心不退的。可是這些明心不退的人，在「不退轉」這裡通常不談六住位以下的住不退，更不談那個信不退；通常是已經實證般若而住於七住位以上，是位不退以上的人；可是，最主要的人是指「皆得陀羅尼」的菩薩。「得陀羅尼」是說他已經獲得總持了；獲得總持則是說，得到佛法的總持。「陀羅尼」一般譯作咒，「咒」其實不是像世俗人所以為的說，唸咒就是要咒死別人，其實不是這個意思。也有人說唸咒就是要保護自己，其實那都是唸咒時的副產品。持唸某一些咒，就不會有橫逆，護法善神擁護，使得鬼神遠離，這都是副產品。

在佛法中，咒的本身就是總持；陀羅尼就是咒，咒就是陀羅尼，所以陀羅尼就是總持。也就是說，把許多的經或許多的法編成一首偈子來持誦，就容易記住很多的法，免得時間久了以後便忘失了。一般而言，「得陀羅尼」至少是八地以上的菩薩，所以這經文中說「皆得陀羅尼」。如果你從「皆得陀羅尼」這個皆字來看，表示這八萬人都是八地以上的菩薩。「皆得陀羅尼」後，接著還更進一步「樂說辯才」，那就是九地以上菩薩了。為什麼「樂說辯才」是九地菩薩呢？且聽下回分解。

上週講到第一頁最後一行第一個字，接下來說「樂說辯才」。「樂說辯才」當然是說有辨正法義的能力，並且也樂於辨正。然而這是說九地菩薩的四無礙辯。九地菩薩稱為善慧地，他修的是第九地的波羅蜜，稱為力波羅蜜。為什麼叫作力波羅蜜呢？又為什麼他有大力量而能到無生無死的彼岸？是因為他有四無礙辯，也就是我們前面講過的，於法無礙而得陀羅尼。於法無礙之後，對一切法的真實義也無障礙了，並且他在言語——也就是音聲明上面，也都沒有障礙了；由於這三個緣故，自然於一切時都樂說佛法，也樂於跟任何人論辨法義；這不是辯論，而是與別人辨析而顯示出真正的法義，所以他也成就了樂說無礙，這就是四無礙。因為這四無礙成就了，所以他在諸位菩薩之中——就是在各個位次的菩薩之中，具有很大的威德力，所以稱為成就力波羅蜜多，所以這個「樂說辯才」顯然是指九地的菩薩。

接著說「轉不退轉法輪」，如同前面我們說的「皆於阿耨多羅三藐三菩提不退轉」，我們講過很多種的不退，這麼多的不退裡面，有信不退、位不退、行不退、念不退，最後有一個究竟不退。最後這個究竟不退，當然不是在菩薩位中。所以，這裡講的「轉不退轉法輪」，是說他能夠把念不退的境界為大眾詳解。如果能夠把念不退為大眾具足詳解，應該是菩薩位的究竟位，就是十地滿心進入等覺位了，才能夠為人轉不退轉法輪。如果入了地，能為人解說行不退以下的種種不退；可是念不退的境界雖然已有瞭解，可是還沒有實證，就無法為人詳細解說了，否則不免會有一些妄語。因此，沒有到十地滿心轉入等覺之前，無法具足「轉不退轉法輪」，所以這顯然講的是十地滿心，進入等覺位了。

這一些菩薩，從「菩薩摩訶薩八萬人」一句開始說起，皆於無上正等正覺不退轉。這八萬人裡面最高的層次，可以達到皆得陀羅尼的八地、樂說辯才的九地，以及「轉不退轉法輪」的十地滿心、等覺菩薩。這意思是說，在現場聽聞《妙法蓮華經》的菩薩們有這麼多的位階不同，而這些菩薩們是有什麼樣的功德呢？接著說：

「供養無量百千諸佛，於諸佛所植眾德本」，這是說具足福德，供養了無量百千諸佛——無法計算的百千諸佛，表示已經供養承事隨學的諸佛數目難以計數。那麼，既然曾經供養奉事隨學無量百千諸佛，當然同時會「於諸佛所植眾德本」。植，是種植，就是培植；眾德本，不是只有一種德本，而是眾德本；所以承事無量百千諸佛的時候，並不是每一次來親近 佛的時候，就只是禮拜以及供養食物或者供養其他的物品，就不作別的事了，沒這個道理呵！是要以很多種類、不同的事情來奉事諸佛，這樣才叫作「植眾德本」；因為供佛得要是「眾德」，對很多種的德行都要培植。那麼，既然奉事過無量百千諸佛，供養奉事隨學也「植眾德本」了，當然表示這些菩薩們具福。具足福德了，當然「常為諸佛之所稱歎」。有了具足的福德，當然諸佛一見了，馬上知道這個人過去世曾經「供養無量百千諸佛」，也曾經「植眾德本」，當然是要稱歎他的。

接下來說「以慈修身，善入佛慧」，這是二德。以慈修身，表示他具德。以慈心來修行，讓自己的色身都在慈心所生的種種行爲中來修行，這就是德。德，最令人稱歎的，倒不一定是自己心性良好；衆生最稱歎的德是有利於衆生，譬如說，你如果心性很好，衆生對你的感覺，會稱讚說你是個好人，可是稱讚的時候不會感激涕零。如果你對衆生有恩，以慈心而修身，又常常對衆生有恩，這時衆生不但稱歎說：「唉呀！這某某人眞是個好人，他對我有多麼、多麼好。」說著說著又涕零——眼淚鼻涕——都下來了，這樣才叫作具德；就是具足了德行而讓衆生戴德，衆生會把你的德行放在頭頂上戴著，名爲頂戴。所以，「以慈修身」的意思在告訴大家說：這一些菩薩們不是自了漢，是從那麼長的時間以來都在利益衆生——「以慈修身」。悲能拔苦而慈能與樂，給衆生快樂，所以對衆生是財施、無畏施；若是對於有心學法的人，他可以加上一個法布施，這都叫作「以慈修身」；這不是只有照管自己的心性好不好，因此「以慈修身」的意思就表示具德。這八萬菩薩都具足了利益眾生的德行。

「善入佛慧」，表示說，對於佛地利益眾生的智慧有深入的瞭解，這表示他具慧。慧，主要是在對外利益眾生而言，諸佛的智慧不是拿來利益自己，而是拿來利益眾生。菩薩的智慧有時利益自己，有時利益眾生，諸佛的智慧都沒有拿來利益自己的，因爲再也無所可利了；諸佛已經究竟了，用那些究竟位的智慧能對自己再有什麼幫助？不會啊！再怎麼幫助以後也還是那麼多，還是那麼究竟，不可能再增益了，所以「佛慧」的慧是顯示來利益眾生的。那麼，這八萬菩薩善於進入諸佛的智慧中，也就是善於效法諸佛把智慧拿來利益眾生，所以這個顯示他具足智慧，叫作具慧。

「通達大智，到於彼岸」，這又是二個功德。通達大智是具智，到於彼岸是究竟解脫。通達大智，指的是什麼？老實說，三賢位滿足了，到了初地的入地心，對世間人來說，或者對阿羅漢們來講，或者對於七住、十住位的菩薩來說，那個智慧是不可揣測的；但是這一種智慧還不能叫作大智，因爲初地菩薩對於阿羅漢或者對於三賢菩薩來講，智慧固然眞的很勝妙；可是，如果要把修道位完成後的十地滿心智慧來看這個初地心，又覺得實在太粗淺了。這裡講的「通達大智」，當然指的是已經到了等覺位。到了等覺位，這個大智慧一方面可以拿來利益眾生，那就成為「善入佛慧」，可是對自己也有利益啊！因為可以使自己在這一種自受用的智慧之中作為依憑，一步一步邁向佛地。

如果不是「通達大智」，不可能在等覺位之中百劫修福。在等覺位裡面，整整一百劫專修福德，不修無生法忍了。這一百劫之中修什麼福德呢？這是他成佛以後有很多人看得見的，至少有三十種大人相是菩薩們看得見的。就只有二種看不見：一個是不見頂相，一個是馬陰藏相。不見頂相是如來藏相，你若是要找如來藏的頂，你找找看吧！不說頂，連臉也看不見，背也看不見。所以溈山禪師說「無背無面」，你要看祂的什麼相？至於不見頂相當然更看不見。那馬陰藏相當然也看不見，除非有特殊因緣，總不能隨便掀起來給你看吧！所以這二相是看不見的，可是其餘三十種大人相都是看得見。

但是這三十二種大人相的每一相各有無量隨形好，這一些相與形，都要靠無量無邊的福德來修集成就；等覺菩薩純粹是修福德，所以才說百劫修相好。這三十二大人相的好相和種種的隨形好，都要靠整整一百劫裡面去修集福德而圓滿。要怎麼修呢？這一百劫之中取得的錢財就是要用來布施，去投胎受生取得的色身也是要用來布施的；一切都布施，所以這百劫之中「無一時非捨命時，無一處非捨身處」，等覺菩薩就是這麼修行。哪一個人來了說：「我需要財產，你所有的財產給我剛剛好。」好，那就給了。如果妳的先生是這樣的人，妳要不要？不要。對不對？當然不要啊！可是，妳如果有智慧確定他是等覺菩薩——假的當然不算，可不要被人家矇了；當妳確定他是等覺，他若是要布施財產時，妳就說：「隨喜。」妳也得隨喜功德。妳就對他贊成，大不了繼續朝九晚五，租個房子住吧！

也許哪一天又有人來：「我熬藥需要藥引子。」藥引知道嗎？比如說有時候醫師開了什麼處方說：「你這個要用豬肉去燉。」有時用排骨或用什麼動物的臟器去燉，有沒有？人家來說了：「醫師開給我這個藥方子，我需要二顆眼珠子作藥引，但我買不到，請您布施吧！」好，沒有第二句話，不會有第二個念頭。那個湯匙拿過來就挖了，當場就給了。就這樣布施，內財外財一切皆施了。現在有沒有等覺菩薩，有沒有？有啊！一大堆啊！都說要施內財；那是他們沒智慧，不知道自己在幹等覺菩薩的事，然後捨報息脈俱斷，但意識還在的時候就被人割了器官，那時疼痛難當，他們就知道是怎麼回事了。那時意識心都還清楚分明，醫師手術刀拿來就割了、裁了、剪了，那時他們會怎麼樣？起瞋！既瞋、又恨、又怨，然後起了個惡願就糟糕了。所以那一本《確保您的權益》，眞的要送給慈濟的會員們好好去讀，因爲他們還不是等覺菩薩。

妙覺菩薩的三十二大人相正是這樣修來的，外財內財都施，這表示說，他已經把無生法忍修到最後位了，剩下來就是成佛才能夠具足圓滿；然而成佛需要很大的福德，否則無法成佛；因爲諸佛都是福慧二足尊，必須福與慧都具足圓滿才能成佛。現在欠缺最大的是福德，而最後一分無生法忍就等著來到人間示現成佛時就會圓滿。可是當廣大福德還不夠時，最後那一分的無生法忍就無法圓滿了。因此他這時候的智慧，對自己是沒有什麼增益的，但卻可以作爲一個憑藉，來幫助自己圓滿成就這一百劫之中行於難行的菩薩道——內財外財一切皆施，所以「無一時非捨命時，無一處非捨身處」，就這樣子整整百劫都在修集福德。因爲他已經通達大智了，再修什麼智慧對他也沒有益處了。所以一定要「通達大智」，才有辦法百劫修相好。

聽到這裡，腳底有沒有涼了？嗄？沒有啊？你們可眞厲害！這表示心量夠大。一般人聽了腳底都會寒涼，有智慧的人就不會發涼，爲什麼呢？因爲我如果應該修這個百劫相好的福德，那就表示我已經圓滿十地心了。這是應該高興才對啊！爲什麼腳底要發涼？所以有智慧的人就說：「**我還是需要趕快、趕快、趕快可以像等覺菩薩一樣捨內財外財。**」但是絕不冒充。所以「**通達大智**」表示說，他已經十地滿心進入等覺位了，才能夠使他無怨無悔去整整一百劫之中，修大人相跟八十種的隨形好。在這百劫中不斷地捨命捨身，是最難行的苦行；當他百劫圓滿時，識陰的習氣種子也就隨之滅盡了，才能成爲一生補處菩薩。若不能如此百劫不斷地捨身、捨命，不可能斷盡無記性的識陰習氣種子，就超越不了識陰區宇，自然也無法成佛。

「到於彼岸」是解脫的功德，「解脫德」，在二乘菩提的究竟果阿羅漢位以及辟支佛位，都只是方便果。那個解脫果在佛菩提中不値一提。如果是外面的人聽我這麼講，心裡一定開罵了：「你這個蕭平實，膽子好大，竟然敢毀謗阿羅漢、辟支佛。」可是實際上那些定性阿羅漢——假使今天眞的還有，他們來到正覺，我保證他們開不了口；因爲我不只跟他們談二乘解脫道，我就拿二乘解脫道涅槃中的本際跟他們談；單是佛菩提道中的第七住位智慧，他們就通不過了，就無法開口了。那如果要再講到般若的總相、別相或者種智，他們跟我要怎麼說？所以我們只要是說老實話，就不是狂傲。

但如果有一絲絲的不老實，即使自稱還沒有開悟，那也還是狂傲。所以，你看諸佛說法那麼深、那麼廣，有時候外道來了，諸佛還說對方：「汝愚癡人。」說「你這個愚癡人」，這是不是罵人？是嘛！但 佛沒有一絲一毫的狂傲，因爲祂說的是老實話。外道來了，連明心都沒有，我見都還具足存在；而 世尊已經是人天至尊了，當然沒有狂傲可說。所以，阿羅漢那個解脫果與大乘解脫德相較量，就好比在大乘法中的一大堆水果，那是給諸佛、諸大菩薩享用的；那小孩子來了，只好弄一些小小的聖女蕃茄一類的給他們吃，因爲他們嘴巴太小了，肚量也不夠大，沒辦法享用全部的水果。事實上是如此，二乘菩提的解脫是一世就可以完成的，然而佛菩提道的究竟位，這個解脫果是三大無量數劫才能完成的，因爲包括習氣種子與無記性的異熟種子生滅，全都滅盡了。所以我說「**只能用那個小蕃茄給二乘小兒享用**」，還算客氣；這眞的還算客氣，還是抬舉了他們，因爲我若單單問他們說：「**你們入了無餘涅槃，那裡面的本際是什麼？**」他們就弄不清楚了，這樣的解脫能說有德嗎？這樣的解脫能說已經「**到於彼岸**」嗎？沒有到欸！

你們看我七、八年前出版的那本《邪見與佛法》，我在演講的時候就說了：阿羅漢沒有眞的證涅槃，沒有眞的到達生死彼岸。我爲什麼敢這麼說？因爲法界中的事實就是如此嘛！到今天，誰能夠推翻我的說法？都不可能啊！都沒辦法推翻啊！只有菩薩才能「**到於彼岸**」，阿羅漢們是不到彼岸的。他們的到彼岸是方便說，因爲阿羅漢入了無餘涅槃時，阿羅漢五蘊都不在了；蘊處界滅盡了，沒有阿羅漢存在時，那涅槃中的彼岸是什麼？是如來藏自己的不生不死境界，那時阿羅漢的五蘊滅盡了，是誰能到達如來藏的不生不死彼岸？所以阿羅漢眞的沒有到啊！是他的五蘊滅盡了以後，他的如來藏繼續保持在不生不死的彼岸，所以阿羅漢沒有「到於彼岸」。然而菩薩不是這樣的，菩薩是五蘊還具足存在，卻現見自己的五蘊住在如來藏之中，而如來藏本來就不生不死，所以五蘊就住在如來藏的不生不死境界當中，這不就是到於彼岸嗎？

而等覺菩薩的到於彼岸，是差那麼一點點便可以究竟，大部分都已證得了，當然是「到於彼岸」，所以解脫德也有了。因此，我們說二乘聖人有解脫德，只是方便施設，讓他們一生就完成，才能夠信服 佛陀所說的大乘菩提諸法。具足信服了以後，才有辦法說服他們迴心轉入大乘法中進修成佛之道；所以二乘菩提的實證只是讓他們對佛法具信而已，不是諸佛下來人間說法的主要目的。假使不讓他們一生就證得涅槃能出三界，直接就告訴他說：「你要這樣修行，將來可以成佛究竟解脫；時間要多久呢？三大阿僧祇劫。」他們想：「三大阿僧祇劫，我不曉得都到哪裡去了，我還能證實佛陀您所講的佛法是眞的、還是假的呢？」沒辦法證實，所以必須有一個給他實證的，可以自作證的涅槃，因此教他們先證二乘菩提。那麼他們證了二乘菩提，證實自己是可以出三界生死，就想：「世尊說的是如實法，不誑語，我應該信受。」然後再來迴心大乘，來修學佛菩提。所以，二乘法中說的到於解脫、到於彼岸，都是方便說，眞正「到於彼岸」的只有菩薩。

既然具福、具德、具慧、具智，而且具有解脫德，那你想，這是什麼樣的菩薩呢？當然不是無名小卒，至少也得入地才算數。其實你們哪一天如果入地了，在人間還可能是個無名小卒，可是十方法界的諸菩薩們卻都已知道你，但你不知道自己已經名聞十方了。因爲在佛菩提中入地是大事，不是小事，可是因爲你還沒有滿三地心，或者沒有滿四地心，還沒有意生身，你無法去到別的世界，所以你自己還不知道。如果哪一天你發起意生身了，腿盤起來，意生身現出來，到了某一個世界去，你說：「不好意思，我是個陌生客，我來瞧一瞧這個世界，來禮拜一下某某世尊。」結果去到那邊，大家說：「某某菩薩，你來了！」大家對你都熟得很，只有你對人家不熟。

所以，既然這一些菩薩是具福具德具慧具智，也具有解脫德，那當然是名稱普聞無量世界。一切的等覺菩薩或者十地滿心、九地、八地菩薩都是十方普聞；所以這一些菩薩們眞的是「名稱普聞無量世界」，而且他們「能度無數百千衆生」。這一種度衆生可不是我們人間說的，弄了個大山頭，辦一個法會時，一來就是五千、一萬、三萬人，不是這樣度。那個不是眞的度衆生，只是把衆生聚集在一起聞熏表相佛法，只是在相似法中混日子，總而言之，就是在像法中混。眞要說度，至少得要明心了才叫作度。如果以二乘菩提來說，至少得要斷我見，三縛結眞的不存在了，才能稱之爲度，而這些菩薩們都「能度無數百千衆生」。

想想看，我弘法前後二十年，得度的衆生還不到四百人（編案：這裡說的度，是指開悟明心了。此是二〇〇九年所說），人家大菩薩們度的可是無數的百千。一百千是多少？十萬人。這些菩薩們「名稱普聞無量世界」，能夠度無數的十萬衆生，到底是多少人？咱家也不會算。爲什麼他們能夠「度無數百千衆生」？因爲他們都有意生身可以去十方世界度衆生。那三種意生身，也就不談，因爲他們還可以有很多很多的化身，能化現到十方世界去。那你想想看，他們能度的眾生會有多少？那就不像我，我就這麼一個色身在這邊辛苦地來來去去，這樣度眾生度得好辛苦呵！

這些大菩薩們可不是像我這麼差勁，那麼到底是什麼樣的菩薩？「其名曰：文殊師利菩薩、觀世音菩薩、得大勢菩薩、常精進菩薩、不休息菩薩、寶掌菩薩、藥王菩薩、勇施菩薩、寶月菩薩、月光菩薩、滿月菩薩、大力菩薩、無量力菩薩、越三界菩薩、跋陀婆羅菩薩、彌勒菩薩、寶積菩薩、導師菩薩。」這幾位大菩薩只是代表，不是八萬菩薩全部。經文中說有這麼多的菩薩，而且都是大菩薩，總共有八萬人，同時在《法華經》會中。

那麼，前面這些經文是講什麼？講的是出家四眾。首先是說聲聞相的出家二眾，接著是出家菩薩二眾，所以這是講出家四眾。這些菩薩們大部分是從外方世界來，你不要想說這些都是在娑婆地球上的菩薩們，因爲諸佛說法不可能只有人類來參與。如果你想這些菩薩們都是人間的菩薩，那請問你：「物質的靈鷲山擠得下嗎？」擠不下啦！所以要瞭解：諸佛說法不是單單只有人類聽，有諸方來的菩薩，還有人、非人等等。那麼，這一些菩薩們顯然不是簡單的，那不叫作人物，叫作大菩薩，因爲證量與功德不可思議。

譬如大家最熟悉的 觀世音菩薩，有誰能夠測知祂的證量？沒有啊！有一些人腦袋要稍微轉一下：歸依三寶以後經過龍山寺，心裡想：「這個是民間信仰啊！」就走過去了。可是，記不記得大乘經和本經中講的「三十二應身」？如果應該以鬼神得度的，觀世音菩薩就化作鬼王來度他。請問：當你看見了那個鬼王的時候，到底祂算不算是 觀世音菩薩？所以不能只看表相呵！如果應該以人身得度時，觀世音菩薩就化作人身，譬如化作長者身來度化，所以祂的三十二應身是感應一切眾生的。我們也可以這麼說：「假使應該以天主教徒得度，就示現作天主相而度之。」行不行？行啊！怎麼不行？因爲諸天天主都還不過是個凡夫，都還不如阿羅漢。但要留心的是，三十二應身變化出來度人時所說的法，一定是正法，一定不違背三乘菩提至教量，否則就是鬼神所化現的，可別上當了。觀世音菩薩有三十二種應身度眾生，反觀阿羅漢的果證只是一生修成的，觀世音菩薩可是三大無量數劫才修成的，所以經過觀音廟的時候請記得打個問訊。

不過我這裡要講一件事，因爲剛才提到問訊，有人來正覺講堂聽經時看見，就說：「你們正覺問訊手勢都跟人家不一樣，所以我不來了。」因此，我今天要簡單說明一下：正覺的問訊手勢爲什麼與各道場都不一樣。首先要從 佛陀時代的問訊說起。佛陀在世時的問訊，或者他方佛世界來的菩薩，要帶著他方佛的口訊來問訊 佛陀時，或是娑婆世界的菩薩要去覲見他方世界的佛，也會帶著 釋迦佛的口訊去問訊。怎麼個問訊法呢？禮拜完了以後要合掌、胡跪，還要叉手，然後稟告說：「我的本師釋迦牟尼佛問訊阿彌陀佛：身心康泰否？遊步輕利否？少病少惱否？眾生易度否？」這才叫作問訊。所以要以一些言語把問候的訊息帶到，這才叫作問訊，而問訊的內容主要就是這樣子。他方的菩薩來的時候，也是要向他們歸依的世尊告假，然後那尊世尊就會託他說：「你去了娑婆世界，幫我問候釋迦牟尼佛：色身康泰否？遊步輕利否？少病少惱否？眾生易度否？」這樣才叫作問訊，並不是作一個手勢就可以叫作問訊。我們前些年也查詢過一些道場，當然不是用正覺的名義，因為若以正覺的名義去問，沒有人要理我們。查詢過的結果是怎麼樣呢？沒有人知道現在各道場那個所謂的問訊手勢是怎麼來的，都沒有人知道。這個問訊的手勢到底是誰發明的？源頭來自哪裡？大家都不曉得，都沒有人知道。

再從另一方面來講，各道場的這個問訊手印，不論你怎麼變來變去，它就是性器官的象徵。諸位有空的時候，回家去自己慢慢弄，端詳看看；那個手印不論如何變來變去，就是二種性器官：不是男性的，就是女性的（編案：向內緊縮成為男性器官，向外鬆開成為女性器官）。請問諸位：你們要不要繼續用那個手印向別人問訊？等於是見了人家，用手把象徵性器官的手印拿出來，你們還要不要用？我如果已經知道了，當我見了人家就拿出這個手印來用，耳根會紅起來、會燙起來，所以我一定不用。我們在猜測（當然他們不會承認），這個手印是從密宗傳出來的，是在公開場合以這個手印作為暗號，來徵求對方願不願意與他合修雙身法的。所以大家都不要再用那個手印了。

回來經文，說這一些菩薩們是這樣不可臆測，例如 觀世音菩薩三十二應身變化無端，所以不要說到了鄉下，看見一個觀音廟就說：「哼！民間信仰。」你可記得問個訊，問訊時用合掌稽首就行了。別再作那個密宗手印的動作了，否則菩薩見了會說：「這個傻瓜！還在用密宗那種不清淨的手印。」這意思就是說，這些菩薩們證境不可思議，以聲聞二眾跟菩薩二眾來證明，此經確實是　世尊爲諸大菩薩、諸大聲聞們演說的。

這一些菩薩摩訶薩有八萬人，你從「其名曰」的這些菩薩代表們來看，他們並沒有男女相，他們都是中性身而不區別男女身分。很多人談到　觀世音菩薩就想到是女人，不對喔！唐朝畫的　觀世音菩薩都有長鬍子呵！我想就是爲了糾正一般人錯誤的觀念。菩薩們滿了七地心而進入八地以後，實質上就不再現女相了，當然也就沒有男相。所以妳們女眾如果問我說：「我們未來某一世改爲男相好不好？」當然可以啊！但是也不必那麼急，因爲這裡是欲界裡的人間；而且當女人不見得會輸給男人，妳們不也是跟男眾一樣開悟了嗎？智慧也不會比男眾差，所以很平等。在正覺同修會裡面很平等，同修會裡不會重男輕女。

那麼意思就是說，到了七地滿心轉入八地以後，如果來人間示現時當然會取得一個色身，既然是人間的色身，不可能會有一個中性身；要不然你出世的時候父母就煩惱死了，對不對？可是在法界中他們的示現永遠都是中性身。所以，菩薩摩訶薩的出家眾中也是有二眾的。這就是由大乘法中的出家、在家四眾來證明：這部《法華經》宣講的時候有多少人在現場，這是由聖人們來作證明。接著，是誰來作證明？有一些什麼樣的參與法眾？

經文：【爾時釋提桓因，與其眷屬二萬天子俱。復有名月天子、普香天子、寶光天子、四大天王，與其眷屬萬天子俱。自在天子、大自在天子，與其眷屬三萬天子俱。娑婆世界主梵天王、尸棄大梵、光明大梵等，與其眷屬萬二千天子俱。有八龍王：難陀龍王、跋難陀龍王、娑伽羅龍王、和脩吉龍王、德叉迦龍王、阿那婆達多龍王、摩那斯龍王、優鉢羅龍王等，各與若干百千眷屬俱。有四緊那羅王：法緊那羅王、妙法緊那羅王、大法緊那羅王、持法緊那羅王，各與若干百千眷屬俱。有四乾闥婆王：樂乾闥婆王、樂音乾闥婆王、美乾闥婆王、美音乾闥婆王，各與若干百千眷屬俱。有四阿修羅王：婆稚阿修羅王、佉羅騫馱阿修羅王、毘摩質多羅阿修羅王、羅睺阿修羅王，各與若干百千眷屬俱。有四迦樓羅王：大威德迦樓羅王、大身迦樓羅王、大滿迦樓羅王、如意迦樓羅王，各與若干百千眷屬俱。韋提希子阿闍世王，與若干百千眷屬俱。各禮佛足，退坐一面。

語譯：【在這個時節，釋提桓因與他的眷屬二萬天子同時也在一起。另外還有名爲月天子、普香天子、寶光天子、四大天王，也與他們的眷屬一萬個天子同在一起。自在天子、大自在天子，也與他們的眷屬三萬天子同在一起。娑婆世界主梵天王、尸棄大梵、光明大梵等，也與他們的眷屬一萬二千位天子同在一起。還有八大龍王，就是難陀龍王、跋難陀龍王、娑伽羅龍王、和脩吉龍王、德叉迦龍王、阿那婆達多龍王、摩那斯龍王、優缽羅龍王等，也都各與或多或少的百千眷屬同在一起。也有四位歌神之王：法歌神之王、妙法歌神之王、大法歌神之王、持法歌神之王，各自都與或多或少的百千眷屬同在一起。還有四位樂神之王：樂乾闥婆王、樂音乾闥婆王、美乾闥婆王、美音乾闥婆王，各自與或多或少的百千眷屬同在一起。也有四位阿修羅王：婆稚阿修羅王、佉羅騫馱阿修羅王、毘摩質多羅阿修羅王、羅睺阿修羅王，各自都與或多或少的百千眷屬同在一起。更有四位金翅鳥王：大威德金翅鳥王、大身金翅鳥王、大滿金翅鳥王、如意金翅鳥王，也都各與或多或少的百千眷屬同在一起。人間的韋提希王后之子阿闍世王，同樣與不少的百千眷屬同在一起。他們各自禮敬於佛陀足下之後，退下來各自坐在一邊。】

講義：接下來，是有其他的有情也在現場，這也是個證明。也許有人說：「這明明講了很多，都不是人類啊！那我們怎麼證明？」問題是，佛教不是只有人間才有；這一部經流傳下來時，在人間就是阿闍世王這一些人也可以作證明，還有聲聞聖者，也還有一些在人間的大菩薩們，譬如 文殊菩薩、觀世音菩薩等等也可以作證明。可是作證時只是單單為你們人間的人類作證明嗎？天界佛教就不需要有人來證明嗎？也要啊！那麼天界佛教由誰來證明？就由天界來參加《法華經》盛會的這一些人來作證明。

所以大家千萬別被印順法師他們誤導了說：「佛教只有人間才有。」不是這回事！如果依照釋印順的講法：「佛教只有人間才有。」好啦！那是不是意味著說「不是人人都可以成佛」？天人們難道就不可以修學佛法以及成佛嗎？這就跟他認爲自己已經成佛的說法自相衝突了！如果只有這個地球上才有佛教，那麼地球毀滅了以後呢？宇宙中就不應該還有誰能成佛了，那是不是說成佛變成一個或然率？依他的說法，宇宙中的有情成佛就變成或然率了，所以我說印順這個思想充滿了一神教的味道，他自己卻沒有感覺。所以佛法不能被他侷限於人間，因此在天界還是希望有人來證明：佛陀什麼時候講了《法華經》。不但天界如此，十方世界還得要有人來證明說：當年一時 佛住王舍城，釋迦牟尼佛講了《法華經》。還得要這樣證明，所以不是只有這個娑婆世界的人間與天界菩薩來作證明而已，還得要有天界的菩薩們，還得要有他方來的菩薩們來作證明。

經文中說，這時釋提桓因與他的眷屬二萬天子，同時也在《法華經》會上。《法華經》盛會之前他們爲什麼在這裡相聚？《法華經》還沒開講欸！《法華經》開頭描述到現在爲止，佛陀都還沒有開口，爲什麼有這些人在？

是因為 佛陀正在講《無量義經》，才剛剛講完，所以這些人都在。可是《法華經》還沒有開始，而正在講的《無量義經》剛剛好講完，這一些聲聞二眾、菩薩二眾，以及諸天和韋提希的兒子等人都還在，《法華經》開講的因緣還沒有正式出現呢。

那麼話說回來，這釋提桓因是什麼人？他就是欲界第二天忉利天的天主。這樣講，也許有人還是覺得：事不關己，只是一個名相。但其實他跟大家關係很密切，我還是要說明一下。釋提桓因其實就是道教中的玉皇上帝，釋提桓因是欲界第二天忉利天的天主。忉利天又名三十三天，也就是說，欲界第二天分為三十三天：東方有八天、西方有八天、南方有八天、北方也有八天，這樣東西南北四八三十二天，那中間這個地方由誰居住呢？是由玉皇上帝住，就是釋提桓因住。釋提桓因管理所有的忉利天那三十二天，他自己住在中天，加起來就三十三天，所以釋提桓因就是住持在中天。請問諸位有沒有想起來，道教中有哪一個神是住在中天的？有沒有？是哪一位？道教不是有某某大帝、某某上帝嗎？對不對？很多嘛！但不超過三十二位，可是中天叫作玉皇大帝，有沒有？喔！想起來了。所以道教信徒在拜天公的時候，那個幡立起來叫作什麼？中天玉皇大帝；疏文就寫著「慶賀中天玉皇大帝誕辰」，有沒有呢？因爲他管中天，而四面各八天總共三十二天，也都歸他所管。請問：那中天玉皇大帝是不是釋提桓因？就正好是釋提桓因。所以，道教裡面你找不到一位正神是抵制佛法的，因爲中天玉皇大帝都擁護佛法、都歸依三寶了，那其他三十二天的上帝怎麼會抵制正法呢？不可能嘛！所以只有一神教和密宗會抵制。密宗不只是抵制，還把 世尊大貶特貶呢。

話說回來，釋提桓因與他的眷屬二萬天子同時在現場。那麼，還有名爲月天子、普香天子、寶光天子、四大天王等天人，與他們的眷屬一萬天子同時存在。那四大天王跟人間很密切的，因爲他們每逢六齋日都要來人間巡按，看看人間有沒有在行善。如果看見人間大家都在行善，回去向玉皇大帝報告，玉皇大帝就滿心歡喜，因爲天眾將會越來越多。如果人間的人們有時作善事、有時作惡事，報上去時，玉皇上帝就滿臉愁容，因爲修羅道將會大增、天道會減少；那修羅道是玉皇大帝的死對頭，所以他就滿臉愁容。可是誰來人間巡按報上去呢？四大天王，那六齋日四大天王有時自己來，有時候派他們的太子來察看，所以四大天王與人間的關係是很密切的。四大天王當然就是廣目天王、多聞天王等等，諸位也都瞭解。

接著，還有自在天子、大自在天子，與他們的眷屬三萬天子同時在一起。自在天子講的就是化樂天，又名自在天，就是欲界的第五天。那爲什麼沒有夜摩天跟兜率陀天呢？因爲夜摩天與佛法不相應，兜率陀天他們早就跟著彌勒菩薩來了，所以就不必再提。接著化樂天之上就是大自在天，大自在天一樣是要親近佛法，免得將來失去天身。那大自在天呢？有許多的大自在天是什麼？是天魔波旬在住持的。可是娑婆世界只有一個自在天、一個他化自在天嗎？不只欸！所以不一定就是天魔波旬的大自在天子。可不要看到是他化自在天——大自在天子也來了，那是不是天魔波旬也來了？不是的。因爲娑婆世界有百億四王天、百億忉利天，乃至百億他化自在天，並不是每一個自在天、每一個大自在天都是天魔波旬管轄的，他的福德沒有那麼大。

爲什麼叫作自在天？因爲我如果想要享用什麼，自己變現就有了。要什麼樣的美妙天衣，自己想一想、觀一觀，然後就變成了。那大自在天呢？爲什麼叫作大？自在天又名化樂天，就是可以自己變化自在而得到快樂；大自在天又名他化自在天，是別人變化出來了，他對於化樂天人變化所得的物資，可以自在受用。換句話說，化樂天人變了什麼出來，他看了中意就把它拿來自己用，化樂天人不能抗議；於他所化而得自在，所以叫作他化自在天。是因爲別人所變化的，他可以自在受用，所以就叫作大自在天，他的福德就是這樣；他也有天子同時追隨前來，共有三萬人。

接著說「娑婆世界主梵天王、尸棄大梵、光明大梵」，那就是色界天了。娑婆世界主爲什麼稱爲主？因爲色界天範圍很廣大，不是像欲界天那麼小，所以初禪天主就是娑婆世界主。據說目前娑婆世界主是誰？韋陀菩薩。有沒有根據？我沒有去查，所以諸位姑妄聽之，是因爲有人這麼說。那就是說，娑婆世界的欲界諸天都歸初禪大梵天王所管，但他不管人間的事，所以他稱爲娑婆世界主。

尸棄大梵是二禪天的天主。初禪天不是分爲三天嗎？三天是講三個層次，而不是有三個天界的上下差別，是講初禪天有三類有情，第一類叫作梵眾天，就是生到初禪天去的一般有情；然後呢，為了管理這些梵眾天人，當然就要有個天王，那就是這個大梵天王。可是這大梵天王一個人能管這一些初禪天人嗎？不行，要有人幫忙來輔助他，輔助他的人就叫作梵輔天。所以，同樣住在初禪天中，但身分不一樣，就分為三天。所以，天這個字不一定是指稱這一個層次是一樓，這裡是二樓，那裡是三樓；不是這樣區分，這個觀念諸位要改一下，不要像人家講的說：初禪天的梵眾天，再修上去就變成梵輔天，就這樣修上去再成為大梵天。不是的，是同樣住在那個初禪天界裡面，是同一個初禪天的天界，但身分有三種；所以大梵天王再下來是梵輔天，梵輔天幫忙大梵天王來管理梵眾天，因此而說初禪天有三天。

二禪天也是如是，三禪天也如是，都各有三天；到了第四禪天就變成有四天了，但別以為那是從一樓到第四樓。四禪天中照樣有天王以及不同層次的天眾，最下面是一般的四禪天人。可是四禪天為什麼多了一天，叫作無想天？無想天是在四禪天的境界中，所以無想定是在第四禪最後階段所證的境界，不是南懷瑾老師講的心中沒有想就叫作無想定。他所講的「無想定」最多只是欲界定而已，連未到地定都不是，不可能是眞正的無想定，這表示他還沒有未到地定，更沒有初禪的證量，所以誤會無想定就是欲界心中沒有語言文字的境界。因爲無想定的境界是四禪中的境界，不是欲界定的境界，南老師那個誤會眞的太大了！

四禪天人一樣有往來、言語，也一樣可以討論佛法。但是四禪天中還有一種人：他們生到四禪天中，在自己的宮殿裡面坐著一動也不動，既沒有呼吸，更沒有言語，也看不見他們的意識活動，因爲意識中斷而不存在了。在那裡如果不中夭，可以活五百大劫；如果中夭，可能只活一劫、三劫、八劫，或者四十劫、四百劫就下墮了，這叫作無想天。無想就是無知，在《阿含經》中 世尊說「想亦是知」，說有知的時候就已經是想陰存在了，所以無想定又名無知定。無想天中沒有意識存在，只剩下一個色身坐在那裡，由於還有阿賴耶識持身，由於還有意根存在，所以不死，無所知也無呼吸而坐著不動，類似人間睡著無夢一般，不同的是他們依定而存在，不會作夢也無呼吸。

無想天人如果不中夭，天壽五百大劫過完了，福報全都享盡了，只剩下一些生天之前所造的小惡業，下來人間幹什麼？當畜生或者當蟲，每天就是從早到晚不斷地吃，晚上就睡覺。他們在無想天連意識都不存在，當然什麼都不想，也就是什麼都不知道的無覺無知的定境，這就是無想天。他們在人間時都住在一念不生裡面，最好就是把意識也給滅了，以爲這樣就是不生不死的無餘涅槃；死後作入涅槃想，就生在無想天中，他們也住在四禪天裡面。

所以，如果哪一天你們修得四禪捨報了生到四禪天去，看到那一種宮殿，心想：「怎麼一天到晚坐在那邊？」你就不必羨慕，直接就說他們是愚癡人，你儘管罵他們都沒關係，因爲他們聽不見。他在無想定中，意識根本不現前了，怎麼會聽得見？然後下來準備當畜生或者準備當毛毛蟲等等，因爲他福報都享盡了，剩下小惡業，下來時就不能繼續在人間了，除非他往生到無想天之前從來沒有任何惡業，才有可能重新回到人間，所以那不值得羨慕。但是話說回來，其實一般的四禪天人看不見他們，因爲他們處在另一個境界中，一般四禪天人去不了他們的境界；猶如所有四禪天人看不見五不還天的道理，是一樣的。

這裡講的「娑婆世界主梵天王」是指初禪天王。「尸棄大梵」就是二禪天的天王，爲什麼叫作大梵？因爲他跟初禪天王不一樣。初禪天王即使具足初禪證境，八種樂觸深細轉變成就八種微細樂觸都具足圓滿，並且也修集了足夠的福德，例如廣利有情及四無量心圓滿了，當了梵天王，可是他的境界畢竟跟欲界相鄰，因爲初禪天下來就是欲界第六天相鄰接，所以這段經文中不稱呼他爲大梵，是因爲他的境界跟欲界相鄰。得要證得二禪以後才能夠離開初禪境界，那跟欲界就距離很遠了，因爲中間隔著初禪天，這時候才能稱之爲大梵。但有時經論中也稱初禪天王爲大梵天王，是因爲人類有神通的人都這樣稱呼他，有些經論中的說法只是隨順世間的稱呼。

二禪天王稱爲「尸棄大梵」，當然也帶著他們的眷屬來。接著「光明大梵」就是指三禪天，當三禪天王放光的時候，半邊天都是光亮的，大家都看得很清楚，所以又叫作「光明大梵」。那麼，這二位既然都被稱爲大梵，當然都是天王。接著說「等」，「等」就包括第四禪、第三禪、第二禪天的許多天人們；所以第四禪天的天王、天人等等也一起來，就說「與其眷屬萬二千天子俱」。

接下來說「有八龍王」，就是「難陀龍王」等等，總共有八大龍王。這八位爲什麼都不是講龍，要稱呼爲龍王？因爲如果要對那一些龍一一稱名，那麼二小時中只要誦那些龍的名字就好了，誦完了時間也到了，大家就可以回家了；所以當然是只講龍王名號，以王者來代表。

第一位「難陀龍王」，翻譯過來叫作歡喜龍王；第二位「跋難陀龍王」，翻譯過來叫作善歡喜龍王。這二位龍王是跟地球上的佛法有很深的關係，並且是跟 佛陀年代的人間有關係。我記得好像是波斯匿王吧，或是哪一位？有一段長時間乾旱無雨，國王帶著大眾求雨。本來「難陀龍王、跋難陀龍王」是在搗蛋的，後來是什麼緣故，我已經忘了，他們發起了善心就幫他們和順地下雨。下了雨以後，萬物生長，大眾豐足，波斯匿王就帶領大眾舉辦供養法會，這二位就很歡喜；於是二位龍王因爲歡喜就每年按時行雨，波斯匿王更歡喜，每年到了同一個時節就一定大辦法會供養，所以這二位就改名爲歡喜龍王、善歡喜龍王，有這麼一個典故。

那麼「娑伽羅龍王」，娑伽羅是鹹海的意思，當然鹹海一定是指大海；不會是指小小的內海，像青海等。青海那樣的海水應該也是鹹的吧？所以說，這個鹹海就是指大海，譬如我們現在講的東海、黃海一類的大海。娑伽羅就是鹹海，因爲他生於鹹海中、住於鹹海中，所以就依海立名，叫作娑伽羅龍王，他也有他的徒眾。「和脩吉龍王」叫作多頭龍王，多頭龍王，例如《楞伽經》裡面不是講到一個聲論外道嗎？他有神通化爲千頭龍，有沒有？就類似這樣子，就叫作和脩吉龍王，這是多頭龍王。因爲頭不好變化，如果有多頭，誰頭最多，別人就服他，在忉利天以下的傍生法界裡面就是這樣。他多頭，就能降伏其他的龍眾。「德叉迦龍王」，德叉迦的意思叫作多舌，舌頭很多。古人的說法，是說噴毒的有情，只要是有一個能伸出來的分岔的舌頭，就可以噴出一分毒液，如果舌頭很多就可以噴出很多毒液。多舌之目的是幹什麼？是用以威懾大眾來信受佛法，不許破壞佛法。德叉迦就是多舌，也是這個意思；如果誰要破壞佛法，他就用毒液來對治，他就叫作「德叉迦龍王」。

「阿那婆達多龍王」，阿那婆達多翻譯爲中國話叫作無熱。無熱對龍來講很重要，龍喜歡清涼，怕熱。一般的龍有鱗片，有鱗片的結果就會在縫隙中生長小蟲，那就渾身難過。要怎麼對治呢？只好去熱沙地上用熱沙來燙死小蟲，不然他們就很難過。可是在熱沙地上燙小蟲的時候，自己也很痛苦。但這位龍王他就是有這個功德，他住在無熱池，因爲那裡寒冷，他就不會長蟲，所以他不必接受熱沙燙身的痛苦，因爲這樣而叫作「阿那婆達多」，這叫作無熱龍王。

傳說中，這個無熱池在雪山頂，到底是指哪一座雪山？咱們不知道，也許因爲這樣，所以西藏密宗有些人就自我高推說：「我們的珠穆朗瑪上面就是雪山池的無熱池。」所以就把它封作聖山。可是那喜瑪拉雅山眞的有無熱池嗎？好多人爬上去頂峰了，都說沒有；現在可以藉google地圖來看，也看不見有大水池，所以這裡講的雪山不是講珠穆朗瑪。這個「阿那婆達多龍王」除了免除熱沙之苦以外，他還有一個功德，所以心中無熱惱；也就是說，他的宮殿，金翅鳥進不去。你們知道龍最怕金翅鳥；金翅鳥知道嗎？密宗在作的孔雀明王法會中，孔雀明王就是金翅鳥。他們把孔雀明王推到那麼高的地位，到後來孔雀明王也幾乎等於佛了，其實只是四王天中屬於傍生類的金翅鳥；但密宗古今喇嘛都不懂，亂搞一通。因爲這位龍王可以免除熱風所吹、免除熱沙之苦，所以身上沒有熱惱；而且他的宮殿，金翅鳥進不去，所以他心中也沒有熱惱，這叫作「阿那婆達多龍王」，就是無熱龍王。

「摩那斯龍王」，翻譯過來叫大身龍王。大身龍王是因爲他屬於化生龍，是四種龍類之中最高等的龍，只有化生類的金翅鳥才能吃他，其餘三類都不能吃他。他的身體可以無量廣大，可以圍繞須彌山七匝，你說大不大？眞的難以想像，所以他叫作大身龍王。

「優鉢羅龍王」，優鉢羅在梵語裡面叫作青蓮——青色的蓮花，或者叫作碧蓮，碧蓮就是青蓮。他爲什麼叫作優鉢羅龍王？這也是因池立名，因爲他住在青蓮花池中，所以人家就稱他爲優鉢羅龍王。這一些龍王，總共有八大龍王，一樣是「各與若干百千眷屬俱」。

龍有個特性，凡是阿修羅派兵來忉利天戰鬥的時候，也就是來跟玉皇上帝打仗時，玉皇上帝都先派龍出去應戰，先由這些天龍去打仗。如果沒有打贏，天兵天將再派出去，他才會御駕親征。所以，龍是屬於四王天的南增長天王所管轄的。龍可以化身爲人身來到法會中聽經，但是這個變化功能是有限制的，有五個時節沒辦法變化，譬如他睡著了，就會恢復龍身，保不住變化出來的人身。因爲龍也是欲界有情，欲界天的有情也是要睡覺的，跟人間一樣要睡覺；當他睡著了就恢復爲龍身，不能繼續保持所化現的人身。再來就是生起瞋心，當他瞋心大發的時候龍形就現出來了，人身就不見了。所以你如果懷疑誰是龍變化身的話，你就一直罵他、激怒他，看他會不會變龍就知道了。不過，後果自負，因爲激怒了他，不是好玩的事。那麼，還有一個時節就是他們繁殖或行淫的時候，也沒有辦法用變化出來的人身來作，一定要恢復龍身。再有一個就是死亡的時候，當然恢復爲龍身，不可能再保住所變化的人身；因爲死了以後意識不在了，當然不能保持能變的功德。最後一個就是剛出生時也不能變爲人身，能變是因爲有意識在，龍剛出生時的意識還沒有見過人類，也就不懂得變化爲人身。龍有這五個限制，不是一切時中都是人身。

「有四緊那羅王」，還有四位緊那羅王，緊那羅王就是歌神一類，很會、很會唱歌。忉利天人若是很會唱歌，在天上就歸緊那羅王所管，如果掉到人間，會來當什麼？當歌星，所以歌星就是緊那羅下生到人間來了。請問：你證悟了以後在人間，他是在天上唱歌的天人下來人間，你還要不要再成爲歌迷？（眾答：不要。）當然不要，因爲你成爲菩薩了，阿羅漢都不敢奈何你，你的智慧，他無法捉摸、不能臆測，何況是天上掉下來，不得不在人間當歌星謀生的人，值得你崇拜嗎？你這一想就知道了。把這個定位都弄清楚了以後，自然知道自己在人間應該如何自處了。所以這個道理也是很重要，這些都屬於次法。以前我很少講次法，現在終於有機會講一些次法給諸位聽。

那麼，緊那羅就是唱歌的，平時唱歌娛樂玉皇上帝，歸玉皇上帝所管；但是，玉皇上帝之下有四位緊那羅王，各管著許多歌神。那麼是哪四位緊那羅王呢？叫作「法緊那羅王、妙法緊那羅王、大法緊那羅王、持法緊那羅王」。

緊那羅跟乾闥婆不一樣，乾闥婆是管樂器演奏的，是樂神而演奏樂器；緊那羅則是唱歌。可是，玉皇上帝座下這四個緊那羅王，他們唱歌跟一般的唱歌不一樣，他們唱歌都是跟佛法有關，畢竟他們都是緊那羅中的王啊！所以第一位叫作「法緊那羅王」，「法緊那羅王」專門唱什麼歌？他把四聖諦……等法義編成偈，然後用歌曲去唱出來，所以就成爲「法緊那羅王」。

「妙法緊那羅王」，表示他唱出來的法義是比「法緊那羅王」殊勝、勝妙。請問：三乘菩提中比四聖諦勝妙一點的是什麼？因緣法。所以，「妙法緊那羅王」把因緣法編成偈頌，用歌唱誦出來，來娛樂玉皇上帝。

接下來是「大法緊那羅王」，剛才是法、妙法，現在是大法，三乘菩提中什麼法爲大？佛菩提。所以，這一位「大法緊那羅王」，把六度波羅蜜所說的法編成偈頌用歌聲來唱出來，所以他成爲「大法緊那羅王」。

接下來是「持法緊那羅王」，他是負責總持的歌神，把三乘菩提全部函蓋在內，以簡單的一些名相編成歌曲來總持三乘菩提一切法，這樣編成偈頌而唱出來娛樂玉皇上帝。換句話說，他就是總持三乘菩提的歌神之王。那你想，玉皇上帝有這樣四位緊那羅王，下面管著很多的緊那羅，每天聽著正法之歌，他還會抵制佛法嗎？不可能嘛！因爲他自己都喜歡聽了，當然不會抵制，表示他心裡面是很喜歡佛法的。這樣四位緊那羅王，座下當然有許多的緊那羅。接下來說，這四位緊那羅王各與若干百千眷屬俱，意思是說，那數目就不容易計算，就不計算了。

「有四乾闥婆王：樂乾闥婆王、樂音乾闥婆王、美乾闥婆王、美音乾闥婆王，各與若干百千眷屬俱。」乾闥婆是演奏樂器的，不唱歌。乾闥婆王也有四位，但他們演奏的既然只是旋律而不唱歌，那就不帶有一些法義或者道理在其中。這就好像我們現在講的輕音樂、管絃樂、進行曲等等，就是那一類。這四位乾闥婆王，第一位是「**樂乾闥婆王**」。「**樂乾闥婆王**」主要是指木管一類的，用木頭或者用竹子做成管狀來吹的，在音樂界就叫作管樂；譬如說中國有洞簫或者笛子，西洋樂裡面有橫笛、豎笛等等，包括西洋的銅管也算在裡面，譬如大喇叭、小喇叭等。大喇叭就扛在肩上，在頭頂上面好大一個，有沒有？中形的銅管就是伸縮喇叭那一種，都屬於管樂，就應該屬於

「樂乾闥婆王」所管轄的範圍。

「樂音乾闥婆王」所管轄的樂神，就是演奏有絲絃的樂器，就是屬於絃樂。絃樂就有很多種了，像violin，還有中國的大胡、二胡也都是。應該說，西洋的鋼琴、中國的揚琴也算是，雖然是彈奏的，但也是有絃一類的。這一些音樂家都叫作樂音乾闥婆，他們的乾闥婆王也一起來了。接著是「美乾闥婆王」，是說管樂之中，他們演奏得太棒了，非常棒，就稱爲美乾闥婆；他們的首領就是「美乾闥婆王」。同樣的道理，「美音乾闥婆王」，就是絃樂之中，他們演奏得非常好的、最好的，就是美音乾闥婆；他們的首領就是「美音乾闥婆王」。這四位乾闥婆王，各與若干百千眷屬俱，同時都來了。

接著還有「四阿修羅王：婆稚阿修羅王、佉羅騫馱阿修羅王、毘摩質多羅阿修羅王、羅睺阿修羅王，各與若干百千眷屬俱。」

「婆稚阿修羅王」，這位阿修羅王就是被派去跟玉皇上帝戰爭的那位阿修羅王。他打仗輸了，輸在哪裡？輸在他不會正法的咒語，所以他去跟忉利天打仗的時候，忉利天用般若神咒把他降伏了。般若神咒最有名的是哪個咒？「揭諦，揭諦，波羅揭諦，波羅僧揭諦，菩提薩婆訶。」這是什麼咒？《心經》的咒。人家用這個咒就打敗他了，所以他就被俘虜了去。俘虜去以後，玉皇上帝用什麼綁他，知道嗎？用五欲之繩把他綁住了，使他逃不了，就被釋提桓因收服了；這就是「婆稚阿修羅王」，就是去打仗結果戰敗的那一位。

可是戰敗的不是只有他，還有「佉羅騫馱阿修羅王」。佉羅騫馱，翻譯過來叫作廣肩，他的肩膀很廣、寬闊，就是很有力的意思，所以他就幫著「毘摩質多羅阿修羅王」，他在大海中潑水去淹忉利天宮，所以他又叫作湧水阿修羅王。「毘摩質多羅阿修羅王」可就很有名——在佛教史上他很有名，因為他有個女兒叫作舍脂，這個女兒長得很漂亮，可是被玉皇上帝看中了，兩情相悅呢，結果她就跟著玉皇上帝去了。她的丈夫也就是毘摩質多羅阿修羅王的女婿，就去告狀：「你的女兒現在都不跟我了。」毘摩質多羅阿修羅王就發動軍將去跟忉利天打仗，後來當然也是打輸了，所以他一樣被玉皇上帝的五欲繩給綁住了，這就是「毘摩質多羅阿修羅王」，廣肩阿修羅王就是幫他潑水去淹忉利天宮的那位。

「羅睺阿修羅王」，他幹什麼呢？這毘摩質多羅阿修羅王發動戰爭的時候，他幫著去把太陽、月亮的光明遮住。因為忉利天宮與四王天都要靠日月來照明，結果他能夠變化手腳很長很寬就把日月光明都擋住。日天子、月天子就去向　佛陀告狀說：「我們要行於日光、行於月光照耀人間，如今沒辦法照耀。」沒辦法照耀，也算失職。他們的光明沒辦法照耀人間，人間可就慘了！不是只有四王天跟忉利天慘，人間也慘，因為五穀不生，所以不能這樣子，他們就向　佛陀告狀。佛陀就說：「你不可以再遮住日光月光，否則你就破壞了佛法。」這修羅王一聽到是破壞佛法，這因果大了。因為如果每天都是晚上，好幾月、好幾年都是晚上，那該怎麼辦？還能弘法嗎？不行嘛！佛陀一說，他就只好把手收回來。毘摩質多羅就問他：「你為什麼這樣？」他說：「我不是不想幫你，可是佛陀說我這樣在破壞佛法，我不能不遵行。」

結果毘摩質多羅也沒辦法，也因為這樣，他這個戰爭也打輸了。釋提桓因就把阿修羅王宮中的所有女人都搶回天上去，毘摩質多羅王隨後去歸命於釋提桓因而談和，就說：「您是佛弟子，受持五戒，不應該把我宮中所有女人都搶去吧？」釋提桓因也就把所有女人還給毘摩質多羅，毘摩質多羅就把最美的一位女兒嫁給釋提桓因，釋提桓因也把忉利天中最好的食物，他自己吃的甘露分給毘摩質多羅，二人也就言歸於好，所以也就一起在 佛前聽經了。

這就是四大阿修羅王，可是基本上他們都信佛法，佛陀說的，他們都願意聽受。所以這個時候他們也在場聽經，雖然跟釋提桓因有過節，沒關係，這個時候就先不談這件事，這是很正常的。你看，那些大山頭裡面也是一樣，他們裡面平常分派系，二派、三派鬥得不得了，但堂頭和尚講經說法的時候，或是公開說法時，他們表面上也得要和和氣氣坐在一起。天界也是如此，因爲他們也在欲界中。大家要記得他們也在欲界中，所以不要以爲說：「我才不過明心、我才不過見性而已，這算什麼呢，人家是天界的天主呢！」不要妄自菲薄，好不好？因爲你悟了，他們還不見得有悟啊！所以這些阿修羅王，這時候也就把過去的那一些恩怨擺在一邊，專心在聽法——他們這時候是《無量義經》才剛聽完。

然後說，「有四迦樓羅王：大威德迦樓羅王、大身迦樓羅王、大滿迦樓羅王、如意迦樓羅王，各與若干百千眷屬俱。」迦樓羅就是金翅鳥，金翅鳥的翅膀跟胸前都是金黃色，所以名為金翅鳥。人死後會出生為金翅鳥，都是有原因的；都是因為往世在人間大富大貴時，肯作大布施，也常常作；可是大布施的時候心高氣傲，侮辱眾生，或者藉機強奪受施者家裡的寶物或眷屬，使受施的眾生產生極多苦惱；由於作大布施的時候，心中有很大的瞋心與慢心，死後就出生在金翅鳥中。若是化生類的金翅鳥，牠們身上都有如意寶珠，就像瓔珞一樣用來莊嚴自己；還可以用來作種種變化，想要幹什麼都能成功。化生的金翅鳥，身高有四十里，翅膀展開時有八十里寬，身長有四十里。這樣的化身鳥，那身量很廣大。

金翅鳥有四種：卵、胎、濕、化。龍也有四種：卵、胎、濕、化。這裡面有層次差別，譬如卵生金翅鳥，可以吃卵生龍，但不能吃濕生龍。凡是大海中出生的、住在大海的龍，卵生金翅鳥不能吃牠。如果是胎生金翅鳥，牠可以吃卵生龍、胎生龍，可是不能吃濕生龍、化生龍，層次不一樣。如果是化生的金翅鳥，牠四種龍都可以吃，但不能吃已受八關戒齋的任何一種龍，有這個限制。所以金翅鳥有四種，龍也有四種，各有卵胎濕化四種。

現在說這四位迦樓羅王——四位金翅鳥王，第一位是大威德金翅鳥王，為什麼他有大威德？因為他是化生金翅鳥，而且是這些化生金翅鳥中的鳥王，所以他具有大威德。對於一切畜生，他都能威懾；因為畜生道之中就是天龍威力最大，但這位大威德迦樓羅王，對一切龍、對一切金翅鳥，他都有大威德，所以他就稱為「**大威德迦樓羅王**」。今天就講到這裡。

《妙法蓮華經》上週講到第二頁倒數第二行，大威德迦樓羅王。那麼，接下來「**大身迦樓羅王**」，就是說他身體很大。這個迦樓羅王是濕生的金翅鳥，他屬於海生。金翅鳥跟龍一樣，都有四生：卵、胎、濕、化。他屬於海生鳥，身量很廣大，住於海宮，當然不是我們這個太平洋這種海。因為他身量很大，飛翔時範圍很廣，所以稱為大身迦樓羅王。「**大滿迦樓羅王**」，是因為他飲食常得自在，所以他是在這上面心中大滿，沒有任何的遺憾。還有一說是他不論想要求什麼樣的龍來吃，隨時可以獲得；也就是說，凡是他想要吃龍時就隨時有，不像有的金翅鳥，要飛很久才能找到，不容易找到。接下來是「如意迦樓羅王」，這個金翅鳥王他胸前有如意寶珠，所以隨時所求都可以得如意。這樣總共四種金翅鳥，每一位金翅鳥王各有若干百千眷屬同時在法會中。這個是屬於天界的證人，證明這個時候正好講完《無量義經》，即將開講《妙法蓮華經》。

那麼接著是人證：「韋提希子阿闍世王，與若干百千眷屬俱。」因爲這是在王舍城旁邊的靈鷲山講的。講《無量義經》的時候是在王舍城，王舍城是頻婆娑羅王的，等於就是一個宮城，就像日本現在還有個天皇，有個圍牆圍起來；不過考證上所顯示的王舍城沒那麼大，比較小。王舍城本來是頻婆娑羅王跟王后韋提希所有，後來頻婆娑羅王被太子阿闍世殺害。當然這個殺害是有背後的原因，也就是提婆達多去說服阿闍世王說：「我要把釋迦牟尼佛殺掉，我就當新佛；你把父王殺掉，你同時也當新王；你當新王的時候，我也當新佛。」兩個人就這樣約定好。

約定好了，就請阿闍世王準備了大醉象，然後　佛入城托缽的時候就放出來，這時阿羅漢們不是跑光了嗎？有神通的就飛到天上去，在那邊看，沒有一個人跟在　佛身邊，只有阿難尊者繼續跟在　佛身邊。然後　佛陀看見大醉象靠近了，就把五指伸出去。大醉象看見了　佛陀化現的五頭雄獅，嚇得腿軟，跪了下來。然後　佛陀爲牠開示了幾句話，牠就捨報了。因爲牠死前歸依了　佛，所以捨報生到忉利天去了。幹惡事也會生天，是因爲牠遇到　佛，最終是沒有殺害　佛陀成功。那麼看看沒事了，阿羅漢們又回來了，飛到天上去的也下來了。

然後這阿闍世王也殺害了頻婆娑羅王——殺害了父王。爲什麼要殺害父親？難道提婆達多幾句話，他就會接受而殺害父王嗎？那可是五逆罪！是因爲：阿闍世這個名字叫作未生怨，還沒有出生的時候就有怨了。當然這個名字是有個原因的，是因爲這個孩子出生的時候，找了相師來看，都說這孩子是來報仇的，所以這頻婆娑羅王就把他叫作阿闍世，意思就是未生怨，是還沒有出生就已經有怨心了，因爲他是爲了報仇而來的。後來，他長大了就問別人：「爲什麼我叫作這個名字？」有人多嘴就爲他講了，他就認定爸爸是個仇家，所以提婆達多來勸就能勸成功。

可是他要殺害頻婆娑羅王的時候，是事先把父王關起來，要餓死父王；他的母親就每天偷偷送食物進去牢中，活了一段時間；後來被阿闍世發現了，所以接著他也想害死母親，就是韋提希。那《觀經》是怎麼來的？《佛說觀無量壽佛經》就是因爲韋提希被關著的時候講的。阿闍世王本來要殺害母親，他堅持要殺害母親，他兩個大臣就按著劍，口裡大聲勸說：「大王！你不要這樣作。」可是他不聽，大臣恐怕大力勸阻會被他殺害，所以就按著劍，一面退，一面勸他，一面就走了，不再服侍他了。

阿闍世想要餓死父王，但母親韋提希每天就渾身塗滿了炒麵糊，塗在身上就看不出來、檢查不出來，然後就以瓔珞挖空裝了葡萄漿進去。葡萄漿，他看看：「一天給你喝上一杯，好不好？你能活多久？」就准了。可是韋提希夫人進去以後，就把身上的麵糊剝下來，就這樣，結果父王就沒死。後來，阿闍世王知道了，就是因爲這樣，連母親也要殺，那大臣就離開了，所以才會放大醉象出來想要殺害　佛陀。大臣們都因爲他想要殺害母親，很不滿就棄他而去，由於這個緣故，他就不敢殺害母親，但是把母親韋提希關在後宮，不許她外出或接觸任何人；後來韋提希在牢裡面向靈鷲山禮拜，求　佛解救，才會有今天的《觀經》。

可是阿闍世王後來知道自己的罪很重，因爲害了父親，又把母親幽閉於後宮，他知道這個罪業很深重，死後必下地獄，而且已經有嚴重的現象出現了。後來他很擔憂，就問大臣們（就像現在台灣政治人物說有什麼高人，有事時都會向高人求教；其實也沒有什麼高人，都是低人）。阿闍世問來問去，大臣們都沒有辦法解決，然後找來好多外道們，那些外道們來了，個個都說：「我也沒辦法幫你免罪。」請了外道大師來了，也是說：「我沒有辦法幫你免罪。」誰能夠幫人家把因果免掉？都沒辦法！

最後是他的一個大臣耆婆，看見他已經沒辦法了，就告訴他說：「有佛世尊住在靈鷲山，就在我們王舍城旁邊不遠，你願意不願意去拜見？」可是，在路上他也是很猶豫，一會兒又想折回，耆婆勸導他繼續前進；不一會兒他又想折回，反復地前進又想折回王宮，老是覺得 佛陀會害他，因爲他曾經害過 佛陀，雖然沒有害成，但他心中害怕。乃至已經到了祇園精舍，進了道場中，一看靜悄悄的，誤以爲佛弟子們埋伏起來要害他。其實是因爲比丘們大家都靜坐修定，沒有人在閒話家常；他誤以爲有什麼埋伏所以這麼靜，他又想要走人。

反正他就是幹了惡事，疑心病很重，最後耆婆一面鼓勵他，又有天神鼓勵他，才終於能夠走到 佛面前，然後懺悔。剛開始 佛陀要爲他開示，就呼喚說：「大王啊！」他就看來看去，心想：「佛到底在叫誰？」因爲他想：「我已經沒有資格被佛叫作大王了。」然後 佛陀就說：「我是叫你啊！」他才終於知道說 佛都沒有跟他記恨，然後 佛爲他說法。本來他聞 佛陀親自說法時，至少是應該要證初果的；因爲遇到 佛陀親自爲他說法，而且是單獨爲他說法，那不證初果才怪；可是被惡業所障，因此他只能得到無根信，而沒有辦法證初果，但已經可以不必下地獄了。

這就是阿闍世王的故事，他在佛教很有名，是由於母后韋提希的關係，是由於他的媽媽，他才會有因緣接觸佛法。他媽媽就是被關在後宮中，然後向 佛請求說：「我被這個不孝子關在這裡面，請佛憶念我、教導我。」佛陀知道了，因爲 佛會感應到，然後就爲她化現、爲她說法等等。她聽完一席法，在我印象中（因爲是十幾年前讀的，不太記得了），她好像是證得三果吧，因爲她有無生忍。《觀經》就是因爲她而有的，佛陀是爲她才講了《佛說觀無量壽佛經》。所以韋提希這個名字很有名，在佛教界，特別是在淨土宗。韋提希的兒子阿闍世王，因爲他後來也已經歸依 佛陀了，這個是在 世尊弘法第三轉法輪的晚期了。他也有若干百千眷屬俱，這時候他們也各禮佛足，退坐一面。接下來，就要進入下一段經文了：

經文：【爾時，世尊四衆圍遶、供養、恭敬、尊重、讚歎，爲諸菩薩說大乘經，名無量義，教菩薩法，佛所護念。佛說此經已，結加趺坐，入於無量義處三昧，身心不動。是時天雨曼陀羅華、摩訶曼陀羅華、曼殊沙華、摩訶曼殊沙華，而散佛上及諸大衆，普佛世界，六種震動。爾時會中，比丘、比丘尼、優婆塞、優婆夷、天龍、夜叉、乾闥婆、阿修羅、迦樓羅、緊那羅、摩睺羅伽、人、非人，及諸小王、轉輪聖王，是諸大衆得未曾有，歡喜合掌，一心觀佛。】

語譯：【這個時節，世尊就在四眾圍遶、供養、恭敬、尊重、讚歎的情境下，爲諸菩薩們演說大乘經，名爲《無量義經》，教導的是菩薩所修的妙法，這些菩薩全都是佛陀所護念的人。佛陀演說這部經典以後，盤腿結跏而坐著，進入於無量義處三昧，色身與覺知心都不動轉了。這個時節，天人開始猶如下雨一般，從空中撒下白花、大白花、紅花、大紅花，用以供散在佛陀上方及所有大眾的上方，十方虛空中的所有佛世界，也同時開始出現了六種震動。這時法會之中，比丘、比丘尼、男眾居士、女眾居士、天龍、夜叉、音樂神、阿修羅、金翅鳥、歌神、蟒神、人類、鬼神，以及許多的小王、轉輪聖王等，這一些大眾們所看見的這個天雨寶花的景象，是以前所未曾看見的，於是歡喜合掌，一心仰觀佛陀。】

講義：前面是先把會眾作一個說明，表示這部經有多少的證人。這時世尊身邊是有在家、出家，總共四衆前後左右圍繞著，有的作供養，有的是恭敬而聽，有的是尊重而聽，有的是讚歎 世尊。爲什麼是這樣呢？因爲那個時候 世尊是爲諸菩薩們說大乘經，經名爲《無量義》，也就是《無量義經》。《無量義經》的經文不長，主要的內容是爲大衆說明，以一法有無量義。這個一法有無量義，當然不可能是爲聲聞衆說，所以是爲菩薩演說的。一法有無量義，聲聞人是聽不懂的，除非已經迴心大乘明心了才能聽懂。那麼，一法有無量義，當然諸位都知道，就是如來藏法，只有這個法才可能具足無量義；因爲無量法都匯歸於這個法，所以那部短短的經典名爲《無量義經》，這《無量義經》中當然教的是菩薩法。「**教菩薩法**」，目的也是同時教導菩薩們如何能被諸佛所護念。

《無量義經》說完了以後，世尊並沒有下座離開，接著就「**結加趺坐**」，進入無量義處三昧，也就是進入如來藏所顯現的無量義的三昧之中；當然這個是智慧三昧，這時入了無量義三昧中，當然是深心不動的。這時天上就降下了曼陀羅華，也就是白花；不過，這種花是類似什麼呢？有點類似牡丹或芍藥一樣，是一團一團的花；就是很多的花瓣，就有點像芍藥那一類，很多花瓣聚爲一團而成爲一朵花，就成爲很美的花，這叫曼陀羅華。摩訶曼陀羅華就是白色的大花。曼陀羅華是白花，曼殊沙華是紅色的花。摩訶曼殊沙華就是大朵的紅花。這麼多的美而不俗的花，從天空降下來散於 佛的上方以及大眾之上方。這時候所有的佛世界都有六種震動，爲什麼會有六種震動？這一定是有大因緣，這表示說 釋迦牟尼佛的弘化已經快要結束了，而現在即將要開始宣講最勝妙的經典了。

《無量義經》就是《法華經》的序經，這就是講白一點的說法。你們都知道，每一本書前面都有一篇序文。通常一本書開筆時都會先寫序，把寫書的目的先作說明。有時候如果你把一本書寫好了，還有什麼事情覺得需要再作個吩咐或者交代，就在後面再加一篇跋。如果有人把那篇跋的文章印在書的前面，那就鬧笑話了。跋一定是在後面，序則是在書的開頭。《無量義經》其實就是《法華經》的序經，也就是說，一定得先講了《無量義經》，說明佛菩提道就是以一法總攝無量義，講完了緊接著就是要講《法華經》了。講

《法華經》目的則是在證明《無量義經》，而《無量義經》是預先闡釋《法華經》所要講的宗旨。那《無量義經》是以一法攝無量義，表明是以如來藏法含攝了無量的眞實義；只是在弘法的最後時期，把廣說的諸經妙法全部彙歸於如來藏一法中；但是所說只是在一個小範圍中來講，函蓋面不夠，未能函蓋十方三世佛教，無法圓滿 世尊所說的一代時教，所以《無量義經》講完了還得講《法華經》。但也得《無量義經》講完了才能講《法華經》，諸佛的通例都是這樣。不過我們《無量義經》目前還沒有準備要講，因爲我們以前演述的很多法義，已經把無量法彙歸於一法如來藏中了；又覺得還有一些經可以先講，所以未來如果有因緣再講，因爲那部經很短。所以這時候，既然《無量義經》講完了，緊接著就是要講《法華經》了，因此諸天就開始散花供養了。

那麼《法華經》的道理，在五時三教裡面就叫作圓教。五時，譬如說華嚴時，接著阿含時，然後般若時、唯識種智方廣時，最後就講《法華經》跟《大般涅槃經》，講完以後就示現入滅了，這就是由開始到最後共有五個時節。這五個時節所講的經典又區分為三教，三教是說權教、實教以及圓教。權教是一種方便施設，所以叫作權教（權力的權）。權教是方便施設，是世尊以權巧方便施設出來，目的是度聲聞人快速證得涅槃，都能出離三界生死了，大家對 佛陀就有具足信受；因為確實可以出三界了，一世就能完成的，這就是權教。然後接下來就是實教（眞實的實），為什麼講「實」呢？因為講的是眞實法，不是權巧方便施設，是常住不變的法界實相第八識眞如心，所以實教講的就是般若與方廣，就是唯識種智。因為這時期的經典講的都是眞如與佛性，包括成佛的次第與內涵，如何能夠到達最後具足一切種智，這個是眞實法，所以稱為實教。

講到《無量義經》與《法華經》時就叫作圓教，也就是說，以《無量義經》與《法華經》把所有的法教都圓滿收攝起來，彙歸於一法如來藏中，並且圓滿演述十方三世的佛教，這叫作圓教。也有說為三乘菩提名為三教的，是分為阿含聲聞緣覺法教、般若中觀法教、唯識種智法教，名為三教。但不論怎麼區分，最後都攝歸圓教，所以要說《無量義經》，緊接著就宣演《法華經》，才能圓滿　世尊一代時教的道理；所以五時三教的道理，諸位都要瞭解。《法華經》就屬於圓教，把整個佛法收圓，全都收攝在妙眞如心這裡圓滿，這才叫作收圓。收圓其實是這個道理，不要聽一貫道亂講。

所以《法華經》要開始講了，就預告說　佛陀將要示現入滅了。當《法華經》講完了，就剩下《大般涅槃經》的眼見佛性未講。當《大般涅槃經》講了，說明如何眼見佛性而發起成所作智的究竟成佛道理，佛陀就立即示現入大般涅槃。這樣聽起來有點傷感，不過這也是諸佛通例，無可奈何！你總不能要求　佛說：「您不要入滅嘛！您一直留下來嘛！」總不能這樣。所以說，因爲這個緣故，《無量義經》講完了，即將講《法華經》之前，普佛世界就會有六種震動，原因就是在這裡。

接下來說，這時講完《無量義經》的法會之中，比丘、比丘尼、優婆塞、優婆夷，這是人間四眾；天龍、夜叉、乾闥婆、阿修羅、迦樓羅、緊那羅、摩睺羅伽，這一些以及非人，是屬於天龍八部。然後人、小王、轉輪聖王，屬於人間的二眾。這時候，說這一些大眾們因爲以前沒有看見過諸天大量散供這種寶花的現象，所以叫作「得未曾有」；所以這時候就「歡喜合掌，一心觀佛」，因爲以前沒有見過 佛入這種無量義處三昧，也沒見過這種景象。這就是說，《無量義經》講完了，用這個《無量義經》的道理，讓大眾瞭解確實有一個法，這個法總攝一切法，而這個法叫作如來藏，一切法都收歸於如來藏中，這樣佛法的弘化就快要圓滿了。可是，要證明《無量義經》所說的這個道理，總不能單單由 釋迦牟尼佛來證明，所以需要講《法華經》，那麼就會有他方佛世界的證明，也會有 多寶如來示現來證明。大家經由這樣子，也就可以完全信受剛剛講過的《無量義經》確實是一法可以含攝一切法。《法華經》證明《無量義經》所說眞實，《無量義經》也是預先爲《法華經》說明一切法就是如來藏妙眞如法，這樣就是把所有的佛法都給圓滿收攝成功，就簡稱爲「收圓」。

還有一個名詞，不曉得諸位有沒有聽過，叫作頓教（「頓」就是突然停頓那個頓），爲什麼要講頓教？這也是很重要的，而且頓教之法一定要在成佛後不久就說。除非是只有一轉法輪單說菩薩法，否則的話，若是以三轉法輪或二轉法輪的方式度眾生，一定要先有頓教的演說。頓教指的就是華嚴，當然諸位知道《華嚴經》有三種譯本，就是四十卷、六十卷、八十卷不同版本的《華嚴經》。但是，《華嚴經》爲什麼必須要在成佛以後不久就得先講？因爲你如果不先講，有些眾生會毀謗：「你釋迦牟尼佛當初講解脫道的時候，其實並不懂般若，你今天講的般若是後來才知道的。」會這樣毀謗。如果後來講方廣唯識的時候，眾生又會毀謗：「你講般若的時候，其實還不知道這些唯識種智的妙法，你是後來才知道的。」也會毀謗。

爲了避免眾生造口業，大慈大悲嘛！所以就要先講華嚴，從人間講到天上，就是講到他化自在天，這樣講完了全部佛道內涵。這就是頓說成佛之道，把佛法從最開始到最後的圓滿完成，總共有什麼大概的內涵，整個都說出來，這就是頓說。因爲是頓時之間全部簡略說完，所以叫作頓教。將來如果有人在第二、第三轉法輪時毀謗，就可以告訴他們說：「你可以去打聽，有好多證人可以證明世尊從人間講到他化自在天，把現在講的這些法，都已經略說過了。你有神通，就往上一天又一天去問，他們會爲你證明佛已經講了些什麼。所以佛現在講的般若，佛現在講的方廣，都在以前成佛不久就講過了。」這叫作頓教。而《法華經》與《無量義經》就屬於圓教，因為要把整個佛法圓滿收攝在妙法蓮花如來藏心中，所以就叫作圓教。接著就要進入第二段經文了：

經文：【爾時佛放眉間白毫相光，照東方萬八千世界，靡不周遍，下至阿鼻地獄，上至阿迦尼吒天。於此世界，盡見彼土六趣眾生；又見彼土現在諸佛，及聞諸佛所說經法；并見彼諸比丘、比丘尼、優婆塞、優婆夷，諸修行得道者；復見諸菩薩摩訶薩，種種因緣、種種信解、種種相貌行菩薩道；復見諸佛般涅槃者；復見諸佛般涅槃後，以佛舍利起七寶塔。】

語譯：【這時佛陀放射出眉間的白毫相光，照耀東方一萬八千個佛世界，沒有不周遍之處，往下到達各個佛世界的阿鼻地獄，往上到達色究竟天。在這個娑婆世界中，大家都能看見那些佛土裡的六道眾生；又看見那些佛土現在仍然住世的諸佛，以及聽聞諸佛所演說的諸經法義；並且也看見那些佛土中的許多比丘、比丘尼、男居士、女居士，以及種種修行得道的人們；又看見許多的菩薩摩訶薩，在種種不同的因緣下、以種種不同的信解層次、顯示出種種不同的修道相貌而勤行菩薩道；又看見那些佛土中也有許多是佛陀正在示現入涅槃的景況；又看見那些佛陀般涅槃以後，大眾各以佛舍利而起造七寶塔來供養。】

講義：大家「得未曾有，歡喜合掌，一心觀佛」時，世尊從眉間——就是白毫相中（你們如果參加過念佛會去持唸佛名，唱那首讚佛偈時：「白毫宛轉五須彌」，有沒有？是在讚歎阿彌陀佛這個白毫相。宛轉五須彌，那眞的是很廣大，因爲阿彌陀佛身相很大，但其實諸佛報身身相都一樣廣大），這時候世尊就從白毫相裡面放射出白毫相的光明，這是屬於白金色的光明，就從祂所面向的東方照耀出去了。這時所照的是東方一萬八千個佛世界。一萬八千個佛世界就等於是一萬八千個銀河系，這樣講比較容易懂。在我們這個銀河系中，我們的太陽系只是其中最邊邊的一個小世界。你在銀河系裡面的最邊邊，只能看到側面，好像銀河。從正面看，它就好像一個圓盤一樣在旋轉，你在邊邊看自己這個銀河系，它就變成一條帶狀，所以才叫作銀河。一個銀河系就是一個佛世界，東方一萬八千個佛世界，不曉得現在哈伯望遠鏡能照出多少個銀河系？聽說現在所拍照出來的，有的很遠，就類似《華嚴經》中說的世界海一樣，就像《華嚴經》裡講的那樣。天文學家判斷說，那小小的一顆光明，放大以後，結果竟然證實裡面有很多的銀河系，但是太遠而沒有辦法看得很清楚，所以他們這樣判斷，因此這《華嚴經》講的十方虛空中的世界海還眞的有。不過一萬八千個銀河系，現在的太空望遠鏡畢竟還是沒有辦法全部照出來，它的功能還是有侷限。

這個「照東方萬八千世界」，諸位如果有時間，可以想像一下；然後再想像回來說，我們在一萬八千佛世界裡面有什麼樣的分量，你就會覺得自己眞的很渺小，不必把自己看得很大。這個理解也有助於修道，也可以消除一部分性障。確實如此啊！如果你先想想說我們一個人在地球上的分量，有這樣想過，慢心大概就不會有了，就覺得自己沒什麼。如果想想自己在銀河系裡面的分量——在這個娑婆世界裡的分量，再想想自己在「萬八千世界」中的分量，根本不値一提！

這時 佛陀的白毫相光照耀東方一萬八千個佛世界，一一照明，沒有照不到的；並且在這一些世界，是上從色究竟天，下到阿鼻地獄，無所不照。阿鼻地獄是最深的，也是最恐怖的，有五種無間的痛苦。八大無間地獄是各有一種或者各有二種的無間之苦，阿鼻地獄是同時具足五種無間之苦。經中說，世尊的白毫相放射出去的光明，在東方一萬八千佛世界中，從阿鼻地獄往上照到色究竟天，也就是說，除了無色界以外全部都照到了。

那麼，在東方這一萬八千個佛世界中這樣照耀出來，就是要讓《法華經》會上的大眾看見這一些世界有六道眾生；而且，也讓大眾看見這一萬八千個佛世界現在的諸佛，並且諸佛所說的經法也讓大家可以聽見。這當然是由 佛世尊的威神力來加持，大家才有辦法看見、聽見，因爲以人類的眼光所能見，從七地、八地菩薩來看的話，眞的要說所有人都是眼光如豆。我們覺得那螞蟻只能看這麼近，稍微遠一點牠就看不見，常常要用嗅聞的才有辦法瞭解，覺得眞是眼光如豆。可是如果從七地、八地菩薩的境界來看我們一般人，我們就像螞蟻的所見一樣，所以也叫作眼光如豆。因此，這完全都是 釋迦世尊的加持，才有辦法讓大眾看見；並且讓大家看見諸佛世界有比丘、比丘尼、優婆塞、優婆夷以及種種修行得道的人，也看見大菩薩們以種種的因緣、種種的信解和種種的相貌來行菩薩道，並且也讓大眾看見這一萬八千世界之中，有的佛正在般涅槃，有的佛已經般涅槃之後，大眾以佛舍利建造七寶塔廣作供養。

在這裡，我倒想到一個題外話；前幾年不是有拍電影「異形」，有沒有？你們有看見佛經裡面講過「異形」眾生嗎？沒有呵！乃至一萬八千世界也沒有異形，所以那只是編劇者或書籍作者的想像，因爲那是不可能存在的。你們想想那個異形眾生，身上一直有黏液滴下來，牠是不是要帶著一個管子一直補充黏液到身中來？所以那根本都不合理嘛！所以就當作笑話或者當作娛樂看一看，不要誤信說也許他方世界眞的有異形。不可能會有異形，總共就是六道眾生區分爲二十五有。

所以畜生道中不會有那一種東西，如果有那種東西，牠一定要有一個導管帶在身上一直補充，才能一直滴個不停，這是很簡單的道理。所以學佛要有智慧一點，不要跟著世俗人胡思亂想。甚至於有些民間信仰把《封神榜》寫的東西都拿來當作眞的，那就有問題。那只是個小說，是中國人寫的小說。如果有人願意拜，鬼神就來附身，就當作是《封神榜》或者《西遊記》裡面的那一些神來讓人家拜，其實還是鬼神來冒名頂替而已，不要以爲眞的有《封神榜》、《西遊記》裡面的那一些神。如果有人要相信《封神榜》寫的內涵，我說他就是沒智慧，因爲神由人封，對不對？對啊！是姜子牙封的啊！人既可以封神，那是不是人的格比神格更高？是呵！如果是這樣的話，《封神榜》那些神就比你的層次還要低，那你還要拜他幹什麼？所以如果拜了眞的有感應，只是某一些鬼神頂替了那個神的名義來感應；因爲既然有很多人在那邊拜，大家有所求，鬼神就去幫忙；幫忙完成以後，人家就來供養，鬼神們可以生存，人類也得利，就是互相得利，不一定就是《封神榜》記載的那些神的本身。這個道理諸位也要懂。

言歸正傳，世尊放光照耀東方一萬八千佛世界的這一些景象，並且加持給大家看見、聽見，目的是作什麼呢？是讓大家對十方三世佛教生起信心。這就是起信之作，就像《起信論》目的是為了讓大家對真如法性生起信心所寫的論。同樣的道理，這一段經文記載的內涵，也是為了啓發眾生對三寶的信心，所以故意加持讓大家看見、聽見。好，下一段：

經文：【爾時彌勒菩薩作是念：「今者世尊現神變相，以何因緣而有此瑞？今佛世尊入于三昧，是不可思議現希有事，當以問誰？誰能答者？」復作此念：「是文殊師利，法王之子，已曾親近供養過去無量諸佛，必應見此希有之相，我今當問。」爾時比丘、比丘尼、優婆塞、優婆夷，及諸天、龍、鬼神等，咸作此念：「是佛光明神通之相，今當問誰？」】

語譯：【這時彌勒菩薩心中如此想著：「如今世尊示現神變的法相出來，這是由於什麼樣的因緣而顯現出這個瑞相？如今佛世尊已進入三昧中，這個不可思議而顯現出來的希有之事，應當拿來請問誰呢？法會中有誰能夠回答這個問題呢？」接著又這樣子想：「這位文殊師利，是法王之眞子，他已曾親近和供養了過去的無量諸佛，必定應該看見過這樣的希有之瑞相，我如今應當要請問他。」這時比丘、比丘尼、優婆塞、優婆夷，以及諸天、龍、鬼神等等弟子大眾，也都同樣生起這樣的想法：「這樣的佛陀光明神通的瑞相，如今應當請問什麼人？」」】

講義：世尊以他方世界的佛事先來證信即將開演的《法華經》，讓大眾瞭解佛法並不是只有此土才有，也讓大眾瞭解並不是只有此土才有佛，東方一萬八千世界都有佛，也都有菩薩們，也都有佛法在弘傳著。這樣把《華嚴經》所說以及三轉法輪所說作一個證明，這正是打開了大眾的眼界，以及建立大眾對佛法的廣大的信心。但是建立了以後，這樣示現，因為這是以前所不曾看見的景象，所以彌勒菩薩這時候起了一個念頭：「如今世尊顯現這種神變的法相出來，是因為什麼樣的因緣而顯現出這樣的瑞相？如今佛世尊進入三昧中，我就沒有辦法請問了！眼前顯現這個不可思議的稀有事情，我應當要來問誰？又有誰能夠回答我？」接著又想：「這位文殊師利是法王之子，他是佛的親子，以往已曾親近供養過去的無量諸佛，一定已在過去看見過這樣的稀有的瑞相，我如今應當要問他。」這時比丘、比丘尼、優婆塞、優婆夷，以及諸天、龍、鬼神等，也同樣生起了這樣的念頭：「這一種佛陀所放出來的光明神通的法相，究竟是有什麼因緣？如今應當要問誰？」

如果將來能成佛了，準備要說《法華經》了，你可別《無量義經》講完了，直接就開講《法華經》，一定要有這樣的一個過程。這就是說，《法華經》不是隨便就可以開講的，因爲一般人沒辦法信受。心量太小就無法信受，一定要有廣大的心量，具足菩薩性的心量時才有辦法信受。所以你將來成佛時，當《無量義經》講完了，你就入無量義三昧而放光，你如果那時候面向南方，你就放光照耀南方一萬八千佛世界（但實際上一定是往東方放光，這是有一定緣由的）。可別放光完了，馬上就出定開講，要讓當來下生的那一位妙覺菩薩來發問，然後由另一位妙覺菩薩來說明。在事相上一定要這樣作，否則的話，你一講，有很多聲聞種性的凡夫當場就會在心中罵起來，因爲他們不具菩薩性，而且在聲聞道中也還沒有實證，你就知道他們眞的叫作眼光如豆而聽不進去。而你直接開講時，他們會在開講的時候離場，表示異議，法會就很不莊嚴了。先要有大菩薩來作說明，說明了以後他們還不一定聽得進去，可是至少他們會先離開現場，離開後也不敢隨便妄謗。所以記得將來《無量義經》講完了，你就往東方照耀出去，讓大家看一看、瞧一瞧，證明這個娑婆世界是有這樣的佛法，這樣的佛教，有這樣的在家、出家四眾，但別的世界亦復如是。

所以這樣具足了知以後，對於法界中的十方佛世界就有了一個概念。總而言之，就是六道有情；而六道有情之中無妨示現有修證的聖者：聲聞、緣覺、菩薩、諸佛，而六道有情以外就沒有其他的有情與賢聖了，總共就是這樣六大類有情；而佛法的弘傳，在他方世界一樣是如此。所以，成佛的事，並不是只有一個人成佛，而是有無量佛在無量世界中度化眾生。這樣大家的心量開拓了，眼界也打開了；也因爲已經示現有其他許多佛世界，看見一萬八千佛世界都是如此，菩薩性就比較容易發起，或者比較容易具足。但是，要開講《法華經》這個難信之法以前，當然你必須要有妙覺菩薩們先爲你作一個開場白，就像音樂會的美樂開始之時，先來一個序曲，是一樣的道理嘛！

所以就故意這樣子讓　彌勒菩薩起了念頭，然後由他帶頭來問。

這時候　彌勒菩薩想到的是，最適當的人選就是　文殊師利菩薩，因爲他是七佛之師，而且他見過無量佛。無量佛的成佛弘法，他都經歷過，所以問他最適合。因爲　彌勒菩薩也知道自己應該要扮演這個角色，要裝迷糊來問一問，問給大家聽，他也得要這樣作。彌勒菩薩難道沒見過諸佛成佛講《法華經》嗎？他修完等覺位進入妙覺位了，那是經歷多少佛了？不過他得要配合演戲，所以大菩薩們都是來演戲的。什麼人不是演戲的？若是被　佛陀所度成爲阿羅漢，然後再迴小向大來修菩薩道、來弘法的，那就不是參與演戲，那是看戲的、被度的人，就是像我們這一些人。但是　文殊、普賢、彌勒、維摩詰這些大菩薩們都是配合　世尊來演戲的；在地球演完了，就換另一個星球去重演一遍。娑婆世界有很多個地球，換另一個星球再重新演一遍；大家都很有默契，因爲他們往昔已經演過很多遍了，來地球上再演這一遍，不曉得是演第幾遍了，我們不知道啦！因此，這個時候　彌勒菩薩起這樣的念頭，然後大眾也跟著起這樣的念頭，這時就有下文了。

經文：【爾時彌勒菩薩欲自決疑，又觀四衆比丘、比丘尼、優婆塞、優婆夷，及諸天、龍、鬼神等衆會之心，而問文殊師利言：「以何因緣而有此瑞神通之相，放大光明，照于東方萬八千土，悉見彼佛國界莊嚴？」於是彌勒菩薩欲重宣此義，以偈問曰：

文殊師利！導師何故，眉間白毫，大光普照；
雨曼陀羅、曼殊沙華，栴檀香風，悅可衆心：
以是因緣，地皆嚴淨，而此世界，六種震動？
時四部衆，咸皆歡喜，身意快然，得未曾有。
眉間光明，照于東方，萬八千土，皆如金色，
從阿鼻獄，上至有頂，諸世界中，六道衆生，
生死所趣，善惡業緣，受報好醜，於此悉見。
又睹諸佛、聖主師子，演說經典，微妙第一。
其聲清淨，出柔軟音，教諸菩薩，無數億萬；

梵音深妙，令人樂聞。各於世界，講說正法。
種種因緣，以無量喻，照明佛法，開悟眾生。
若人遭苦，厭老病死，爲說涅槃，盡諸苦際；
若人有福，曾供養佛，志求勝法，爲說緣覺；
若有佛子，修種種行，求無上慧，爲說淨道。
文殊師利！我住於此，見聞若斯，及千億事；
如是眾多，今當略說。
我見彼土，恒沙菩薩，種種因緣，而求佛道。
或有行施：金銀珊瑚、眞珠摩尼、車磲馬瑙、
金剛諸珍，奴婢車乘、寶飾輦輿，歡喜布施，
迴向佛道，願得是乘，三界第一，諸佛所歎。

語譯：【彌勒菩薩想要決斷疑惑，並且也觀察到四眾，也就是比丘、比丘尼、優婆塞、優婆夷，以及諸天、龍、鬼神等等眾會，大家都懷著疑惑。

（因爲如果懷著疑惑，是可以從各人臉上的無表色看得出來，並且彌勒菩薩，老

實講，他也不必一定要藉無表色，用他心通就可以知道大家在想什麼。）這時既然大眾也想知道，所以就提出來問，就問文殊師利菩薩說：「是因爲什麼樣的因緣，才有這樣的瑞相和示現神通之相，放出了白毫相的大光明，照明於東方一萬八千個佛土，讓大眾全都能夠看見那一些佛國的種種莊嚴？」於是彌勒菩薩想要重新再宣示這個道理，就以偈提出來重問一次：

「文殊師利！佛法導師是什麼緣故，眉間放射出白毫光明，這樣的大光明普遍的照耀；

諸天也撒下了白色的花朵、紅色的花朵，而且也撒出了栴檀香等微風來，讓大眾心中都很歡悅；

由於這個因緣，所以大地普皆莊嚴清淨，而這個世界竟然有六種的震動？

這時四部大眾，大家都很歡喜，身心都很爽快的樣子，看起來都是遇見了前所未見的景況。

而世尊放出來的眉間光明，照耀了東方一萬八千個佛土，都成爲黃金的顏色一般；

從最底層的阿鼻地獄照耀，乃至到達各佛土的色究竟天，所有的世界中六道的眾生，從地獄乃至天道的眾生，死此生彼，死彼生此，全部都顯示出他們各有不同的善惡業的因緣；所以受報的時候有美好的，也有醜陋的，在此土的大眾都看見了。

而且又讓大眾看見了諸佛，以及諸佛聖主座下的雄猛獅子，同樣都在破邪顯正一般的作略，爲大眾演說了經典，都是微妙第一、世間所無。

諸佛菩薩演說經典時，聲音都是清淨的，也都是以柔軟和雅的聲音教導諸菩薩們，而菩薩們無數億萬在諸佛座下聽聞正法；

諸佛所說的正法是清淨的法音，所說甚深而且微妙，令一切人都樂於聽聞。諸佛各於東方一萬八千世界中，同時都在講說正法。

而且都以各種不同的因緣，加上無量無邊的譬喻，來照耀而讓大家明白佛法的眞實義，這樣開導眾生而讓眾生得以悟入。

如果有人在人間遭受種種的苦惱，所以厭棄老病死，諸佛就爲這些人演說涅槃的道理以及實證，讓這一些人可以窮盡諸苦的邊際。

如果某些人是有福德的，往昔曾經供養過諸佛，立志要追求勝妙的解脫之法，就爲他演說緣覺之道；

如果有佛弟子，修學種種的菩薩行，想要求得無上正等正覺的智慧，就爲他演說清淨解脱之道。

文殊師利！我住在這個娑婆世界中，如今我所看見的、所聽見的，還有我所看見、聽見的一萬八千世界中無量無邊的種種事情；像這樣眾多的事情，如今應當大略的說明一下。

我所看見的東方一萬八千世界國土之中，有恆河沙數的菩薩，以種種的因緣來求證佛道。

這一些人如果在修行布施的時候，他們用金銀、珊瑚、眞珠、摩尼、車磲、馬瑙、金剛、諸珍，乃至用奴婢、車乘、寶飾、輦輿，至心歡喜而作布施，把所有布施所得的福德都迴向成就佛菩提道，希望可以得到佛菩提道的勝妙諸法，因爲這是三界中的第一法，也是十方諸佛之所讚歎。」】

經文：【或有菩薩，駟馬寶車、欄楯華蓋、軒飾布施。

復見菩薩，身肉手足，及妻子施，求無上道。

又見菩薩，頭目身體，欣樂施與，求佛智慧。

文殊師利！我見諸王，往詣佛所，問無上道，

便捨樂土、宮殿臣妾，剃除鬚髮，而被法服。

或見菩薩，而作比丘，獨處閑靜，樂誦經典。

又見菩薩，勇猛精進，入於深山，思惟佛道。

又見離欲，常處空閑，深修禪定，得五神通。

又見菩薩，安禪合掌，以千萬偈、讚諸法王。

復見菩薩，智深志固，能問諸佛，聞悉受持。

又見佛子，定慧具足，以無量喻，爲眾講法；

欣樂說法，化諸菩薩，破魔兵眾，而擊法鼓。

又見菩薩，寂然宴默，天龍恭敬，不以爲喜。

又見菩薩，處林放光，濟地獄苦，令入佛道。
又見佛子，未嘗睡眠，經行林中，懃求佛道。
又見具戒，威儀無缺，淨如寶珠，以求佛道。
又見佛子，住忍辱力；增上慢人，惡罵捶打，
皆悉能忍，以求佛道。

語譯：【彌勒菩薩繼續敘述他所看見的東方一萬八千佛土中的事情，他說：

「或者有菩薩，他用駟馬寶車、欄楯華蓋，乃至軒飾來布施。有的菩薩不只是布施外財，他甚至布施內財，所以又看見有的菩薩把身肉手足布施；乃至連妻兒都布施了，爲了要求無上道。又看見有菩薩，以自己的頭、眼睛、身體，歡歡喜喜布施出去，目的也是爲了求佛位的智慧。

文殊師利！我看見這一些佛世界中也有很多個不同國度的國王，前往諸佛的所在，來求問佛菩提的無上道。

不僅如此，還把他所統治得很快樂的國土，以及宮殿、大臣、後宮的妻妾都捨了；出家之後就剃除了鬚髮，身上穿起修道的法服來。或者看見有菩薩，出家示現爲比丘相，一個人獨處於閑靜之處，好樂於讀誦經典。

又看見有的菩薩，心地勇猛而且精進，進入深山裡面，深入思惟佛菩提道。

又看見了離欲的菩薩們，常常處於空閑之處，很深入地修證各種禪定，而且也修得五種神通。

又看見有的菩薩們，安坐參禪，以及雙手合掌而以千千萬萬的偈頌來讚歎各自所在國度的世尊。

又看見有菩薩，智慧深妙、志願堅固，能向諸佛提出問疑，聽聞之後全部都能受持。

又看見有諸佛子，定慧都具足了，而能夠以無量的譬喻，爲大眾講解佛法；

並且是很欣喜歡樂地爲大眾說法，幫助佛陀教化諸菩薩，還有能力破壞諸魔的兵眾，敲擊佛法的大鼓。

又看見有菩薩，寂然安靜地宴坐而沉默無語，天龍來表示恭敬時，菩薩也不因此而覺得歡喜。

又看見有的菩薩，住於樹林之中放射出光明，照耀地獄中的苦難有情，讓他們暫時獲得休息而發起信心，讓他們離開地獄以後就會進入佛道之中。

又看見有的佛子，努力修道而不睡眠，經行於樹林之中，精懃修道來求佛菩提道。

又看見有的佛子具足聲聞戒或菩薩戒，並且威儀都沒有欠缺，身心清淨猶如寶珠一般，以清淨的身心來求佛菩提道。

又看見佛子，住於忍辱之力；即使有增上慢人來惡罵來捶打，他都能夠忍受，以這樣忍辱行來求佛道。」】

講義：「文殊師利！導師何故，眉間白毫，大光普照；雨曼陀羅、曼殊沙華，栴檀香風，悅可眾心：以是因緣，地皆嚴淨，而此世界，六種震動？

時四部眾，咸皆歡喜，身意快然，得未曾有。」諸天從以往所見諸佛的說法過程中，知道 世尊現在預備要開講《妙法蓮華經》了，所以供散妙花，於是世界開始六種震動，大家都知道將會有難得的事情發生。

「眉間光明，照于東方，萬八千土，皆如金色，從阿鼻獄，上至有頂，諸世界中，六道眾生，生死所趣，善惡業緣，受報好醜，於此悉見。」世尊的白毫相光照耀出東方一萬八千個佛世界的所有景象出來，是預先示現不是只有這個娑婆世界才有三界六道眾生在輪迴。

「又睹諸佛、聖主師子，演說經典，微妙第一。其聲清淨，出柔軟音，教諸菩薩，無數億萬；梵音深妙，令人樂聞。各於世界，講說正法。種種因緣，以無量喻，照明佛法，開悟眾生。」又同時顯示十方虛空無邊世界一樣有佛教，一樣有諸佛在弘法，也同樣都用種種譬喻來幫助大眾開悟佛法。

「若人遭苦，厭老病死，為說涅槃，盡諸苦際；若人有福，曾供養佛，志求勝法，為說緣覺；若有佛子，修種種行，求無上慧，為說淨道。」這也是顯示諸佛世界同樣是有三乘菩提妙法，不是只有聲聞緣覺所修證的解脫道，是同樣都有佛菩提道妙法在弘揚，而有許多菩薩實證佛菩提道。

「文殊師利！我住於此，見聞若斯，及千億事；如是眾多，今當略說。我見彼土，恒沙菩薩，種種因緣，而求佛道。或有行施：金銀珊瑚、眞珠摩尼、車磲馬瑙、金剛諸珍，奴婢車乘、寶飾輦輿，歡喜布施，迴向佛道，願得是乘，三界第一，諸佛所歎。」彌勒菩薩問文殊菩薩說，在娑婆世界所見東方那麼多佛世界中的種種景象，想要提示出來給大家一一照見，所以指出了不少所見的事實。

「或有菩薩，駟馬寶車、欄楯華蓋、軒飾布施。」請問：這是在家菩薩或是出家菩薩？在家菩薩。出家菩薩總不可能有駟馬寶車可以用來布施吧！他能夠這樣子布施，如果以現代來講，那應該說是以汽車布施吧，是不是？對呵！因爲你如果現在用駟馬寶車、欄楯華蓋布施，可能人家不接受，因爲那只能在他的廣大莊園裡面坐一坐，或者拿到什麼遊樂園去使用，無法開到道路上來。所以這意思就是說，在古時候如果是這樣布施，這個是大布施，因爲在以前的生活水準來講，這個是很大的一筆財產。

「復見菩薩，身肉手足，及妻子施，求無上道。」請問：這是什麼菩薩？等覺菩薩，目的就是要修三十二相、八十種好。請問妳，如果妳現在的丈夫是這樣的菩薩，妳要不要？要喔？那表示妳的心量很大，可是說了「要」，後果要承受呵！如果是個惡人來，結果妳的丈夫就把妳布施了，要不要？還是要嗎？要考慮了呵！其實還是應該「要」。如果眞的是沒辦法過那個日子了，那妳自己就看著辦，懂嗎？能夠忍，妳就要盡量忍到底，因爲這也是妳的功德，而妳也同時成就他的功德。他越早成佛，妳得到的好處就越大，因爲妳必定會接受他的幫助，使妳的道業日進千里；所以就把那一世的身心當作增長佛道的工具，然後安慰自己說：「痛苦！痛苦！但痛苦總會過去，六十年後就過去了。」這樣安慰自己要挨過去。這個是大菩薩們的布施。彌勒菩薩接著又說：

「又見菩薩，頭目身體，欣樂施與，求佛智慧。」在東方一萬八千佛世界中，也有菩薩是正在精進修證佛地三十二種大人相、八十種隨形好的人，這其實是等覺位的菩薩們，要藉著廣修極大的不可思議的福德，來成就佛地的福慧具足的功德，所以他們無一處非捨身處、無一時非捨命時，才能成就佛地應有的無邊廣大福德。這樣修行整整百劫，也可以使自己的識陰習氣種子滅盡，超越識陰區宇，使第八識中的無漏有爲法種子及三界相應的一切無記性有爲法種子，全部清淨而不再變異，才能度過變易生死。所以東方一萬八千世界中也有不少這一類等覺菩薩，正在廣修不可思議的廣大福德及最後應修證的無生法忍；凡是有人來求頭、目、身體，全都「欣樂施與」，他們如此修行難施能施之目的，就是「求佛智慧」。

「文殊師利！我見諸王，往詣佛所，問無上道，」諸王往詣佛所，問無上道。在古時候是很正常的，如果是現代，行不行？譬如說，你當總統了，不管你是男眾、女眾，因爲也有可能選上女總統。假使你當總統了，你哪一天到正覺講堂來，不是像平常那樣來察看，而是來共修，那消息傳出去，會怎麼樣？大家一定罵翻了，對不對？一定罵：「迷信啦！治國還要跑到佛堂去。」會不會？一定會嘛！「他不專心治國，還有閒暇去學那個東西？」一定會罵呵！若是國王，那就不會；因爲國王是一國之尊，一國之中他最尊貴，誰敢罵他？所以將來也不會看見說：「我見總統，往詣佛所，問無上道。」這不可能。這就是說，他一定是一國之君，是君主體制，這樣的一國之中最尊貴的人，才有可能這樣。

「便捨樂土、宮殿臣妾，剃除鬚髮，而被法服。」接下來說，請問無上道以後就棄捨樂土、宮殿、臣妾，剃除鬚髮，而被法服。總統行不行？也不行呵！因爲他對選民有承諾，不能中途溜走，所以這個是跟時空環境有關聯的。所以如果將來同修會裡面有誰當選了總統，你就不能要求他說：「你應該這樣子作。」眞的不行，這要看時節因緣。

「或見菩薩，而作比丘，獨處閑靜，樂誦經典。又見菩薩，勇猛精進，入於深山，思惟佛道。」如果菩薩是出家而作比丘，就是「獨處閑靜，樂誦經典」。「樂誦經典」，表示他還在勤求見道；所以菩薩是有很多種的，有的菩薩因爲沒有人教導，他就只好藉經典好好去讀誦。有的人「勇猛精進，入於深山，思惟佛道」；這是什麼樣的人？比如說，你去打禪三，那時一個晚上可能睡不到二個鐘頭，那是不是「勇猛精進」？是嘛！參禪就是思惟佛道。如何能夠入道？這就是個難事，但是也有這樣的菩薩，因爲這是每一個人都必須經歷的過程。即使是諸佛以前在因地，也曾經歷這個過程。所以什麼樣的菩薩都有，不能夠用你所看見的某一個菩薩的情況，就要來衡量一切菩薩。不能這樣，因爲菩薩有很多個位階，從諸佛下來總共五十二個位階，所以菩薩是各形各色都有，不是只有身穿僧服的一種菩薩，也不是只有一個種類的菩薩修同一種菩薩行；從東方一萬八千佛世界中的無數菩薩們顯示出來的，就是有形形色色各種不同的菩薩，來顯示佛菩提道的過程漫長而有種種理證及事修，都得好好去修、去證，這就是 世尊放光所顯示出來之目的，然後才好演說《法華經》。

「又見離欲，常處空閑，深修禪定，得五神通。」這裡我倒是有話跟諸位講，你們來正覺以前，有時候讀過，有時候聽人家講過，說哪一個密宗法王、哪一個密宗喇嘛，他死的時候如何變化示現神通廣大。一定都讀過或聽過，但是我今天要說明的是一個現象跟一個道理。先來講一個現象，現象是他們生前都沒有神通，都是死後才有神通。這是什麼意思？就是徒眾們搞鬼啦！因爲他的師父一生到處去說法度眾，弄到後來有名氣了，當然就有廣大信眾，後面就是名聞與利養；如今他死了以後，繼承的徒眾希望不要樹倒猢猻散，才能繼續領受名聞利養，所以要趕快把他捧高。因爲師父聲望高了，徒弟就跟著高了，這叫作水漲船高，所以要努力把師父捧上去。這一些人生前都沒有任何的神通，可是他們有一種獨特的通，就是吃飯就有通；只有這個通，其他都沒有。而且他們吹噓的神通都是死後才有，從西天的密宗到現在全球的密宗都一樣，他們的祖師們生前都沒有神通。那表示什麼？表示是徒眾在欺瞞眾生，爲了把他的那一些徒眾們繼續拉攏住。這是一個現象：死後才有神通。

接著要講另外一個「道理」：神通的修得，除了要修行以外，還得要離欲。不離欲，無法得神通。如果不離欲而得神通，那都叫作鬼通，是鬼神暗地裡告訴他，通風報信然後由他講出來，不是眞的有神通。修神通的人一定得要能離欲，才有辦法發起神通。這不但是實證上如此，而且在聖教中也如此說。在佛經裡面有一個故事說，有一位國王固定供養一位五通仙人，這個五通仙人每到中午就飛到王宮裡面來接受供養，然後他也會爲國王說一些法。後來國王爲了表示恭敬，就請夫人出來相見。王后出來相見時，當然不能蓬頭垢面；國王的夫人當然也不會是醜八怪；所以就打扮得很好，出來一起供養五通仙人。

然後供養完了、法也說完了，夫人就向這位五通仙人頂禮。古時印度人對最尊敬者的頂禮，有個習慣叫作頭面捉足禮；就是把額頭放到對方的兩個腳盤上面，然後雙手的手掌要靠到對方的腳後跟，（平實導師伸出雙手作了一個捉足的模樣）就是這樣作。頭靠到腳盤上面，然後手要靠到對方腳後跟，但不能抓住。「捉足」只是一個表示，就是要把雙手往對方腳踝後面輕輕捧住，這叫作頭面捉足禮。好了，就這麼一個頭面捉足禮的時候，這個五通仙人起了淫欲，於是五通當場失去，他沒辦法飛走了，就向國王乞求說：「今天我不想飛行，請你給我一輛馬車。」這表示什麼呢？好！我先不作結論，再講另一個經中記載的故事。

有一位五通仙人在空中飛行的時候，剛好聽到人間傳來一個女人唱歌的聲音；那女人唱得非常好聽，可能是緊那羅下生來的，所以唱得很好聽。他一面飛一面聽著，不知不覺在心裡起了行淫的慾望，就失去神通而掉下地來了。這又表示什麼？這表示說，密宗那一些人——那些喇嘛們，每天都在想著雙身法，一心想著要在淫行中，要每天住於樂空雙運中，自以爲成就報身佛果，其實都與成佛無關，都是貪淫者，不可能會有神通。第一，宗喀巴規定「每日八時而修」；第二，他們本身就喜歡得不得了。所以，以前我常常聽人家說：「喇嘛們那個眼神怎麼都怪怪的？」我說：「因爲妳長得漂亮，他們就怪怪的，他們心裡面對妳打妄想。」請問：他們每天都在想著雙身法、樂空雙運，有沒有辦法修得神通？不可能呵！就算他們閉關修了十幾年終於修得神通，當他們見了哪個女眾，起了淫欲以後，神通又會隨即不見了。

所以，這裡要跟諸位說明的道理是：想要獲得神通，一定是「深修禪定離欲」。這一小段經文中第一句就是「又見離欲」，一定是先離欲，然後才能「深修禪定」，接著才能「得五神通」。一般所謂有神通的人，那都只是鬼通啦！有的人說他的神通多厲害、多厲害。有人跟他談起來說：「那你看看蕭平實怎麼樣，你入定看看啊！」「啊！那個邪魔外道，如此如此、如彼如彼。」可見他沒有看見，對不對？對啊！他看不見嘛！才會這麼說。這就是說，一定是有一個前提才能修得神通；喇嘛們都沒有那個前提——全都沒有離欲的前提，所以都不可能修得神通的。菩薩們有沒有時間修神通，那是另一回事情；或者說他的道業進度，還沒有到達應該修學神通的時節，那是另一回事情；但是這個道理，諸位要懂。如果你懂了這道理，以後再有誰來告訴你說：「我們大喇嘛死後，他每天都來加持我。」你就說：「你在說謊！因爲他每天在搞雙身法，他怎麼可能有神通呢！」這道理大家要瞭解。

這四句講過了，那麼接著說：「又見菩薩，安禪合掌，以千萬偈、讚諸法王。」「讚諸法王」是讚誰？一定是 佛陀嘛！法王就是諸佛的另一個尊稱。請問諸位：有沒有法王是沒有證如來藏的？有喔？密宗的。有沒有法王是不斷我見的？有啊！也是密宗的啊！所以那個叫作密宗法王，不是佛教的法王，以後要這樣去定位他們。那麼，爲什麼要用千萬偈來讚歎諸佛呢？因爲要讚歎諸佛有無量無邊功德。諸位想想看，單單是見了佛以後，一合掌一稽首或者是一頂禮，都有無量無邊功德呢。

《阿含經》中有一個眞實的事情說給諸位聽——提婆達多的事。他不是要害 佛嗎？然後生身下墮阿鼻地獄。他本來是表面要去向 佛懺悔，因爲他已經自稱是新佛了。如果新佛要去見舊佛，那當然是要去懺悔；那時候他已經病到一塌糊塗了，可是他還想要藉懺悔的機會害死 佛陀，就把指甲都塗了毒藥，想藉著禮佛的機會，在行頭面接足禮的時候把 佛陀抓傷。就這樣子，提婆達多對 世尊作出種種惡事；後來提婆達多坐著車子來了，阿難看見了就說：「提婆達多來了。」佛陀說：「他終究無法來到如來面前。」阿難看看說：「奇怪！他明明已經來了，爲什麼無法來到佛面前？」然後，果然他眞的來不到 佛陀面前；因爲他即將來到 佛陀面前時起了瞋心，當下就開始了生身入地獄的過程，這時他是身中火燃，從身體裡面整個瞋火生起就把身體給燒了起來。那個時候他才知道說不對，就想要大聲喊出來說：「歸命釋迦牟尼佛。」結果他才喊了前面一個字「南無」就下墮去了。他就沒有辦法，連後面「釋迦牟尼佛」的聖號都來不及喊，就下地獄去了。

雖然如此，可是單單只有這一個字「歸命」，中文只有這兩個字喔！在梵語其實就只是一個字「namo」，就是「歸命」的意思。就因爲這樣喊出「歸命」的聲音來，所以他在無間地獄裡面猶如三禪之樂。他就願意繼續受苦，願意將來回來人間好好修行，因爲 佛陀派阿難去看他，告訴他說：「你將來受苦完了，到天上去享受，然後回來人間時，你將會成爲辟支佛，這位辟支佛的名字叫作『南無』。」你看，他只有喊出兩個字，因爲當下突然間發覺自己的行爲不對，身體已經有了變化，起心動念懺悔時大聲喊出「歸命……」，後面「釋迦牟尼佛」名號還沒有喊出來就下去了；但就因爲這樣大聲喊出來，使他在地獄中猶如三禪之樂。但其實他是逆行菩薩，有的祖師在論中說他將來會成爲辟支佛，並不正確；因爲就像經中所說「過去諸佛皆有提婆達多」，是配合 佛陀的成道，特地前來示現 佛陀的證量不可思議的，所以他將來也會成佛，名爲 天王如來，這在本經稍後的〈提婆達多品〉中，世尊就會有所開示。

所以不要小看別人用偈頌讚歎如來法王，假使有人參加某一種法會時；

當然不是我們這一種說法的法會，就是有唱唱誦誦的那種法會，比如說大悲懺法會或者某某懺的法會等等，乃至施食的時候都有偈頌讚佛，例如讚歎說：「阿彌陀佛身金色，……四十八願度眾生。」有沒有？這也是以偈頌讚佛，這都有大功德，所以不要起心動念說：「唉呀！唸就唸嘛！為什麼要用歌曲唱這麼久？」千萬不要這樣想。應當要隨喜，隨喜才有功德。若是起了念頭而去表示負面的意見，對自己沒有好處。因此，以千萬偈乃至只以一偈讚諸法王，都有功德。想想看，提婆達多對世尊才講出「歸命」一個字，只講出「南無」一個字，在地獄之中就這樣子得到猶如三禪樂的果報，他還是個大惡人呢！所以要「以千萬偈、讚諸法王」。當菩薩們「讚諸法王」的時候，菩薩因為都是對諸佛很恭敬的，所以是「安禪合掌」，就是盤坐著合掌來恭敬讚頌，不是結著法界定印就讚頌的。菩薩讚佛時都要合掌，表示恭敬，這是有大功德的。

「復見菩薩，智深志固，能問諸佛，聞悉受持」，這個就不容易了！這就是說，他至少得見道，才能「智深志固」，所以有一些修道上的疑惑時，他就有能力提出來請問。聽聞了以後「聞悉受持」，表示他聽聞的時候是有勝解的；能有勝解，一定是因爲證得如來藏，般若智慧生起了；所以他的疑惑提出來請問，經過 佛陀解釋後，他生起了勝解，能聽懂，如實理解 佛所說的道理，因此他可以受持。

「又見佛子，定慧具足，以無量喻，爲眾講法」，這就有一點不一樣了。這不但勝解之後自己有受用，還能爲別人說法。能爲別人說法，獲得的功德當然更大；單單是唸一句「歸命某某佛」，就有功德在了，何況能爲人講法。以前有一個人，他在超過八萬劫之前，因爲被老虎追趕，所以他爬到樹梢去，生命很危急的時候，他就大叫：「歸依佛，歸依佛。」就因爲這個緣故，即使被老虎吃了，超過八萬劫以後遇到 釋迦牟尼佛，他就可以有出家的因緣。如果有因緣在 佛陀座下出家，不證果是很難的。你想，他面臨死亡時這麼一句話，從心中至誠呼喊出來，一定都是至誠心，而不可能只是口頭上呼喊而已。不會是心中一面在妄想，一面嘴巴裡說著「歸命釋迦牟尼佛」；那沒有用，要至誠心。所以唸佛的時候，六字洪名「南無阿彌陀佛」，要懂其中的意思；南無就是歸命，所以「南無阿彌陀佛」就是歸命阿彌陀佛。那個時候就從心中起一個歸命的作意在那句佛號裡面，這樣就有功德了；所以那個人至誠心喊了一句「歸依佛」，超過八萬大劫以後，遇到釋迦牟尼佛，他終於出家證果了。

所以功德是處處可以得，但問題是許多功德常常被火燒掉，這就是最大的問題。其實每一個人學佛五年、十年下來，功德都很多，可是往往都被火燒掉。火燒掉，就是二種火：一種叫作瞋火，所以叫作火燒功德林；另外一種火叫作邪見魔火，這邪見魔火燒毀功德林是很嚴重，比那個瞋火還要嚴重。因為邪見不捨而產生了瞋心，故意要去抵制正法或者誣衊正法，也會無根毀謗賢聖；結果以瞋心說了一句謗法或者謗賢聖的話，於是他很多年所修的功德，就在這一把火中全部燒光了，這叫作火燒功德林。所以功德其實是很多，但看個人怎麼樣修，而謗法是最容易把功德燒光的。

那麼，如果他有智慧可以「定慧具足」，當然有能力為人說法。這是說，他不但有智慧而且也有禪定的實證。有禪定的實證跟單單有慧就不一樣了，因爲如果你也有禪定的實證，那麼有覺有觀、無覺有觀、無覺無觀三昧，你都有所實證，這個部分你就可以爲人說明。當有人談到色界天人如何如何、他們的身體是如何如何、他們的快樂是如何如何，你也可以爲人宣講，因爲你親證了。這個時候在三界世間法——包括色界的世間法以及人間的世間法，乃至出世間的聲聞法、世出世間的佛菩提妙理，都能夠爲人演說，這就是「**定慧具足**」嘛！這樣的人，遇到宣講某一些法，當大眾聽不懂的時候，他可以施設種種的譬喻讓大眾得以理解，這就是「**以無量喻，爲眾講法**」。

所以你看，我們講《瑜伽師地論》講多久了？那五巨冊現在才講第二巨冊，講了大約多久？將近六年半了（編案：此是二〇〇九年八月所說）。講完一半了沒？那第二大冊還講不到一半。由於我們二〇〇三年開始講《瑜伽師地論》，人家也緊跟著開始講；他們是要表示說，他們也有能力講《瑜伽師地論》。可是他們不到半年就全部講完了，好厲害！我每一次努力開快車，現在終於快了一點點，可是也只能叫作平快車，因爲每次三小時最多就只能達到二十頁而已。剛開始的時候，三個鐘頭才講二頁；結果我們第一冊才講了一點點，聽說他們五巨冊全部講完了。問題出在哪裡？是因爲裡面有很多法義，他們不懂，我們懂；可是我講了，有時候大眾聽不懂，怎麼辦？我就用譬喻來講；這樣重新講解了，「喔！原來是這樣。」大眾就恍然大悟了。

這就是說，你要怎麼樣讓大眾如實理解裡面極深妙的法義，這才是最重要的，不是你自己懂了就好。你懂，講得口沫橫飛，大眾聽得茫茫然，那有什麼用？這樣，你無法提升大眾的見地水平，佛法的未來住世確實堪憂。你如果能夠把大眾的水平快速提高，將來你要走人的時候跟大眾say goodbye就走了，很輕鬆，不必擔心說走了以後：「糟糕！正覺同修會可能會變成怎麼樣了。」都不必擔心。這就是說，你在定慧方面都具足的時候，二者會互相提升：定具足的時候會提升慧的水平，慧具足的時候也能將你所體驗的禪定境界提升。二者互相提升而「定慧具足」了，這時自然就能夠用無量的譬喻爲眾講法。

如果能夠如此而爲大眾講法，那功德就大了！想想看，《金剛經》說的：每天受持此經，下至以一個四句偈爲人解說，那福德就無量無邊了。如果能夠「定慧具足」而用各種譬喻為大眾說法，讓大眾都可以聽懂，那當然福德更大。這就是諸位應該要立下的志願，說「將來我也要如此」；因為越往上面去，福德修集就得越大，實證的法也就越深越廣。應該立下這樣的志願，這才是正覺的門風。心量一定要夠大：「如果這一世作不到，那我就立願：『我下一世要作到。』我這一世無法作到的，我立下志願應該怎麼樣去培植我的福德、增長我的智慧，讓我下一世可以作到。」就這樣去作。但是要作這一件事情，不是只有靠這樣，還要跟大眾有好的善緣。否則的話，也許你悟了以後，師父告訴你說：「你沒有度眾之緣，所以你這一世不要度眾。」太原孚上座就是這樣，他也乖乖聽話，就沒有主動出去度眾。所以有很多方面，大家都要去照顧到，才能夠成為這樣的「定慧具足，以無量喻，為眾講法」的菩薩。今天講到這裡。

《法華經》今天要從第六頁第五行開始說起，上週最後四句跟今天開始的四句是同一組的偈子。是說 世尊向東方一萬八千個佛世界放光顯示出來：有的佛子是「定慧具足」，以無量種的方便譬喻來為大眾講法。那麼，接下來是依據這四句爲前提來說：「欣樂說法，化諸菩薩，破魔兵眾，而擊法鼓。」這一些佛子很歡欣喜樂地爲大眾說法，並且教化諸菩薩。從這一些文字來看的時候，好像覺得有一點矛盾：佛子可以「欣樂說法，化諸菩薩」，菩薩不是證量比較高嗎？怎麼是由佛子來說法教化呢？實際上這裡講的佛子，有一定的定義。「佛子」在大乘經裡面，通常是說入地以後的菩薩，才能稱爲佛子。所以有時候若對這一些名詞的用法不很瞭解，那麼寫信時就會有一點笑話。我也曾經接到外面有人寫信來，他很恭敬，末後的署名叫作無學某某某。看來他是不曉得「無學」這兩個字是什麼意思，我也知道他是誤會，所以回信時我也沒有提一個字說你這個「無學」用錯了，因爲無學是說已證阿羅漢果，才自稱無學。

這就是說，有些名相的定義是應該要順便附帶說明一下。「佛子」，依華嚴及楞嚴的說法，入了地以後說他是「生如來家」、「成佛子住」，名爲眞佛子。這就是說，雖然你這個色身是父母生養的，可是解脫道修到無學位成爲阿羅漢了，那還不是眞正的佛子；因爲生爲 佛的兒子，就好像世俗法中說是某某人的兒子，那意思就是要幫忙挑起家業，而自己也確實有這個能力。一般都沒有叫女兒來挑家業的，大多是叫兒子挑家業，因爲女兒通常是要嫁出去的。可是阿羅漢不能挑起如來的家業，因爲他捨報就入無餘涅槃了。如來的家業能不能延續呢？這不是他所顧念的事。所以阿羅漢不是眞佛子。

至於一般的菩薩，能不能挑起如來的家業？也不行。因爲這個挑起家業，是說他一個人就有能力挑起來，即使沒有上位菩薩來幫忙，他一個人也作得到，這就是佛子。因此說，這種人當然要入地以後才有可能，所以隨時隨地 佛來了，派遣他說：「你下一世到哪裡去，那裡佛法快滅了，全部都是外道法了，你去作吧！」他當場就回覆說：「沒問題！」聽了也就去了、就往生去了。明知道那是篳路藍縷滿地荊棘，他也願意去，他眞的能夠把如來的家業挑起來。爲什麼他作得到？因爲他有那個智慧與福德，所以他作得到。從無到有，要把整個邪見趕出佛門，讓佛門重新回歸到正法來，這就是要入地以後才有辦法獨自去作起來。即使邪書遍地都把他誤導了，他一樣可以自參自悟，然後把佛教復興起來；他作得到，要這樣才能稱爲佛子。

所以《華嚴經》、《楞嚴經》說的，就是初地以上才稱爲佛子；不管你身現男相、女相都一樣，你就是佛子、就是 佛陀的兒子。所以妳如果入了地，妳有能力把如來家業挑起來，那妳即使燙了頭髮、抹了口紅、擦上胭脂，脂粉施得厚厚的也沒有關係；再穿得花花綠綠，也還是佛子。這一種佛子，並不是所謂的後期大乘才有。六識論的人間佛教釋印順等人，把大乘教判定爲「後期大乘」，那眞的叫作胡扯！因爲 佛陀在世時本來就是有大乘法教的。奇怪的是，他又不是胡人，怎麼會胡說。

你們看《阿含經》裡面那位童女迦葉，她是個保留在家相的女性，留著長頭髮，穿著一般世俗女性的服裝；但她其實是出家人，帶著五百比丘遊行人間四處弘法。但她如實挑起如來的家業，那是不是佛子？當然是 佛陀的兒子。她那個色身是父母生養的，但無關於法身慧命；而她的法身慧命的實證，是 佛陀給的，她也確實是已經入地了，就稱爲「**生如來家**」，成眞佛子。假使妳說：「**我已經結婚了，我又不能住到大溪祖師堂去。**」那也沒關係，妳住在家裡也還是佛子啊！雖然妳是個女人，可是妳是眞實佛子，在大乘法裡面不管你身相如何的。因此，佛子的定義，諸位由此就瞭解了。

這樣的佛子可能初地，可能三地，也可能是五地、八地不等，「定慧具足」。如果「定慧具足」，這就不是未入地菩薩所能作到的，因爲入地最少得要有初禪的證量，否則沒有辦法永伏性障如阿羅漢，而且這是永伏，不是有時還會起現行，所以最少得要有三果滿心的證量。一般而言，是要有慧解脫的證量，所以這樣的佛子當然也有定的實證。如果是三地滿心，那就四禪八定、四無量心、五神通都具足了，那更是「定慧具足」。這樣的菩薩是眞實的佛子，當然能夠用無量的譬喻爲大眾講法，所以遇到這樣的菩薩，當然要請他來說法，他當然不會面有難色。

假使什麼時節因緣人家請你去說法，而那個說法是很重要的一些對象與場合，你應當答應。假使菩薩答應得很爽快，可是又好像有爲難之處，好像有一點苦衷，那就不是「欣樂說法」了。這就是證量的問題，菩薩是隨時都可以上去說法的。你們如果破參以後又進修幾年了，也應該可以如此，因爲我都把〈正覺總持咒〉寫好了，你就照著總持咒的內容，上去一一演說就好了。你把五陰講完了，簡單的說，就一個多鐘頭過去了。對啊！你看，每一次禪三我都要先殺我見，我都先講五陰、講十八界，根本不必打草稿。結果一講，講個沒完，下面護三菩薩已經在打手勢，說時間到了。我還算很簡略的講，都講不完，那你若是要細說，要講到什麼時候？

「五陰十八界」這麼一句，你可以講上兩個鐘頭，如果你要講細一點，還講不完。接著再講「涅槃如來藏」，還是以粗略的說法，兩句你就講上四個鐘頭。那請問：隨時要上座說法，會有困難嗎？不會嘛！這都不用打草稿，不必像人家電視上放映的說法節目，你看他們好像什麼都沒看，其實是在攝影鏡頭下方有一個大螢幕，他就看著那個螢幕一字一字講出來；但你看來他好像沒有在看什麼，其實你看他的眼光常常會往下掉，就是在看攝影鏡頭下方那個螢幕。我們講經時，眼珠子卻是左右掃的，是要看到你們每一個人對我所說的法義聽懂了沒。

這意思就是說，入了地以後說法是沒有障礙的，一定可以欣樂說法。欣樂說法的人就能「化諸菩薩」，未入地的菩薩三賢位之中，已經破參的、還沒有破參的、聲聞種姓的、菩薩種姓的；乃至對於凡夫種姓的，也可以為他們講一些人天善法；這樣當然可以「化諸菩薩」。五乘種姓的人們，菩薩都可以度化，像這樣的菩薩自然就能「破魔兵眾」。不要以為「破魔兵眾」很簡單，如果是古時候，「破魔兵眾」比較容易，因為諸魔兵眾很難得來跟你面對面。要知道諸魔都很重面子，臉皮很重要。來跟你面對面談過一次話，你們知道嗎？他要損失很多徒眾——他要損失很多的魔子魔眾，所以他們不太願意來。現在是二十一世紀，他不必損失徒眾，他就在網路上跟你謾罵就行了，對不對？所以你「破魔兵眾」越嚴重，魔兵眾對你的毀謗就越嚴重。

這兩天聽一位同修說：「唉呀！西藏密宗在網路上，把您罵得一塌糊塗。」為什麼要罵得一塌糊塗？因為我們在「破魔兵眾」，所破的正是他們密宗的邪門妖魔的雙身法，他們受不了。想想看，我們擋了喇嘛們的財路、色路，西藏密宗四大派的大部分喇嘛們，現在可能手頭都很緊了吧？我們又擋了他們的女色之路，你說他們罵不罵呢？財色兩失啊！可是他們沒有去想，當他們財色兩失以後，所失的財與色並沒有跑到我這裡來。我不要他們所騙的財與色啊！但他們得不到了當然要罵，因爲這兩個東西是他們最重視的。而密宗達賴喇嘛所獲得的全球財源，有一半財源就出自小小的一個台灣，整個世界那麼廣大，佔不了他們財源的一半，所以他們當然要罵。

當他們罵正覺罵得越厲害，就表示諸位功德越大，因爲這表示諸位「破魔兵眾」作得很成功，讓他們感受到威脅，感覺到現在壓力好大，這就是「破魔兵眾」成功與否的驗證方法。所以「破魔兵眾」不是單單由我一個人作，諸位也都在作；那些書摘小冊眞的須要努力流通，因爲救了很多人不必讓口袋的錢財被人家騙了，而且更不必暗地裡賠了夫人還不知，對不對？女眾說：「那跟我有什麼相關？」我告訴妳：「搞不好妳會因爲丈夫學密而賠了丈夫。」這也是常有的事，不是只有發生過一件、兩件。

所以，「破魔兵眾」是很多人都可以作的，只要努力去作，把密宗趕出佛教外，正法的未來就有光明，眾生的法身慧命就有希望。相對的，他們罵我就會罵得更嚴重，或者罵正覺同修會一定也會罵得更嚴重。但是你們不要生氣，假使有時候上網去看一看說：「哇！罵得這麼嚴重，一塌糊塗。」你應該高興說：「有效果了！有效果了！」這表示他們感受到壓力，就是我們破密成功了。所以你看，現在路上再要找到喇嘛拉著女眾的手在逛街的，看不見了。以前淡水鎮常常可以看見喇嘛拉著女眾的手，在那邊散步、欣賞風景、談情說愛，現在看不見了。據說—他們喇嘛們自己講的—說現在都把喇嘛的服裝帶著，用袋子裝起來，身上穿著顯教的僧服；（平實導師指著僧眾們說：）所以你們有人被冒充了，他們在冒充你們僧眾；去到他們密宗的道場以後再換成喇嘛的衣服，這表示我們「破魔兵眾」作得成功了。另一方面，社會教育也眞的要繼續努力作，不管他們有沒有學佛，只要他們不被喇嘛們侵害財與色，我們就值得了，被罵成什麼樣子都值得。這表示諸位「破魔兵眾」作出成績來了！只要有成績，對今世、未來世的道業都會有幫忙。

「破魔兵眾」時一定是有一個作為才能破他們，就是「擊法鼓」，法鼓上面都塗了毒，叫作法毒。譬如治細菌的藥，對人類來講，我們說它叫作藥；然而對細菌來講，便叫作毒，因爲能毒死細菌、毒死病毒。同樣的，佛法中也有法毒，在大鼓上面塗了法毒，敲了鼓以後，誰聽到了那一面法鼓的聲音，他就中了法毒。中了法毒就死掉了，怎麼死掉的呢？是我見死掉，邪見死掉。《大法鼓經》便是這麼講的，只要誰聽了法鼓的聲音，他們的我見就死掉了，邪見就死掉了。我見死了，邪見也死了，法身慧命就活過來了。所以「破魔兵眾」時一定是「擊法鼓」，不可能是拿著刀槍去跟他打打殺殺。

如果要打打殺殺，正法勢力永遠都沒有辦法贏，因爲一位將軍絕對打不過一萬兵、十萬兵。可是將軍爲什麼能統帥那一些兵？因爲他有那個官階。同樣的道理，正法在三界萬法中的官階是最高的，還有什麼法在三界中能比正法更高？沒有。所以，「擊法鼓」就是「破魔兵眾」的手段；用法鼓不斷地打擊，持續不斷放出含有法毒的鼓聲，讓眾生的邪見都死光了，剩下什麼呢？剩下聲聞與菩薩正見，這就是「擊法鼓」的目的。能夠「擊法鼓」，自然「欣樂說法」，自然能夠「化諸菩薩」，也能夠壓抑魔眾。

現在魔眾不敢來。我這麼說，是因爲魔眾一直放話說要來正覺踢館挑戰。可是放話幾次之後，有哪一次是曾經來過的？沒有一次來過，甚至連爽約也不來電話講一聲。他們沒有那個膽子，除非他心中已經準備要當正覺的弟子，才會來挑戰。意思就是說：「如果我辯輸了，你眞的比我行，我就拜你爲師。」那算是他撿到便宜。拜人爲師是撿便宜，那些沒智慧的人卻都當作是沒面子。面子一斤賣不了三毛錢，面子有什麼重要嗎？裡子才重要。如果有人願意送給我一百億元，讓我叫他爹爹、阿娘，我都願意。眞的啊！只要明天誰送來了，我馬上三跪九叩拜他作爹娘。眞的！我眞的願意這樣子。然後我有了一百億元，就不必像眼前這樣，想要多買個講堂都得要斤斤計較，殺價得殺半年、一年、二年，有時候殺到三年還在殺，就是這樣啊！我都斤斤計較，因爲那是三寶的錢財。

如果眞的有一百億元來了，沒有關係，他要二千萬元，二千萬就給他，有什麼不行？然後也可以每年擴大冬令布施、救濟有需要的人；那我稱呼他老爹、稱呼她阿娘都可以，每一次見了就恭敬稱呼：「阿娘！請坐！」趕快禮拜、送上熱茶，都可以啊！我馬上奉茶給她，親自奉茶。每年過生日，我就去幫他（她）過生日，有什麼不行？面子幹什麼？面子不重要，裡子才重要。如果她願意讓我口袋滿滿的花不完，我要用在什麼地方，買道場、買地皮建寺、布施貧窮，作什麼都行，那我稱她阿娘有什麼損失？對不對？雙方互利，她也高興：「我收了這麼個乾兒子，你看，說法這麼厲害。」大家都高興，這也是歡喜布施；我布施了歡喜給她，她布施了一百億元給我，有什麼不好？兩全其美！所以裡子才重要。

可是我們弘法二十年，看那些修密法的大師們都只看重面子，裡子都不看重。爲了面子，寧可下一輩子到三惡道去，也要誣謗第八識正法與賢聖；造下大惡業，他們依舊覺得無所謂，這就是大傻瓜。所以諸位要學著點，要像我這樣子。如果裡子有了，面子沒關係啦！他們想要面子就送給他們。如果一張面皮可以賣一百億元，划得來啦！眞的划得來！所以菩薩應該這樣作：你要當個佛子，只要對正法有利益，管他什麼面子。只要能利益眾生、利益正法就行，像這樣不顧念面子的菩薩當然是能夠「擊法鼓」的。如果還在顧慮面子，表示那個人沒有智慧所以不能「擊法鼓」，因爲他顧慮面子就是沒智慧。面子是誰？是五陰的我所。落在五陰的我所中，顯然他還沒有斷我見。因爲沒有斷我見，所以處處要顧慮面子，這表示他是個凡夫，他哪能「擊法鼓」？他如果敢自稱「擊法鼓」，你聽起來一定會像什麼呢？像小孩子在玩的「噹噹、噹噹、噹噹」的鈴聲，或是像玩具鼓一樣：咚咚、咚咚、咚咚。所以菩薩要當一個眞實佛子，一定要有實質上的本質存在：「**定慧具足，爲眾講法，化諸菩薩，破魔兵眾。**」原因就在於有智慧而能「擊法鼓」。這是 世尊望東方照耀出一萬八千個佛世界裡面的萬象之中，顯示出來其中的一個現象。

然後說：「**又見菩薩，寂然宴默，天龍恭敬，不以爲喜。**」說還有菩薩靜坐而默然，連一句話都沒有說；然而天龍們下來恭敬禮拜，可是菩薩心中「**不以爲喜**」。如果看見天龍下來護持禮拜，菩薩心中就歡喜起來：「**唉呀！不得了！你看天龍來護持我。**」表示那個菩薩還是個凡夫，因爲他又落在面子上了。你既然已經到了法無我的階段，爲什麼還要歡喜這個事情呢？沒什麼好歡喜的。所以將來若有什麼大官、什麼貴人來了，我還是老樣子；一般情況都由理事長接待就夠了，不需要我，除非是對正法的未來有特殊的因緣。這就是說，從那一些事相上去著眼的時候，你才需要去接待那一些達官貴人，然而接洽那些人的目的就是攀緣啦！

你們看會有什麼大官來見我？免了啦！將來他們若是眞的來了，只是好奇，想要看我長個什麼模樣。看了以後大約會說：「唉呀！不過也是一個頭、兩個眼睛，也沒什麼奇特。」那又何必讓他看那麼清楚？他又不是佛弟子，又不是眞正學佛的菩薩，所以不需要見我。不管什麼大官，理事長去接待就夠了，正覺同修會的理事長，同時也是實證的賢聖，接待一位凡夫位的大官，其實也眞夠大了。了義正法的理事長，等閒人還當不起，這樣接待還不夠啊？太夠了！所以菩薩本身對這個沒興趣，因此不管誰來恭敬，都「不以爲喜」。

「又見菩薩，處林放光，濟地獄苦，令入佛道。」又有菩薩處於林中放光。放光有二個情況，第一種是自然放光；就是說，他因爲定力的緣故，或者住入定境中，就會放光。如果他不住入定中，那個光芒就很小；可是入於定中的時候，光芒就會很強而顯現出來。另外一種情況，是他已經滿三地心而有了五神通，爲了救濟地獄中的眾生，故意放光去照耀，讓地獄中的眾生對菩薩生起信心，循著光而看到說：「原來是菩薩放光照耀我們，讓我們心中很清涼，整個清涼下來。」因爲信了菩薩，他就對佛法也相信了，得以「令入佛道」，這是另一種放光。

「又見佛子，未嘗睡眠，經行林中，懃求佛道。」又看見這一萬八千世界中，也有佛弟子沒有在睡覺，晚上都在林中經行，很精懃地求證佛道。如果別的世界菩薩放光照到娑婆世界來，剛好我們在辦禪三而被他們照見了，那他們就怎麼講：「又見佛子，未嘗睡眠，禮佛廟堂，懃求佛道。」因爲三更半夜了大家還不睡覺，還在大殿上，都在那邊禮佛、還在參究，意思是一樣的。經行於林中不睡覺，繼續在參究，這是顯示他還在求悟的過程中。

又有別的菩薩，那又不一樣了：「又見具戒，威儀無缺，淨如寶珠，以求佛道。」具足戒法了，威儀──就是行住坐臥之中──都沒有缺失；以清淨的身口意行，猶如寶珠一樣讓人敬愛，這樣清淨身口意行來求證佛道。這種人，娑婆世界裡也有。所以，前面講的這一些，不要把它當作都是別的世界，其實別的世界菩薩修行的各種差別，縮影起來就是娑婆世界菩薩們的各種模樣。這樣的菩薩們清淨身口意行來求佛道，娑婆世界也有，但是十方世界都跟娑婆一樣，也有許多這樣的菩薩。

「又見佛子，住忍辱力；增上慢人，惡罵捶打，皆悉能忍，以求佛道。」還有看見別的佛子，住於忍辱的力量之中修習生忍——眾生惡劣而能安忍。若是遇到有增上慢的人前來惡罵搥打，全部都能安忍，只爲了求佛道。修生忍也不容易，如果出來弘法，並且是把了義正法送給大眾，結果大眾得了法以後還在背後罵你；甚至於你「破魔兵眾」以後，所有邪魔外道也都來罵你，那你要不要起煩惱就退心了？不要吧！如果你因此起煩惱就退心了，那些邪魔外道可就高興死了，正中下懷：「我正要你退心，你就這麼挨不住罵，退心了，好極了！」要想清楚這一點，不要讓他們高興。

他們越罵，你就越加破斥他們的邪見。你越破，他們越氣；可是，他們去到下輩子時，此世閱讀你破斥他們邪見的文字以後產生的正見種子，都還會在，而未來世回到人間時沒有名聞、利養的問題存在了，又知道邪見是錯的，當他們那時讀到你的書或者網站上你留下的資料，他就會認同你；可是他已經忘了幾十世前罵你的那一些話正是他自己講的。你就是要這樣度眾生。有時候我們有同修還跟我講：「唉呀！菩薩眞不是人幹的。」我說：「對啊！菩薩本來就是要菩薩幹的，人還能幹得了菩薩的難事？」菩薩都可以不必來人間了，依禪定的證量、智慧的證量都可以不必住在人間了，爲什麼還要繼續生在人間、住在人間給愚癡人罵？既不貪財、又不求利，憑白把法送給眾生，卻得要來受罵，何苦來哉？其實不然！菩薩就是要來給人家罵的，罵到很習慣了都無動於衷，忍辱功夫便成就了！

菩薩就應該是如此修，不該是在大家都讚歎的環境裡面來弘法。假使哪一天你弘法的時候，大家都讚歎你，那我告訴你：「你一定悟錯了，因爲你的落處跟他們都一樣，所以才能雙方互吹互捧。」那你到底喜不喜歡被人家罵？（有人說：喜歡。）喜歡喔？這是你們講的呵！喜歡被罵，就表示你悟的是了義法、究竟法，因爲你所悟的內涵跟凡夫位的大師們都不一樣。你很突出，如錐處囊；就好像一支鑽子放在布袋裡面，它遲早一定會穿透出來。布袋裡面那一些東西怎麼樣把你遮止都遮止不住，有一天你一定會穿透出來。又如鶴立雞群，你是一隻大白鶴，站在一群雞裡面，大家都看得清清楚楚：這一隻雞跟人家不一樣。仔細一看：原來是鶴。所以天界的菩薩們一看，原來這不是一般的佛教，這叫作正覺同修會，跟一般的表相佛教都不一樣。

你能夠有這個認知，修忍就容易了。意思是說，你如果已親證了義正法，出來弘法時一定會被罵。你不罵人，人家還要私底下不斷罵你，因爲你說法時顯示出來的法義跟人家不一樣。那一些嘰嘰呱呱、不斷在嘶叫的雞，都說他們是仙鶴，可是你站出來說：「我才是仙鶴。」那麼人家就會看：到底誰才是仙鶴。那些雞當然要罵你，狡辯說：「你不是仙鶴，我們才是仙鶴，因爲你跟我們都不一樣。」他們都認爲自己是仙鶴，都不知道自己是雞，你當然要被那一群雞辱罵、抵制。當你被雞罵，就同時證明你才是眞的仙鶴，所以你被罵是應該的。

喇嘛們罵了正覺，對咱們有好處，講通俗一點叫作「消業障」。但其實，業障是怎麼消的？就是你一直被罵，罵慣了，從來不以爲意，業就消了。所以有人告訴我說：「哪個地方怎麼罵我們，哪個地方又怎麼罵我們。」我說：

「我根本沒有時間去看。」老實說，我根本不關心，為什麼呢？因為這表示咱們作成功了。然而作成功了，不需要沾沾自喜。知道已經成功了，這樣就好。然後繼續作更多可以使正法的弘揚更成功的事，這樣就行了，不管別人怎麼罵。那一些罵，你就當作他們不斷的幫你灑甘露，你得一些營養也不錯啊！

所以這樣認知了以後，住於忍辱之中就能發起力量，你就能夠住於忍辱力中。增上慢人要怎麼樣罵都沒關係，隨他去，只要你能夠好好的繼續弘法就行了。其實我們現在還希望說，密宗最好能夠在各大報紙登半版廣告來罵正覺，最好像以前義雲高集團化名為釋性圓，在三大報的頭版以半版的彩色廣告來罵正覺，那時依舊名不見經傳的正覺就突然有名了。可惜他們有一點學乖了，不肯再為我們登廣告了，好像是如此。那種免費廣告眞的很難得，千載難逢，終於讓我們逢上一次。如果他們願意再登一次，我這一回會回應；我會買廣告回應簡單的幾句話，我們也把它登一登，造成社會風潮，讓大家都注意到：原來密宗喇嘛們及附密宗的外道們都在幹什麼。

這是個好機會，可是我們現在如果主動去登，老實講：師出無名。不曉得他們給不給我這個面子，讓我有機會回應、回應。這就是說，不要去管面子的事。修「生忍」其實不是那麼難，你只要把道理弄通，今天講的法，你回去好好思惟思惟、整理整理。弄通了以後，不管別人怎麼罵，你都可以甘之如飴。甘之如飴，聽懂嗎？眞的懂嗎？就像人家給你那個飴糖——以前老人家吃的軟糖，讓你含在嘴裡越含越甜，不必咬，它自己就會漸漸溶化，這才叫作甘之如飴；就是他們罵得越多，你越喜歡的意思。這樣子，你的忍辱力就成功了。

會罵你的人一定是增上慢人，不可能是一般人。增上慢人爲什麼會罵你？因爲他本來自己說是成佛了，或者對大眾說他是十地大菩薩，或者宣稱他是初地，或者說他開悟了；可是你把正法舉出來，雖然沒有指稱他悟錯了，但你說的法義自然而然會間接證明他沒有開悟。好啦！他們因此失去開悟聖者的身分了，這樣子，他們就要罵你。所以，罵我們罵得很嚴重的，都是那一些未悟言悟的人，一般凡夫們是不會來罵我們的。很少有機會是凡夫來罵你，因爲凡夫如果出來罵，他只是誤會；只要有人跟他寫個一、二封信，回應一、二次，他讀一讀：「有道理啊！可能我誤會了，罵錯了。」他就會改過。可是如果永遠都不改，越罵越厲害，那就不只是凡夫，一定也是增上慢人，都是未悟言悟才會這樣。那麼被罵時再想一想：「都還沒有搥打我，他只是罵，又罵不著到身上來，管他去罵。」對不對？他們罵得越兇，表示我們越成功，表示我們「破魔兵眾」越有成績。所以，這樣子把道理弄通了，「皆悉能忍，以求佛道」。佛地的境界就是靠因地這樣一步一步救護眾生，「破魔兵眾」而還給正法一個純清的環境，把外道法驅出佛門之外，這樣來求佛道就會快速。這是一種佛子，接下來其他的佛子們是怎麼樣呢？

經文：【又見菩薩，離諸戲笑，及癡眷屬，親近智者；

一心除亂，攝念山林，億千萬歲，以求佛道。

或見菩薩，餚膳飲食、百種湯藥，施佛及僧；

名衣上服，價直千萬，或無價衣，施佛及僧；

千萬億種，栴檀寶舍、眾妙臥具，施佛及僧；
清淨園林，華果茂盛，流泉浴池，施佛及僧；
如是等施，種種微妙，歡喜無厭，求無上道。
或有菩薩，說寂滅法，種種教詔，無數眾生。
或見菩薩，觀諸法性，無有二相，猶如虛空。
又見佛子，心無所著，以此妙慧，求無上道。
文殊師利！又有菩薩，佛滅度後，供養舍利。
又見佛子，造諸塔廟，無數恒沙，嚴飾國界，
寶塔高妙，五千由旬，縱廣正等，二千由旬。
一一塔廟，各千幢幡，珠交露幔，寶鈴和鳴。
諸天龍神、人及非人，香華伎樂，常以供養。
文殊師利！諸佛子等，爲供舍利，嚴飾塔廟，
國界自然，殊特妙好，如天樹王，其華開敷。
佛放一光，我及眾會，見此國界，種種殊妙。

諸佛神力、智慧希有，放一淨光，照無量國。
我等見此，得未曾有。佛子文殊！願決眾疑。
四眾欣仰，瞻仁及我：世尊何故，放斯光明？
佛子時答，決疑令喜：何所饒益，演斯光明？
佛坐道場，所得妙法，爲欲說此？爲當授記？
示諸佛土，眾寶嚴淨，及見諸佛，此非小緣。
文殊當知：四眾龍神，瞻察仁者，爲說何等？

語譯：【這東方一萬八千佛世界中，又看見有菩薩遠離種種的戲論嬉笑，以及愚癡的眷屬，親近於有智慧的人。

他們一心不疑地捨除種種亂想，攝受淨念住於山林之中，於億歲千萬歲之中，精進修行以求佛道。

或者又看見菩薩，以菜餚膳食以及可以飲用的湯，和上百種的藥草熬製的各種藥湯，來布施於佛陀及諸眾僧；

並且還用名貴的衣裳或上等衣服，價值千萬；或者用無法衡量價值的寶衣，來布施於佛及眾僧。

有時則看見菩薩以千萬億不同形狀的種類，用栴檀木來建造的寶貴房舍，和種種勝妙的臥具，來布施給佛及眾僧。

也看見有菩薩們以清淨的花園樹林，其中花果都很茂盛，並且還有流動的清淨泉水和浴池，用來布施給佛及眾僧。

像這樣子以種種的布施，具備了種種微妙的內涵，而以歡喜無厭的心情修集無上福德，用來求證無上道。

或者也有菩薩，在爲大眾解説寂滅的涅槃法，並且以種種的教導和詔令，來度化無數無量的眾生。

或者看見有菩薩，正在觀察種種諸法的體性，知道諸法都沒有任何相異的法相，全都是空性而且猶如虛空一般。

又看見有的佛子，心中都沒有執著，以這樣的妙慧，來求證無上正等正覺的法門。

文殊師利！我也看見有的菩薩，在佛示現滅度以後，供養佛的碎身舍利。

又看見有佛弟子，建造了寶塔和寺廟，如同無量無數的恆河沙數那樣多，並且莊嚴裝飾了諸佛所住持的國界；

其中的寶塔既高又勝妙，高度達到五千由旬，而這一些寶塔的縱深與寬廣，同樣都是二千由旬。

每一個塔廟，各用一千套幢幡來莊嚴，並且有一千套寶網繫滿寶珠，於塔廟外表懸掛起來，猶如用布幔莊嚴起來一般；又看見這一些塔廟都裝飾了寶鈴，微風吹動時就溫和地鳴響著。

諸天龍神、人類以及非人，也都以香花和種種伎樂，常常來塔廟中廣作供養。

文殊師利！這一些佛子們，爲了供養佛的舍利，而以各種事物來莊嚴塔廟。

這時候的諸佛國界，自然而然變化成爲殊特勝妙，以及具有種種的好相，猶如忉利天的樹王有著許多殊勝花朵綻開一樣地勝妙。

世尊向東方放出一個光明，我彌勒和眾多參與法會的四眾弟子們，看見了東方一萬八千佛世界的國土，是這樣具足種種殊特的勝妙。

而諸佛的廣大威神之力，以及難以了知的智慧眞是世間稀有；這樣在釋迦佛所放出的清淨光明之中，照耀出無量的佛國。

我們大眾看見這一些景象，都是前所未曾得見的。佛子文殊啊！希望您爲大眾決斷我們的疑惑。

法會中的四眾現在都很歡欣，瞻仰於文殊菩薩您以及我，想要知道世尊是爲了什麼緣故，而放出這樣的光明？

您是佛的眞子，希望您能夠在這個最好的時節來爲大眾解決疑惑，令大眾生起歡喜：究竟世尊是爲了想要爲大眾作出什麼樣的饒益，而演放出這樣的光明？

佛陀坐於這個道場，所得到的妙法，是不是爲了要解說這一些妙法，或者是爲了要向大眾授記呢？

世尊放光示現東方一萬八千世界佛土，顯示了種種的珍寶和莊嚴、清淨，以及讓大眾看見諸佛，這不是一個小因緣。

文殊師利啊！您應當要知道：佛弟子等四眾以及天龍、天神，都在瞻仰觀察仁者，想知道仁者您究竟會怎麼樣來說明這件事情呢？】

講義：像我方才這樣子語譯，其實不能叫作講經，只能叫作直譯、語譯。「又見菩薩，離諸戲笑，及癡眷屬，親近智者；」這四句話真的很重要，這四句話如今在這個娑婆世界中，是在講誰呢？對啊！是講你們啊！怎麼不敢講大聲一點呢？這就是在講諸位。想一想，網路上有人無理謾罵一通，可是諸位偏偏不受影響，天氣這麼熱也是要趕來聽經（編案：這是二○○九年八月二十五日所說），爲什麼一定要趕來聽經？就是因爲這三句：願意離開種種戲論笑談，而且是因爲事先已經離開了愚癡的眷屬，所以才能來這裡親近智者。

什麼叫作戲論？戲論有兩個解釋。第一種解釋是說：「學佛就是要求快樂，因爲要離苦得樂。」有沒有聽過人家這樣講？有嘛！而且還是大師講的，末法時代才會有這種大師！「學佛就是要放下煩惱。」有沒有？有啊！還是大師講的。「學佛就是要求家庭和樂啊！事業順利啊！」也都是大師講的，這就是末法時代的大師！可是他們這樣講，跟佛法有什麼關係？有沒有？沒有嗎？有啦！跟人天善法有關係啦！這只能叫作人天乘的善法。

可是，如果佛法只有人天善法，那就不能叫作佛法了。人天善法可以稱爲佛法，是因爲還有三乘菩提存在；把人天善法依附於三乘菩提同時來修，作爲實證三乘菩提的資糧，這樣的人天善法才能稱爲佛法。如果把三乘菩提去掉，專講人天善法，只修人乘與天乘，那就不能叫作佛法。所以繞了一圈回來，諸位講的還是對，大師講的不是佛法。可是，如果我們要來講人天善法，那就是佛法了，因爲是在三乘菩提的實證前提下，來講人天善法。所以我們一樣要修集福德，也要照顧好家庭，總不能夠說：「我要出去布施，然後把家裡平常要用的錢都剋扣光了，讓家人們無法生活。」這樣造成家庭不和樂，使他們對佛法的修學產生反感，壞了他們的法身慧命，這也不是佛法。但是在三乘菩提的前提下，來講家庭和樂，可就是佛法了。如果把三乘菩提轉變成意識境界，那就沒有佛法了，那叫作戲論；因爲他是言不及義，言不及義就是戲論。

如果是笑談呢？每逢週末、週日，就是到處去作義工，或者去幫人家照顧鰥寡孤獨；一路上大家插科打諢，那就是戲笑、笑談。路上大家一面互相開玩笑，到達了目的地，一面工作也一面互相開玩笑，大家都很歡喜，就說這叫作法喜充滿。但那是在什麼法中很歡喜呢？在世間法中。那也叫作談笑，都不離戲笑。菩薩一定得要「離諸戲笑」，可是話說回來，「離諸戲笑」並不是叫你板著一付撲克臉，你照樣是歡歡喜喜地，可是言必及義；凡有所說都在利益他人，而不是在插科打諢。所以「離諸戲笑」時，不必馬上就變成板著一付撲克臉，都不需要。

還有就是離諸「癡眷屬」。「癡眷屬」，諸位是已經離開了。想一想，以前某個道場，你在那邊安住的時候，那些師兄弟們，你怎麼樣告訴他們正法，他們可都聽不進去。你說：「意識明明是生滅的，因為你只要打個瞌睡就斷了，就不在了。你只要晚上一睡著了，意識就斷滅了。離念靈知具足五個別境心所法，因此離念靈知也就是意識；意識是一定會斷滅的，不必等到死了，每天晚上睡著就斷滅了。」你怎麼樣為他們解說，他們都聽不進去。還跟你辯論：「師父說的，離念靈知就是眞如。」這叫作「癡眷屬」。這種「癡眷屬」都是名不見經傳的人物嗎？也不盡然！好多這種人寫了書到處流通，有大法師、也有大居士，都有，可是他們講的眞如都是離念靈知。

我們的書籍已經解說了這麼多，也告訴他們道理：離念靈知有哪些不同的層次。我們在書裡面也講過：離念靈知有十種層次、十幾種層次。我們都講過了，說那些都是不離意識的境界。佛說：「意識是意法因緣生。」又說：「諸所有意識，彼一切皆意、法因緣生。」他們都讀過。雖然都讀過了，可是還沒有辦法接受，還是要繼續認定離念靈知意識是眞如心，那眞的叫作愚癡。那一些師長與徒弟們，大家都這樣認定，決定不改變，那叫作「癡眷屬」。你們已經離開了那種人，就是離「癡眷屬」。如果不離「癡眷屬」，遲早被人家轉回識陰境界裡去。

可是「離諸戲笑」，也遠離了「癡眷屬」以後，你就能斷三縛結、證初果嗎？就能夠開悟明心證眞如嗎？也不行欸！還得要「親近智者」。那智者的定義就有不同了，譬如以二乘菩提來講，能教導人家現前觀察十八界的每一界的內容，也能現前教導十八界的每一界如何是有生有滅的，所以十八界自我之中沒有眞實的我，這就是智者。這表示他是有現觀的，有智慧能幫您詳細解說而幫您斷除我見，這個只是聲聞菩提中的智者。

那麼緣覺菩提的智者呢？要能夠教導你觀察因緣法，並且讓你對因緣法有具足的信心，決定不疑，讓你能夠確認滅除十八界入涅槃以後，絕對不是斷滅空；因爲他提出聖教來告訴你：另有一個名色所緣的識，由這個識出生了名色；而名色是生滅法，再以十二因緣法來告訴你。這就是緣覺法，他能夠教導你現觀而實證，這個人就是緣覺法中的智者。接著說佛菩提中的智者，他教你如何去找到如來藏，找到了以後如何現觀，又告訴你那些不同層面的現觀內涵，讓你一一現量觀察；然後你把所證的如來藏來比對，去觀察是不是如此？有沒有契合經典的所說？他都能教導你，他就是智者。你若眞的「親近智者」了，想要親證三乘菩提即非難事。那麼，有這三個法完成，就是「離諸戲笑，及癡眷屬，親近智者」。

親近修學以後，智者教導了許多法，你就可以依照智者的教導「一心除亂」。一心，就是不懷疑，堅定心志。堅定心志，就是已得到定心所，因爲心得決定了。心得決定的時候，別的錯誤亂想就可以捨棄了，這就是一心以及除亂。一心就是定，決定不疑，把種種錯誤的亂想捨棄了。這時候攝受了善知識所說的淨念，住於山林中不受打擾之處。山林，不是叫你要躲到崑崙山裡面去，不必那麼遠，只要不受打擾的地方就是山林。然後就開始觀行，把我見斷除；把因緣觀也實證，然後把如來藏也加以親證，這樣子就是在「求佛道」。如果往世及此世所累積的福德足夠了，就不必再經歷「億千萬歲」，也許今生二年、三年，大不了五年、十年，也就親證佛道了。從此進入內門開始修行，就是按部就班的事了；現在站在哪裡，接下去要往哪個方向，要怎麼走，你都知道了，這就是菩薩最快樂的事。

請問你們：「五子登科跟明心，你要選哪個？」（眾答：明心。）怎麼異口同聲呢？然而眞的應該這樣選。因爲五子登科每一世都有可能達到，可是明心就不是每一世都有機會了。所以如果從頭來，我還是繼續選擇明心，我不選五子登科，因爲五子登科並不希罕。想一想，佛陀講過，說祂很多世、很多世的每一世，都當轉輪聖王，廣有四大部洲、下至一大部洲，可是佛陀從來不以爲喜，因爲沒辦法開悟，所以得不到諸佛的成佛授記。轉輪聖王難道會比五子登科差嗎？但轉輪聖王卻是 佛陀所棄捨的人間至高境界。

所以如果你因緣好，五年、十年，大不了三十年好不好？怎麼你們聽到「三十年」都面有難色？在大廟裡面睡覺睡三十年，也會開悟啦！你想：人家少小出家，後來成爲講經的有名座主，然後自己心裡想：腳底下浮浮地，不實在。於是罷講，入了叢林參究佛法，參到八十幾歲，死了都還沒有悟呢！如果十年、三十年可以開悟，你們也哇哇大叫，直叫苦，那他們要怎麼辦？是不是要像電視節目表演的去撞牆求死？如果在同修會混三十年而可以眞悟，這一世也就夠本了；因爲佛門祖師們參到死都沒有悟的人，太多、太多了。可是我們同修會好像還沒有人參究三十年還沒悟入的，因爲同修會至今還不滿二十歲；可是現在都還沒有人說努力參究二十年而悟不了的，都還沒有。有沒有十年還沒有悟入的？應該還沒有吧？應該也沒有。有嗎？有喔？

我應該要瞭解一下，爲什麼他十年還悟不了？所以只要能夠「離諸戲論，及癡眷屬」，並且能「親近智者」，求證佛道並不難。

所以，如果有這三個條件，而且「億千萬歲，以求佛道」，表示他一定有某一些關卡正在突破，不一定還在三賢位之內，有可能是地上菩薩。譬如說，你如果已經到了三地心，努力修集福德；福德夠了以後，你就要攝念山林，因爲接下來你要修四禪八定、四無量心、五神通，這得要住在山林裡面。如果你在鬧市裡面修禪定，突然間隔壁「ㄅㄧㄤˋ」一聲，有什麼東西掉了，你又被它從定中吵了出來；你好不容易才進了無覺無觀三昧，又被它吵了出來，眞令人懊惱。好啊！算了！過去了，好！忍著又努力，剛剛才進入無覺無觀三昧中，突然間隔壁那一條大狼狗又一直叫了，又被牠給吵離三昧了；好不容易，終於主人出來喝令停叫了，你又再努力，可是正要進入無覺無觀三昧時，又換你家電話響起來了。請問：你該怎麼修四禪八定？沒辦法修了，所以得要「攝念山林」。

所以，菩薩都得善觀時節因緣：什麼時節該具有什麼環境，該修什麼法。

菩薩自有定見。如果哪個菩薩說：「不行啊！我這一片山頭，徒眾數十萬，叫我下一輩子不來率領這麼多的同修，那還得了！我是開山祖師欸！」那就表示這個菩薩一定是凡夫，不善觀因緣。所以「攝念山林，億千萬歲，以求佛道」，不見得是還沒有悟的人，也許他是在某個地方須要突破，他就得這樣作。也許他須要進入八地去，必須證得念念入滅盡定，可是這個階段很難突破，那也只好「攝念山林，億千萬歲，以求佛道」。所以說，法無定法，這不可能是單單只說一種。因爲彌勒菩薩看見東方一萬八千佛世界有這樣的菩薩，不是每一個菩薩都一樣，而是各不相同。

「或見菩薩，餚膳飲食、百種湯藥，施佛及僧；」或者看見菩薩以菜餚主食，以及各種不同的飲食，來供養佛及眾僧；或者以各種不同的湯藥，就是已經熬過的藥湯或是藥材——就是還沒有熬煮過的藥材，用這些來布施給諸佛及眾僧。不知道諸位有沒有習慣用藥物供佛？沒有啊？我很習慣這樣供佛。我家同修如果去中藥店買了八珍或者十全、當歸等，我就說：「先供佛！先拿上佛堂去供佛。」那都是可以供佛的，爲什麼不先供佛？沒有誰是窮到供不起佛的，如果有人抱怨說：「我很窮，我沒有錢財可以供佛。」那都是託辭，也是沒有智慧。難道他窮到連飲食都沒有嗎？如果每天要吃三餐，那三餐煮好了，爲什麼不可以先拿來供佛？撤下來以後還是自己吃啊！所以一樣可以供佛啊！也許天氣涼，孩子準備聯考須要補充體力，然後媽媽就去中藥店買了幾帖十全大補湯。好，那些中藥買回來，要燉煮以前也可以供啊！或者煮好以後要給孩子吃以前，提前二十分鐘先供佛啊！也行啊！所以湯藥是可以供佛的，我都很習慣這樣上供。

「**名衣上服，價直千萬，或無價衣，施佛及僧；**」有的菩薩則是用名衣上服來供佛，名貴的衣服以現在來講就叫作名牌衣服。上服，也表示說它是品質很好的衣服，才能叫作上服，這也可以供佛。菩薩們不惜金錢，用價值千萬的「**名衣上服**」用來供佛。如果以這樣來講，現在那一些名牌衣服一件二十萬、三十萬元，顯然還不夠名貴。其實是因爲現在布料便宜，以前都用手工織成，細緻的布料需要非常多的人工，所以是很貴的；因爲要花好幾倍的人工去做，這叫作「**名衣上服**」。那麼用衣服供佛，你們供過沒有？有供過了呵！學聰明了！特別是僧衣，僧衣做好了，都應該先供佛，別急著穿。咱們穿二手衣沒有關係，新的僧衣應該先供佛；供佛下來，我們穿的就算是二手衣了；那時不管多名貴，都沒關係。也許人家說：「哇！你這件僧服好名貴。」你說：「這是二手衣啦！因爲供佛過了。」上供後撤下來你穿，當然就第二手了。乃至無價衣都可以「施佛及僧」，不過這裡講的都是 佛陀應身在世而作布施的。

「千萬億種，栴檀寶舍、眾妙臥具，施佛及僧；」接下來，還有菩薩以千萬億種栴檀寶木建造起來的精舍，用來供養諸佛和眾僧。這一些房舍當然不可能千篇一律，因爲各人建造出來的，不會完全相同。千萬億菩薩供的，當然就有千萬億種。這一些房舍都是用珍貴的木材建造的，以前尼泊爾的王宮，是用檀香木建造的。你們有沒有人去朝禮聖地看過，有沒有？應該都是檀香木去建造的。當然現在舊了，他們不住了，現在變成觀光的景點之一了，那叫作「栴檀寶舍」。用這一些珍貴的房舍供佛及僧，裡面總不能家徒四壁吧！所以裡面也要有「眾妙臥具」，那就不是像現在大家去印度朝禮聖地的時候，看見的那些繩床了，繩床當然不能叫作勝妙。就是說，那一些坐臥的用具都是很勝妙的，不惜工本來布施諸佛及僧眾。

「清淨園林，華果茂盛，流泉浴池，施佛及僧；」也有人用清淨的花園樹林，裡面種種鮮花以及水果都很茂盛，這些清淨的園林裡面還有流泉和浴池，用這些來布施給諸佛和眾僧。浴池如果要好，就一定要有流泉，也就是從山上引了泉水下來，這個沐浴的池子是活水，一直在流換新水，這樣就可以沐浴僧眾。如果布施了一個浴池是要大眾去挑水，請問那個浴池會有人用嗎？不可能用嘛！因爲爲了一個人洗澡得要花那麼多人去運水，一定沒有人去用，僧眾們一定說：「我們到河裡去洗一洗就行了。」所以，布施了浴池時一定要有流泉，這是附在一起的。用這一些園林、華果、浴池，來布施給佛及眾僧。

「如是等施，種種微妙，歡喜無厭，求無上道。」以這麼多的布施，並且這些布施是有很多種的不同，而且都是精微勝妙的。菩薩們這樣布施的時候，都是歡喜而無厭倦，藉此來累積自己的福德，用作資糧來求證無上佛道。

「或有菩薩，說寂滅法，種種教詔，無數眾生。」這一萬八千世界中，有的菩薩是正在爲人解說寂滅法。寂滅法是哪一種菩提？是聲聞菩提。只有聲聞菩提是專講寂滅法，不會把一切諸法會歸於寂滅性的如來藏中來說。也就是說蘊處界是生滅法，出離三界生死是要滅除蘊處界的；既然要滅除蘊處界，就不應該攀緣世間五塵六塵，所以證道和沒有證道的聲聞人，都應該住於寂滅的環境中不許喧鬧，這就是寂滅法。所以，假使僧眾來見 佛陀的時候，聲喧十里，佛陀一定不見。如果僧眾遠處來朝禮 佛陀，一一合轍、寂靜無響，佛陀一定樂於接見。因爲於解脫道中來說，本來就應該是寂靜的，心是不向外放的。既然出家現聲聞相，目的就是求解脫道，那就不應該喧囂。

有的菩薩爲什麼要爲人說寂滅法？因爲菩薩同時要住持聲聞菩提，也同時要住持緣覺菩提，這才是眞正的菩薩。如果菩薩只會講明心見性，二乘菩提都不懂，那叫作假名菩薩；因爲佛菩提一定函蓋二乘菩提，不可能實證佛菩提的人竟然不懂二乘菩提。所以菩薩能住持二乘菩提，二乘人反而不能住持二乘菩提，不管他是不是阿羅漢，都是如此；因爲他們最多就是住在人間一世，捨報之後個個走了，然後二乘菩提後來就無以為繼。現在的事實也是如此，二乘菩提早就失傳了。看看南傳佛法，一千五百年前覺音論師寫的《清淨道論》，也沒有辦法教人家斷我見，更不可能教人家斷我執。

可是現在南傳佛法的師僧們都是專讀《清淨道論》，《尼柯耶》反而不讀了。那表示什麼？二乘菩提已經失傳了，只剩下一些名相存在。結果呢，現在二乘菩提的弘傳還得要靠我們，我們寫了《阿含正義》再把它弘傳起來。將來也許有人拿了《阿含正義》當教材開始弘傳起來，什麼時候呢？五十年、一百年後的南洋，就是會這樣啊！所以菩薩也能說寂滅法。可是只愛學寂滅法的人都是小根小器，那就要不斷地教導，而且還要告誡他們。告誡就是詔，詔令他們說不許作這個、不許作那個，不許想這個、不許想那個，這就是詔。所以有的佛世界裡面顯然聲聞眾很多，所以才會說「種種教詔，無數眾生」，表示那些眾生之中，有那麼多的眾生都是聲聞種姓。

「或見菩薩，觀諸法性，無有二相，猶如虛空。」有的佛世界中又看見有菩薩，觀察諸法的法性，沒有二種相。為什麼沒有二種相？就是只有一相，叫作如來藏相，名爲實相一相。所以菩薩如果悟了，不管見了誰，不知道對方的名姓也都可以稱呼，就叫作如來藏菩薩，都一定對啦！因爲看見每一個人都有如來藏，不管他是什麼樣的有情：鬼道眾生、畜生道、地獄道、天道、人道、修羅道都一樣，同樣都是如來藏相。這個總相，不論去到哪裡都一樣，在娑婆世界是如此，他方世界亦復如此，無有二相，都叫作如來藏相。如來藏有什麼相？虛空相。祂無形無色猶如虛空，卻可以出生一切色法。這表示說，那個佛世界具足三乘菩提，因爲如果有大乘菩提就會有二乘菩提，只是有沒有把它分析出來爲眾生說明而已。

「又見佛子，心無所著，以此妙慧，求無上道。」彌勒菩薩又說：又看見有的佛世界裡面有佛弟子，心中沒有任何的執著，他們就以這樣的勝妙智慧來求無上道。這表示是證悟的菩薩們，悟後起修而在追求佛地的圓滿智慧。

「文殊師利！又有菩薩，佛滅度後，供養舍利。」那麼，彌勒菩薩所說的，已經看見了這麼多，其實還沒有講完，因爲也還有菩薩在 佛陀滅度以後，供養 佛陀的舍利。通常諸佛不會留下肉身舍利，通常都是以碎身舍利留下來；因爲如果只有肉身舍利的話，那只有一處能供養，因爲不許切割，所以只能夠一處供養。如果是碎身舍利，那就可以在很多很多地方都有眾生可以供養，眾生想要修集福德就比較容易。所以成爲碎身舍利以後，可以分到忉利天宮，可以分到龍王宮，可以分在人間。你看，像佛陀舍利，單是阿育王就建了八萬四千塔；其他還有極多舍利，由更多佛弟子供奉供養，利益了更多人。所以諸佛通常都用碎身舍利讓眾生種福田。

「又見佛子，造諸塔廟，無數恒沙，嚴飾國界，」也看見有的佛子，建造種種佛塔或者佛廟。廟現在都通稱道教的道場，其實廟本來不是專講道教的，而是通稱。可是這個通稱後來就變成道教專用了，因爲後來佛教道場很多就改稱爲寺或院。可是寺這個名稱本來是中國古時候的一個官衙，通常叫作寺。官方把寺捐出來給玄奘菩薩翻譯經典，然後大家問說：「這是在哪裡翻譯的？」「在慈恩寺翻譯的。」於是佛教的道場就稱爲寺了，然後大眾就開始轉變觀念說：寺就是佛教的道場，所以佛教不管什麼廟建起來以後都叫作寺。所以「寺」本來不是指佛教的道場，廟本來也不是專指道教的道場，但是現在已經成爲一種約定俗成了：凡是寺就是佛教的道場，凡是廟就是道教的道場。如果將來大溪正覺寺蓋起來叫作正覺廟，大家第一個印象會認爲那是道教的。所以我們也只好依照約定俗成，將來我們的道場建成就叫作正覺寺，不叫正覺廟了。可是塔與廟本來就是佛教道場，凡是教導眾生在宗教上活動的場所就是廟。塔與廟是有一點不同的，塔的範圍比較小，所占的地基比較小，但是比較高；廟是可供修行人居住的，地基大，但是沒有很高。塔與廟的差別就在這裡。

有許多的佛子建造了佛塔、建造了佛廟，用很多的材料去建造出來以後無量無數；因爲一萬八千個佛世界到底有多少塔廟，很難計算。光是一個地球，你就算不清到底有多少佛寺了，所以那麼多佛世界眞的很難算。光是台灣，你就得要花費很多人力去統計。如果是一個佛世界——一個三千大千世界，到底會有多少塔廟？如果是東方一萬八千佛世界，那當然是「無數恒沙」。並且都把整個諸佛的國土莊嚴得很勝妙，所有諸佛國土國界，都由佛子們建造了無數塔廟，又用各種裝飾莊嚴起來。今天講到這裡。

今天我們有很多同修去高雄抗議達賴喇嘛藉著風災，假稱為災民祈福，來台斂財、騙人；我們有很多人自動自發去高雄抗議，辛苦大家了。這一件抗議的目的其實不是抗議，是藉這個機會向社會大眾們教育：密宗不是佛教。這是我們主要的目的，也讓社會大眾瞭解，假使有看新聞的人看見了，他們就會有一個印象「**密宗是修雙身法的**」，我們就是要達成這種教育目的。後來我想：如果桃園，他也有再辦法會的話，我會參與，並且加上一些聳動一點的標語，譬如說「**喇嘛為台灣丈夫偷戴綠帽**」，要使密宗的那一些女性行者羞於啓齒說「**我在修密宗**」。可是，我剛剛聽說他們桃園那一場是不辦的，那就沒機會了。

所以，我們那一些密宗的小冊子，大家還要繼續努力再發。基金會還是會再編輯一些傳單，也是要繼續廣發。正覺基金會現在是第一次具名發出了傳單，聽說有一點效果，希望就此把密宗在五十年內趕出佛教。這樣佛教界就弊絕風清了，全球的丈夫們也不必被喇嘛們戴綠帽了。這是我們應該要作的事，也是救護密宗的那些女行者們不必下墮地獄，因為那是邪淫罪。我們希望達到的是這個效果，因爲發傳單時畢竟有些人拿不到，普及性比較少一點，得要長期去作；所以基金會陸續再印，已經印了第一張，將來會有第二張，慢慢再印。

再回到《法華經》來，上週講到第七頁：「**又見佛子，造諸塔廟，無數恒沙，嚴飾國界。**」今天要從下一段開始：

「**寶塔高妙，五千由旬，縱廣正等，二千由旬。**」是說東方一萬八千世界有佛入涅槃後，佛弟子們建造塔廟供養舍利，或者建造寺院等等，來弘揚佛法，可是他們建的寶塔非常高，有五千由旬。一由旬到底是十公里或者二十公里，我也搞不清楚。有另外一種說法，說一由旬是二十華里，有人說是公里，不知道。總之，很高廣就對了。五千由旬那是多麼高？可能不是我們這一類的世界。縱廣是一樣的，就是深度與寬度是一樣的，各有二千由旬。

「**一一塔廟，各千幢幡，珠交露幔，寶鈴和鳴。**」這些塔廟都裝飾了非常多的幢與幡。「幢」是好像雨傘一樣的，遮陽的莊嚴物，「幡」是一個長條形的，用布做的，上面寫著字。我們九樓講堂以前剛開始，兩邊也掛了「南無本師釋迦牟尼佛」的幡，可是後來拿掉了，因爲掛上去以後覺得好俗氣，我們看不慣，現在收著，一直沒有適合的地方掛，那個叫作幡。

「珠交露幔」，「幔」就類似網子一般，但是網子有很多孔目，孔目四至都有繩索交叉綁住的地方，都用寶珠懸在那個地方，所以一張網上面就掛了很多的寶珠，像這樣很大的網子綁了很多的寶珠，蓋在寶塔上面。這樣講解可能諸位不太有印象，譬如說你們如果看到大甲鎮的大甲媽祖出去外地進香時，她的神轎抬出來乘坐，那神轎頂上不是掛著網子嗎？那張網子的邊邊都有流蘇；但這裡講的「珠交露幔」跟那張網子有一點不一樣，而是在那一張網子每一個孔目的四至，都懸掛著寶珠。用這樣繫著很多寶珠的網子，覆蓋在寶塔上面或者寺院上面，這叫作「珠交露幔」。「寶鈴和鳴」，當然就是用銅或者某一類堅硬的物品去鑄造或製成鈴子，風一吹動，它就會響動，這叫「寶鈴和鳴」。接著說：「諸天龍神、人及非人，香華伎樂，常以供養。」諸天龍神、人及非人，用香華以及歌舞音樂，常常用來供養諸佛的舍利塔。講到這裡，彌勒菩薩又問說：

「文殊師利！諸佛子等，爲供舍利，嚴飾塔廟，國界自然，殊特妙好，如天樹王，其華開敷。」是說：「文殊師利啊！諸佛子等，」「等」就包括護法龍天等等，「人及非人爲了供養佛的碎身舍利，所以莊嚴以及修飾這些塔廟。國界也就自然而然變成很特殊、很勝妙、很美好，猶如忉利天中的樹王一般，花朵綻放一樣的莊嚴。」

「佛放一光，我及眾會，見此國界，種種殊妙。諸佛神力、智慧希有，放一淨光，照無量國。」彌勒菩薩說：這些景象是因爲 釋迦如來放光，所以我彌勒以及所有大眾與會者，都同時看見了這個國界中，這樣種種不一的殊勝微妙的境界。而諸佛的神力以及智慧是很稀有的，就這樣子放出一個光明來，這個清淨的光明照耀了無量無數的佛國。

「我等見此，得未曾有。佛子文殊！願決眾疑。四眾欣仰，瞻仁及我：世尊何故，放斯光明？」我們看見這樣的殊勝景象，這是過去追隨 釋迦世尊聞法這麼久以來，所不曾看見過的。佛子 文殊啊！希望您決斷大眾在這件事情上的疑惑。在會中的佛子四眾們都很歡欣地仰望著，都是正在看著您和我，冀望我們來爲大眾說明：爲什麼 世尊會放出這樣的光明來？

「佛子時答，決疑令喜：何所饒益，演斯光明？」您是 佛的眞子，應該要觀察何時正是回答的適當時間，來決斷大眾在這件事情上的疑惑，使大眾發起歡喜心：究竟 世尊是爲了什麼樣的饒益，而演放出這樣的光明？

彌勒菩薩難道不知道 世尊放光的緣由嗎？一定是知道的，可是總不能自己站了出來就講。而且說老實話，彌勒菩薩也不是像 文殊菩薩能夠究竟了知這個因緣，因爲事實上 彌勒菩薩還曾經是 文殊菩薩的弟子；因爲 文殊是七佛之師，彌勒菩薩也曾追隨七佛修學。所以他對這一種景象一定有完整的印象，可是仍然必須要經由 文殊菩薩來說，最具有公信力，所以才要這樣子來問。由這裡來看，顯然大眾也都知道說，如果想要問：是誰最知道這件事情？那就是他們二位最有資格了，因爲其中一位是被授記爲即將來下生成佛的下一尊佛。而 文殊呢，佛已經講過他的本生經，所以有很多人知道，他其實早就是成佛的人，只是爲了因地曾發過的願，才來當 釋迦如來的旁侍。所以問他，一定是無所不知，問他絕對沒問題，所以大眾當然眼光都看向他們兩個人。

那麼，既然 彌勒菩薩問了，文殊菩薩當然是應該要說明。可是，到底即將要說的是什麼內涵？而諸佛將入滅前一定會演說的《法華經》，正是現在 釋迦牟尼佛即將要演述的經典。彌勒當然知道這樣的內涵，一定要讓文殊菩薩來爲大眾先作一個簡略的說明，否則恐怕很多人都沒有辦法接受，因此他就故意提出來請問。要請人家答覆以前，應該先把需要 文殊菩薩解答的內涵提出來，不然到時候 文殊菩薩說得太多太廣，大家又嫌了。如果 彌勒菩薩有問的部分，文殊就不能不答，他回答時就有一個名義了。就好像說，你要出兵打人家，要有個名義、有個原因，總不能無緣無故就要打人家。

「佛坐道場，所得妙法，爲欲說此？爲當授記？」同樣的道理，所以就要問，佛陀坐在道場——就是菩提樹下那個金剛座，成爲 佛陀之後所得的妙法，是否就是今天 佛陀放光預告所要講的法呢？是問說：是不是要演說祂所悟的法呢？或者是 佛陀準備要爲大眾授記？由這二個地方看得出來，顯然 彌勒菩薩知道 世尊放出這種光明時是宣示將要講什麼法；所以《法華經》要講的最主要的內涵，他先含蓄地點出來了，但故意要請 文殊菩薩來說。那麼，當然後面的因緣，諸位也會證實確實是如此。

「示諸佛土，眾寶嚴淨，及見諸佛，此非小緣。文殊當知：四眾龍神，瞻察仁者，為說何等？」彌勒菩薩接著又說：世尊為大眾放光照耀出東方一萬八千個佛世界，把這一些佛世界的種種珍寶莊嚴清淨的境界顯示出來，也讓大眾可以看見諸佛，這一定不是小因緣。文殊菩薩您應當知道：四眾弟子以及天、龍、神等，大家都在瞻仰著，也在觀察仁者，您到底將會為大眾怎麼說呢？這話一講，文殊當然不能推辭了，因為本來也許有人沒有想到真正能說明的人是 文殊，可是他這麼一講，那就非 文殊莫屬了，一定是他了。

所以，彌勒菩薩問話時也是有他的用意和技巧，諸位！這也要學。這麼一問，文殊菩薩就不能答非所問了，因為要問的內容明明白白點出來：我要問的是這個，就不能旁答其他的事相了。如果 文殊顧左右而言他、答非所問，隨便弄個別的東西來答，就表示他不是真正的 文殊菩薩了，那一定是冒牌貨，所以 彌勒菩薩問得好。彌勒菩薩講了這麼多的偈來提出請問以後，到底他還有沒有別的用意？其實他還有別的用意。諸佛的弘化，以及所有那些佛世界裡面的菩薩們親隨佛學、努力修行菩薩道，不怕生死中的痛苦，一世又一世這樣努力，這一萬八千佛世界中的菩薩行道內容，其實就是在顯示釋迦牟尼佛所曾經歷的一切過程。

東方萬八千世界中，有剛剛在學的菩薩，是外門修學而不急著求開悟；也有已經悟了，也有悟後還在三賢位中的，也有入地的，乃至等覺菩薩，也有顯示諸佛正在入涅槃，這都在顯示：釋迦世尊所教導的菩薩們，同樣會完成這樣的過程。這也表示說，菩薩們的一切行止，釋迦佛全都經歷過了。彌勒菩薩詳細地問這些話，言外之意就在這裡，意在顯示 釋迦世尊是這樣成佛的，所有菩薩們也都是要修完各種行門與層次的。這其實就是在教化那一些聲聞凡夫們，讓他們知道：成佛之道，不是只行一世的菩薩道就能成功的。

阿羅漢道是一世就可以完成，但是成佛之道，像這麼多的菩薩們，一萬八千世界中的菩薩們各個境界都不同，但都是努力在修行，然而他們全都是菩薩。那一些聲聞種姓中還沒有斷我見的人，他們如果有智慧聽到這裡，也親自看見這個景象，知道一萬八千佛世界中的菩薩們是那樣修行而有種種不同的境界，他們就應該知道說，原來 釋迦佛在因地時也是經過這樣的全部過程，不是一世、二世就可以完成的，那就應該對 釋迦世尊產生具足的信心才對。可是呢，聲聞凡夫畢竟是聲聞凡夫，他們就不會想到這一點。所以那些聲聞凡夫們，後面諸位再看他們怎麼表現。不過他們表現之前，拉回到這個時空來，文殊菩薩還沒有解答呢！

經文：【爾時，文殊師利語彌勒菩薩摩訶薩及諸大士、善男子等：「如我惟忖，今佛世尊欲說大法、雨大法雨、吹大法螺、擊大法鼓、演大法義。諸善男子！我於過去諸佛，曾見此瑞；放斯光已，即說大法。是故當知，今佛現光，亦復如是，欲令眾生，咸得聞知一切世間難信之法，故現斯瑞。」】

語譯：【這時，文殊師利菩薩就告訴彌勒菩薩摩訶薩，以及所有諸大士、所有地上菩薩們，以及還沒有入地的善男子等等：「如果依照我的思惟和猜測，今天佛世尊是想要爲大眾演說最大的法，也要爲大眾降下很大的法雨，並且要吹起大法螺，還要擊動大法鼓，來演述大法的眞實義。各位善男子們！我曾經於過去諸佛看見過這樣的瑞光，放映出這樣的光明以後，接著就演說大法了。由於這個緣故應當知道，今天佛陀示現這樣的光明，也是同樣的道理，是想要讓眾生全部可以聽聞而了知一切世間難以信受的大法，所以才會顯現出這樣的瑞光。」】

講義：當然　文殊菩薩絕對不是信口開河，信口開河都是凡夫所作的事；已經實證的人都不敢信口開河，因爲那是要負因果的。說錯法的因果是很嚴重的，特別是明知錯誤而偏要把它說錯，然後扭曲狡辯說他的法是　佛陀所說的正法。那個因果很重，因爲那有三個因果：第一、謗法，就是把眞正的佛法加以誹謗變成錯誤的世間法，堅決指稱錯誤的法是眞正的佛法；謗法的結果就是第二個因果——破法，因爲正法必然被他破壞。而謗法破法的結果，也會成就第三個因果——謗佛的惡業，因爲他明知道不是　佛所說的道理，卻故意把它妄解扭曲，然後狡辯說這就是　佛陀的意思；其實就是在指責　佛陀。因爲佛講的不是那樣，他偏說　佛是那樣講的。如果以現代的法律來講，應該說他是毀謗。

譬如，佛陀說：「一加一等於二。」他說：「不！佛陀說一加一等於三，我親耳聽聞。」那也是謗佛啊！所以故意扭曲而說，竟堅持說是 佛陀金口所說，本來就是破法跟謗佛，可是他們不知道。所以，當他們狡辯說這就是佛陀親口說的，那就已經成就謗佛之罪了。謗佛的罪很重，因此以前在佛陀那個年代，所有阿羅漢們出去外面，如果遇見外道、辯論了解脫道法義，回來道場時都要復述給 佛陀聽：「我什麼時候在哪個地方遇見了誰，我跟他談論了什麼法。」敘述完了以後，都會向 佛報告說：「我這樣講，有沒有謗佛呢？」都是這樣問，阿羅漢們都這樣問的。可是佛陀聽了都會說：「你這樣講是如法說，沒有謗佛。」《阿含經》中有記錄下來的都是這樣，沒記錄下來的當然更多。可是，凡夫們都把 佛陀說的法扭曲了說，然後都說他們講的都是 佛講的；而 佛陀不是像他說的那樣子講，那他指稱是佛法時，就是謗佛。可是這個道理，好像他們都不懂，不曉得他們那些「大師」的那個「大」字，是怎麼來的？眞不知道啊！其實他們一天到晚在謗佛，依

據 佛陀那個年代的定義，把錯誤的法硬說是 佛陀親口講的，這樣就是謗佛。

如果像印順所說的那樣，根本就不是佛法，竟然都說那就是 佛陀的意思，那就是謗佛。那些大法師們也都這樣講：「如來藏是方便說，沒有如來藏可證。」你問他說：「佛是這麼說的嗎？」他說：「佛是這麼說的，確實如此啊！《楞伽經》中世尊就是這樣講的啊！」那個結果就是謗佛，因爲 佛陀明明不是這麼說的。把 佛陀說的法扭曲了以後硬說是 佛所講的，就是謗佛。如果在世間法裡面，某甲說：「張三如何如何，眞的不厚道，是個惡人。」結果某乙聽了去告訴別人說：「那某甲講李四如何如何，說李四是壞人。」把張三的事套到某甲與李四頭上去，你說他這樣算不算謗某甲、李四？算啊！因爲李四一定會找某甲理論。所以，這些人謗佛以後竟然都不知道自己謗佛了。同理，文殊菩薩絕對是有根據而說，絕對沒有一絲一毫的捏造；因爲這部經宣說的過程中，還會有 多寶如來前來作證，也還會有別的菩薩們前來印證的；所以如果眞要再問起來，難道 觀世音菩薩、大勢至菩薩都不知道嗎？其他菩薩們也都不知道嗎？知道啊！不過這個場合就是該他來說，因為他最有資格，所以就由他這樣來答覆。接下來，文殊菩薩又怎麼說？

經文：【「諸善男子！如過去無量無邊不可思議阿僧祇劫，爾時有佛，號日月燈明如來，應供、正遍知、明行足、善逝、世間解、無上士、調御丈夫、天人師、佛、世尊，演說正法，初善、中善、後善，其義深遠，其語巧妙，純一無雜，具足清白梵行之相。為求聲聞者說應四諦法，度生老病死，究竟涅槃；為求辟支佛者說應十二因緣法；為諸菩薩說應六波羅蜜，令得阿耨多羅三藐三菩提，成一切種智。」】

語譯：【「各位善男子啊！如同過去無量無邊不可思議的阿僧祇劫，那時候有一尊佛出現在人間，佛號為日月燈明如來，應供、正遍知、明行足、善逝、世間解、無上士、調御丈夫、天人師、佛、世尊，為大眾演說正法，最初所說非常善妙，中間所說乃至到了最後的所說，一樣是非常的善妙。所說的法義很妙而且非常的難以通透，而日月燈明如來的言語也非常的巧妙，並且所說之法是純一而沒有夾雜其餘次法的大法，並且具足了清淨的梵行之相。日月燈明如來爲求聲聞法的人就解說相應於四聖諦的法，度那一些人超越了生老病死，究竟可以進入無餘涅槃中；爲了求證辟支佛果的人解說相應於十二因緣的法，讓他們成就辟支佛果；爲諸菩薩們開示相應於六波羅蜜的種種法，並且教令這些菩薩們證得無上正等正覺，最後還能成就一切種智。】

講義：這是過去無量無邊不可思議的阿僧祇劫之前，到底是多少劫？沒辦法計算，所以才會說無量無邊不可思議阿僧祇劫；因爲阿僧祇劫就難以計算了，而且是不可思議的無量無邊的阿僧祇劫，表示這是很早以前的事。以劫數來計算，這樣想起來，人壽到底是長還是短？眞是短到不得了；因爲過去無量，所以動不動就是以阿僧祇劫的單位來說；這樣算起來，成佛三大阿僧祇劫還算是短。對啊！因爲這裡說的是無量無邊不可思議阿僧祇劫，不是只有三個阿僧祇劫，三跟無量無邊不可思議是無法比較的。說那麼久以前有一尊佛，佛號是日月燈明如來，一樣是十號具足。

十號裡面，我們來稍微解釋一下，不要講多。「應供」，應供其實就是阿羅訶，也就是阿羅漢，是人天都應供養。爲什麼是應供？因爲證得解脫果了，一切人天遇見了都應該供養，所以叫作應供。阿羅漢是應供，那阿羅漢的解脫果一世便成就了，諸佛呢？至少三大阿僧祇劫才能成就，當然更具有阿羅漢的功德，所以諸佛也可以稱爲阿羅漢。譬如說，你如果取得博士學位了，你也可以擁有小學生的資格，因爲你小學生那個階位早就經過了，那麼後面的中學生、大學生乃至碩士，也當然都有資格自稱，所以說諸佛同時也是應供。

「**正遍知**」，正遍知是說對於世間法瞭解了以後，並且進而瞭解出世間法，也就是二乘菩提具足了知，然後再針對大乘菩提等世出世間法也具足了知，這叫作正遍知。如果誤會了，叫作邪，當然也不能遍知，但也不能叫作邪遍知，只能叫作邪少知；因爲眞的是所知太少才會誤會，而且是錯悟的誤會。所以對於世間法、出世間法、世出世間法都具足了知，才能叫作正遍知。那阿羅漢爲什麼沒有這個名號？因爲阿羅漢知道世間法、出世間法，但不知道世出世間法，更沒有具足修完佛菩提道世出世間法，所以不是正遍知。

接著「**明行足**」，明是指三明，就是天眼明、宿命明、漏盡明。然而三明六通的俱解脫大阿羅漢，雖然有三明，可是卻不具足。也就是說，在三明上面的清淨行，他還沒有滿足，所以阿羅漢沒資格稱爲「明行足」。諸位所熟知的一個故事說，阿羅漢觀察別人的宿命最多到八萬劫，所以跟那個老人說：「你沒有因緣出家，回去啦！」趕他回去，那個老人家哭哭啼啼一路上哭回家，半路上不是遇見了佛嗎？佛問他說：「你哭什麼？」他說：「阿羅漢們都說我沒有因緣出家，所以我很難過，這一世能遇到了佛陀出世，我竟然沒因緣出家。」佛一看就說：「沒關係啦！來！來！你跟我回去。」就幫他剃度了，阿羅漢們說：「奇怪！他明明沒有因緣出家。」佛陀說：「不！他多少多少劫以前，」當然遠超過八萬大劫，「因爲被老虎追趕，爬上樹，在樹上大叫『歸依佛』，就因爲這個緣故，他今天有因緣出家。」這就是 佛陀的宿住隨念智力與阿羅漢宿命明的差異所在。大阿羅漢入定以後可以看到八萬大劫，超過就看不見了，但 佛陀的了知不是依靠宿命明，而是以宿住隨念智力來了知，一念之間便能了知往昔無量劫前的任何事情。

天眼明也是一樣，阿羅漢看未來的事情最多只到八萬大劫，超過了，他也看不見；但 世尊可以無所限制，所以才能爲人授記何時及如何成佛。如果只能看八萬大劫，怎能爲人授記呢？因爲一個菩薩證悟之後到成佛，或者二大阿僧祇劫，或者超過二大阿僧祇劫，或者一大阿僧祇劫，阿羅漢們怎麼能夠看出來？他只看得見未來八萬大劫，當然看不見阿僧祇劫之後，如何能爲人授記？所以 佛陀可以爲人授記，因爲祂所見的未來是無邊際的，而且是一念之間就能了知的。只要你的菩薩性已經具足了，然後你又證悟了以後，佛就知道你將來會是什麼時候成佛，包括成佛時的狀況都可以授記。阿羅漢無法授記，原因就是他的天眼明不具足，所以不是明行足。三明六通大阿羅漢迴小向大之後，跟著 佛陀修學而開悟般若了，然後努力修學般若的別相智，有一天終於入地了，那時距離成佛還得要二大阿僧祇劫，他的梵行及無生法忍還不具足，所以他的天眼明最多只能看到未來八萬大劫，所以還不是明行足。

至於漏盡明呢？阿羅漢們只不過是斷了三界愛的現行，可是習氣種子都還沒有斷除。但是菩薩們入地之後，還歷經一大阿僧祇劫斷盡習氣種子，這阿羅漢已經作不到了；然後接下去再一大阿僧祇劫專門斷除異熟種子的變異，這也不是阿羅漢作得到的，這樣歷經整整三大阿僧祇劫才完成，漏盡通的梵行才算具足。佛弟子成爲阿羅漢以後，他們向 佛報告說：「我今天下午成爲阿羅漢，梵行已立，所作已辦，不受後有。」那是方便說，因爲他只針對三界愛現行的斷除去建立梵行而已，針對三界愛習氣種子隨眠的現行可都還沒有斷除呢！所以他的漏盡只是斷現行，習氣種子、異熟種都還沒有斷除，所以他的漏盡，即使是俱解脫大阿羅漢，定障、慧障全都斷除了，使他的漏盡通稱爲漏盡明，其實還是不具足，還得要再經二大阿僧祇劫進修，把有記性的習氣種子及無記性的異熟種子都斷盡，才能到佛地，所以他的漏盡明依舊是梵行不具足。由於天眼明、宿命明、漏盡明的梵行還不具足，所以他依舊不能稱爲明行足，但諸佛都是明行足。

再說「善逝」，阿羅漢入涅槃，是沒有辦法像諸佛那樣的；佛陀隨時隨地可以示現入涅槃，而在人間化緣圓滿之後示現入涅槃時，又是以不可思議的方便善巧來示現的。所以降生人間時特地示現成一個凡夫的模樣，出生在王宮裡面，就好像什麼都不懂的模樣，一一從頭開始學起；然後把從一個凡夫到達佛位應該要有的，就這樣子幾年把它完成。諸位你想想看，假使你已經走過三地滿心位了，五神通、四禪八定、四無量心都具足了，已經有意生身而沒有胎昧，早已轉入第四地了，結果你下一世去投胎示現出生時，你還會不會示現作一無所知的人呢？不可能嘛！那時要你示現作一無所知，你能辦得到嗎？你辦不到。

但是佛陀示現時，不是一切都知而故意裝不知；並不是裝迷糊，而是故意示現作完全不知，這才是難。三地滿心、四地菩薩都是可以正知入胎、正知住胎、正知出胎的，到了即將進入佛地時，以最後身菩薩來降生人間，卻示現爲什麼都不懂，具足胎昧；並不是裝迷糊的不懂，而是顯現確實什麼都不知道，然後一一學習而隨即成佛。這表示什麼意思？諸位有沒有想過這個道理？一定都沒想過，看你們表情就知道了。善財童子五十三參，也在告訴我們這個道理；那裡面告訴我們很多道理，他的過程也是在告訴我們，從初信位到達第五十二階位的善知識，總共有五十三參，隨即成爲等覺大士，這也是在告訴我們這個道理。

那麼，這個道理很難理解，這只有到了最後身菩薩位，你才會知道是怎麼個道理，而其他人無法瞭解，所以這樣的示現並不容易。然後在入涅槃的時候示現如同阿羅漢一樣入涅槃，可是祂畢竟不滅，又在別的地方繼續以應身受生弘化於人間；然後，當人間的弘法因緣尚無一處成熟的時候，就以莊嚴報身在色究竟天宮繼續說法，這才妙啦！所以這樣的「善逝」不是阿羅漢們作得到的，諸地菩薩還是作不到，所以諸佛才稱爲「善逝」。如果依文解義，很簡單地說，就是懂得怎麼死——善知如何逝世。可是如果單純這樣講，大家一定會誤會：「怎麼死？那還不簡單！」世俗人聽了一定誤會：「唉呀！安眠藥吃了，或是脖子一抹就解決了。」但那叫惡死，不是「善逝」，所以諸佛之所以稱爲「善逝」，其中的道理不簡單，可是少有人知。

接著說「世間解」，是對世間具足瞭解。世間解，有哪一部經是最好的證明？《楞嚴經》。《楞嚴經》裡面 世尊告訴我們，地獄是怎麼形成的：因爲這一些眾生的心性是這樣，未來世需要那個地獄世間，所以這些眾生造了地獄業，心性到了與地獄世間相應的時候，地獄就形成了，地獄世間就這樣來的。餓鬼的世間、畜生的世間、人間世間、欲界天世間、色界天世間、無色界天的世間，是怎麼來的？就是這樣來的。一一告訴大家：爲什麼會有這一些有情。有這一些有情就會有那樣的世界，所以是先有那一些有情，然後才有世界。誰具足瞭解這些三界世間的道理呢？就是諸佛。這個道理，諸位可以等一等，等《楞嚴經講記》出來了，你們慢慢去讀就會知道：喔！原來世間是這樣形成的。以前都是在理論上知道：因爲共業有情造了同樣的業，所以如來藏創造了這個世間。在《楞嚴經》裡面可是具體的說明。這只有諸佛能夠知道，菩薩們就跟著諸佛修學，學了就知道一些；到諸佛的佛位時就具足圓滿的了知，那時就稱爲「世間解」。（編案：《楞嚴經講記》已經出版完畢，總共十五輯。）

「無上士」，「士」這個字，在古時候是一個很崇高的名稱，是超脫於一般人之上，那才能稱爲士，所以說「文人雅士」時，文人不一定能當雅士。如果文人兼而稱爲雅士，那就像竹林七賢那一類的人，或者說諸葛亮如果不出隆中，繼續在隆中講他的歌偈、讀他的書，他就是雅士了；可惜後來出了隆中以後，投入官宦場中就不叫雅士了。所以這個「士」，在古時候是一個很高尚的名詞。「無上士」，表示說具有無量的方便善巧，因爲「士」字比較偏在技術方面來說。譬如日本習武的人有個名稱，以前被叫作「武士」。我們小時候常常看日本影片，我們以前都管劍道叫作「前叭啦」（日語），有沒有？拿著武士刀，顯示極高超的刀法。可是眞正的武士是人格非常高尚的人，才有資格當武士；不是說會要刀，把刀子插在腰間，能殺人就叫作武士。能殺人的還不是武士，他還必須兼有高尚的德操才能稱爲武士。可是現在呢，一談到武士，大家都說：「唉呀！那個大老粗啦！」可是那個「士」是很高尚的，如今有誰知道？大多不知道。所以這裡說的「士」，表示是在某一些方面有很深入的瞭解，很有專業性，有這個意涵。那麼稱爲「無上」，就表示說，在各種法門中的方便善巧，沒有人能超越於佛陀。所以在當太子的時候不是比武招親嗎？娶耶輸陀羅的時候，就顯示出祂在世間法上是超人一等，所以別人競爭不過祂。

同樣的，你如果問到許多的世間法，佛陀自然會知道。有一次，佛陀好像是氣候太熱還是什麼事情，身體不舒服，祂需要用某一種藥，佛陀就叫阿難說：「你去跟某某長者要某某藥材。」阿難尊者去要到了，就跟長者問：「請問這個藥材怎麼用？」長者說：「你不必問我，佛陀都知道。」阿難就帶回去了。因爲人家已經這麼講，不能再強問；帶回去了，佛陀自然知道怎麼用。所以「無上士」，表示三界世間諸法 佛陀都知道。所以如果有人想說：「我在想什麼，佛陀一定不知道，我一定可以瞞得過。」那個人，我就說他是傻瓜。這「無上士」三個字已經告訴你了，你對 佛陀還有什麼好瞞的？

每一個人在 佛陀面前都是清清楚楚、明明白白、了了分明，沒有一絲一毫遮隱可說。所以在 佛面前有什麼可瞞的？沒有啦！你就像一個透明人一樣，不但看透你的身，還看透你的心，全都知道；因爲你對自己還有許多不知道的，佛還比你更知道，佛陀比你更懂得你。所以有很多人不知道到底是什麼因緣，佛陀都還要告訴他說：「你過去世因爲什麼因緣，所以這一世如何、如何。」祂不是比我們還更知道我們嗎？那還有誰能騙祂喔？傻瓜才會想要去騙祂。這就是「無上士」。

接著是「調御丈夫」，「調御」就是調伏與駕御的意思。譬如象師、馬師，就是能夠調伏及駕御大象、馬匹的專家。對於眾生要如何加以調伏及教導，是一切弘法者都應該要懂的方便善巧。弘法的人，若是已經有所實證了，在度人的過程中，將會漸漸產生各種方便善巧來調伏所應度的眾生；特別是已經成佛的人，對於如何調伏眾生，當然有更多而且是具足的方便善巧，所以是具有「調御」智慧的人。因此，不論是什麼樣的眾生，諸佛都能夠加以調伏然後加以教導；即使是最惡劣的眾生，必須留到未來世去教導的惡眾生，應該讓他們隨著惡業而去地獄受苦的，就讓他們依著業力去地獄中廣受種種痛苦，未來回到人間時就容易教導了，因爲已經被地獄果報及餓鬼、畜生果報所調伏了。所以，不論是什麼樣的有情，諸佛都能夠調伏教導。

「丈夫」呢，是說他不受要脅，心地不彎曲、直語而說，這樣才叫作「丈夫」。爲什麼諸佛能夠「調御」眾生而成爲「丈夫」？「丈夫」是不可屈辱，才可叫作丈夫。當然，這個丈夫不能拿來用在你們這些男眾們身上，因為當了一個女人的丈夫，其實還是要跟「家後（註）」多多商量；為什麼呢？因為一個人的所知所見畢竟有所不足，所以台灣話不是有一句話說「聽某嘴，大富貴」嗎？對不對？不曉得妳們女眾有沒有庇蔭丈夫大富大貴？這段經文的意思是說，眞正的「丈夫」其實是佛，因為沒有人能懾服祂，所以祂被稱為「丈夫」，不論從世間法或者從出世間法，乃至從世出世間法來說，任何人都不能懾服祂；因為諸佛都有無上智慧與無上福德，具有無比的大威德，當然是「丈夫」。（註：台灣話所說的「家後」，意指家中的妻子。）

為什麼這樣的「丈夫」可以成為能調御者？能懾服別人，不代表就能調御別人。而諸佛都是「調御丈夫」，為什麼祂能調御人？因為諸佛從來不會粗言厲色，總是用溫言「軟語」而說，所以不可能看見佛陀大聲呵斥人。即使遇到了外道或極愚癡弟子，佛陀因為外道或愚癡弟子實在夠愚癡、心行實在顛倒得很嚴重，佛陀也只平淡地責備說：「汝愚癡人。」不是用罵的口氣說：「你這個愚癡人！」因為祂連習氣種子都斷盡了，怎麼可能罵人？但就是會向對方提示說：「你的愚癡是很嚴重的。」因為有的人需要這樣提示，否則不會警覺。所以，佛陀講話都不會疾言厲色，要用軟語才能夠調御一切天人、人類以及諸天，佛陀都能調御。

那麼，也因為佛陀所說都是「如實語」，不曾妄語，才能調御他人；即使諸天天主來了，佛陀跟他的對談都可以去求證而且不能推翻，所以是如實語，當然乃至諸天天主都要遵循而不能違背。所以一般人聽別人說到天主時，心想：「喔！天主！不得了！人間的國王就很厲害了，他竟然還是天主！」可是諸天天主呢，且不說欲界天的天主，說色界天的大梵天王吧，他來到佛陀面前，就如《阿含經》中記載的，佛陀問他說：「大家都說你創造了世界和有情，說你是造物主，你有沒有真的創造世界和有情？」他在佛陀面前不能抵賴，因為知道佛陀統統瞭解他的底細，只好說：「我沒有創造世界。」他說：「那是別人那麼講的，他們要讚歎我，」人家說「伸手不打笑臉人」，對不對？人家對著你很快樂地笑著稱讚你，你還能反對或者打人家嗎？大梵天王說：「所以我也沒辦法，人家要讚歎就讓他們去讚歎，我就平白得了個好名聲、得了權力。」他自己在 佛前已經承認了，讓大眾聽到他親口否認造物主的能力。他其實很喜歡大家稱讚他是造物主，可是他為什麼在 佛陀面前不得不承認自己並非造物主？因為他知道 佛陀說的都是實語，不是虛語。因為所說都是眞實語，所以才能調御一切人、非人乃至諸天天主。

佛陀有時候還用種種方便善巧說各種「雜語」。意思是說，如果從這個方面演說時眾生聽不進去，那就講一些別的給他聽；別的很多法都講完了，回來再跟他講同一個法，他就聽進去了，這就是雜語。譬如世界悉檀是不是雜語？講了三界世間形成的種種事情：地獄世間、餓鬼世間、畜生世間、人間、欲界天、色界天、無色界天的各種世界，到底是什麼樣的狀況，這也是雜語。講了這個，跟一個人的解脫似乎沒有關係，跟一個人是否成佛也似乎沒有關係；可是經由這一些法的說明，眾生聽了就知道說：「原來三界種種世間都是生死流轉的境界，最究竟的還是只有解脫和佛法，一切有情最後還是得要走這一條路。」知道自己的所證原來都還是在三界生死境界中，終於願意走上解脫道和佛菩提道了，這就是用雜語來讓大眾可以入道。

有時爲不同的人要講不同的法，某一個人特別有問題，像孫陀羅難陀，佛陀告訴他：「你只要斷了貪就可以成阿羅漢。」這樣講了還不行呢，還得帶他到處去看，天上看過了還下地獄去看，他嚇出一身冷汗以後，才終於願意學解脫道，才成爲阿羅漢。佛陀爲他講的那一些生天及下地獄的事情是不是雜語？也是雜語啊！但是佛陀就把孫陀羅難陀調伏了。

另外，還要講「時語」，說話要及時。如果人家已經成爲阿羅漢了，你才來告訴他如何可以成爲阿羅漢，那叫作馬後砲。要迎接大官來，他的馬即將要進城門時就該鳴砲歡迎了，對不對？歡迎呵！等到人家已經離開了，你才在後面放砲，那大官想：「你在趕我快走啊！」對不對？一定在想：「你在趕我啊！不歡迎我啊！」那叫作馬後砲，放了沒有用處，而且還讓人家不高興。所以講話要講得及時，譬如說某一個人被冤枉，現在正需要你出來爲他證明說：「他是被冤枉的，事實是如何。」偏不講，等到他自己設法澄清了以後，你再來說：「我早就知道他是被冤枉的，如何、如何……。」講了也無濟於事，一點點人情都沒有，所以說話要及時。

佛陀會善觀時節因緣，該怎麼作就怎麼作。善觀察時節因緣，時節因緣到了可以講什麼話，時節因緣還沒有到就不能講什麼話，這個大眾都要學。你看，這《法華經》會上，這些大眾們有沒有人亂發言？沒有，就是 彌勒菩薩可以發言，他也知道是自己該發言的時候。文殊菩薩有沒有不問而說呢？也沒有，就是要等到 彌勒菩薩問了以後，他才出來說。佛陀都具足了知什麼時候可以說什麼話，這叫作「**時語**」。因爲具足了這四個，所以能攝受一切有情乃至諸天以及天主，所以成爲調御丈夫。

那麼「**調御丈夫**」，除了言語上面具備這四種以外，還要有三界中最大的威德力。由於有這樣的威德力，所以阿修羅王那麼兇狠，乃至暴龍那麼兇狠，佛陀都能夠調御。暴龍最懼怕的是金翅鳥王，佛陀也都把鳥王們調御好。這憑的是威德，然而這個威德從哪裡來呢？從二個方面：第一、無可猜測、無可想像的智慧，第二、由於三大阿僧祇劫以來所修集的無量無邊福德。這個福德包括定的福德、神通引生的福德、四無量心引生的福德、無生法忍引生的福德等等，所以不論什麼樣的三界有情都能夠調御，所以 佛陀才稱爲

「調御丈夫」。

那麼，我現在講這一些算不算雜語？算。因爲要從這一些事相的瞭解，諸位才會瞭解 佛陀的境界不是我們所能思議的，以後就再也不會有誑慢之心了，就不會將來明心了以後說：「釋迦牟尼佛！我跟你一樣。你開悟了，我也開悟了。」就不會這樣了。所以有一些人講：「開悟就成佛了，你們正覺說開悟才只有第七住位，你們的悟一定錯了。」那就表示說，他根本就是一個增上慢者，未悟言悟，眞悟了就不會有這個問題。

講到智慧，最近有些談話性節目，有的人還在讚歎說：「達賴喇嘛自然有智慧啦，他如何如何；他的智慧很好啦，如何如何……。」我心裡面笑著說，他那個叫作凡夫智慧，他能有什麼智慧？他的智慧有一樣倒是很厲害的，就是鬥爭。他在世間法中鬥爭的智慧很厲害，又很會包裝；以計謀用各種暗中施展的手段，達到他在檯面上以及暗地裡所要達到的目的。他殺害了那麼多人，竟然還可以得到和平獎，這諾貝爾獎的評審諸公眞的沒眼光，都被矇騙了。所以，憑藉福德以及智慧的圓滿所產生的大威德力，才能夠成爲

「調御丈夫」。

接下來說「天人師」，在人間當人師並不爲難，可是要在天上當天師可就難了。如果像張天師，那最多只能稱爲張人師，因爲天師是要收天人作徒弟的，乃至諸天天主也要被他收爲弟子，那才有資格當天師。弘法時，既度人也度天，才有資格稱爲天人師。所以如果諸佛在人間時，終其一生都沒有天人天主下來請法，表示那個佛一定是冒充的。《阿含經》中的記載好多，晚上的靈鷲山或者祇樹給孤獨園，常常晚上子夜一過，好光亮喔！爲什麼好亮？因爲天人來請法。這才是眞正的佛，天人天主都來歸依。如果天人來到面前向他問法時，他都不知不覺，竟自稱他是佛，這個佛還可信嗎？

講到這裡，就想到說達賴喇嘛一直在宣傳說他是 觀世音菩薩的化身，請問：如果 觀世音菩薩來人間化現時，會是個沒有斷我見的凡夫嗎？套一句南部人講的：「觀世音菩薩有那麼衰嗎？」對不對？對嘛！觀世音菩薩是教導人家如何修證如來藏金剛三昧的聖者，並且還教導人家怎麼樣修行可以到達佛地，豈止斷我見而已；化現來人間以後竟然連我見都沒有斷除，天下

哪有這樣的 觀世音菩薩的化身？那不是笑話一樁嗎？我們以後正覺教育基金會應該要印新的傳單出來，特別強調達賴喇嘛沒有斷我見，後面加個註腳：他是個凡夫。免得大家再亂崇拜一通。

所以「天人師」不是隨便可以自己號稱的。如果自己號稱天人師，佛菩薩不會跟他見怪，但是他的如來藏在因果律的自然運轉之下，死後就自己要去受果報。那是個愚癡人啦！短短幾十年的面子和利養，有那麼重要嗎？所以，我常笑說那些人眞的叫作愚癡啦！而且你看那些大法師們都是年紀一大把了，最多再給他活三十年好不好？夠多了嘛！如果現在八十歲，三十年後就一百一十歲了；再給他三十年，讓他賺得全世界好了，他也帶不走啊！可是未來世的苦受不是只有幾十年，那個苦受可是很多、很多劫喔！那些劫，對他們來說就是「劫數」，就是閩南語講的「劫數到了」。五年、十年後他們的劫數就要到了，這眞的是危機之秋，可是他們都沒有感覺。我有時候爲他們想到這個，腳底都涼了，可是他們一絲一毫都沒有警覺，無可奈何，救不了啦！

接下來說「佛」，「佛」的意涵繁多，但是簡單的說就是「覺者」。佛陀就是覺者，因爲佛陀是覺悟的人，這是最簡單的說法。你如果要把「佛」這個字具足解說的話，那就三乘菩提全部都要講，就不必再講《法華經》了。所以簡單而言，佛陀就是覺悟的人，而這個覺悟，不是阿羅漢、辟支佛的覺悟之所能知，諸天天主就更無足道哉，所以簡單的說，佛就是覺者。因爲有佛的覺悟，然後才能有法於人間流傳，才能夠產生勝義僧；有三乘菩提的勝義僧在人間，才會有眞正的僧寶，所以三寶其實就是佛。因爲有佛，人間才能有三寶，沒有佛就不可能有三寶，所以歸依三寶的本質就是歸依佛，這叫作「一歸」。因此說，一定先有 佛陀的覺悟，才能夠有法寶流傳於人間，才能夠有僧寶住持於人間，所以佛陀就代表了三寶，這就是說，「佛」就是覺者。

世尊是一切世間中尊，所有世界之中沒有人能比祂更尊貴。譬如說，在普通的世間來講，誰最尊貴呢？天。所以國王都被稱爲世間天，於是有人倡說天授神權，自稱是天子。中國皇帝都自稱天子，表示他是天的兒子。當然傳說中也有一些說法，往往稱說某某人是天上某某星宿下凡，所以當上了國王。但即使他是天上的星星下凡，那星星還歸天管，所以國王就叫作世間天；因為他對所統治的國土中的人民，有生殺予奪之權，就稱為世間天。可是世間天畢竟不如天界的天，所以如果生而為天人、生而為天主，這種天就叫作「生天」。他生而為天，就是「生天」，這算是最高貴了；可是在世間，還有人比他們高貴，叫作「解脫天」。聽過沒有？有人聽過嘛！解脫天，表示已經證得解脫果的人，所有阿羅漢都是解脫天。解脫天是三界應供，一切天主天人都應該供養他，夠尊貴了吧！可是還有人比他更尊貴，叫作「第一義天」。誰是第一義天？（有人回答：玄奘菩薩。）玄奘菩薩？你們不算嗎？證悟第一義諦了，就叫作第一義天。當然有廣義與狹義的定義：狹義的定義，第一義天是要入地以後，叫作「生如來家」，成如來子；廣義的定義，明心了不退轉、智慧已生起了，就是第一義天。

第一義天比阿羅漢尊貴，不要懷疑呵！不要懷疑喔！我知道有人心裡面打個問號在那邊了。大多數人不會懷疑，我講個故事好了，諸位都聽過的，我也曾講過。那大阿羅漢揹著行囊在走，有事弟子服其勞，徒弟當然應該接過來揹。不久他那個徒弟不是發了願要當菩薩嗎？那三明六通大阿羅漢知道了就說：「你揹我的行囊太辛苦了，我自己來揹好了。」阿羅漢就拿過來自己揹。才走了一段路，空手的徒弟倒是嫌辛苦了，心裡想著說：「當菩薩太辛苦了，我只是走路都這麼辛苦了，還是修解脫道的好。」退菩薩心了，大阿羅漢知道了，馬上把行囊卸下來：「來！換你來揹。」那徒弟才剛發心要當菩薩，都還沒有悟得第一義諦，阿羅漢就不敢讓他揹行囊了。這還是個凡夫菩薩喔！但他不久便退轉了，可是你如果明心不退，而且智慧增上了，你的智慧，阿羅漢無法想像，那你說說看，你沒有資格當廣義的第一義天嗎？夠嘛！除非你另外新創佛法，就是退轉了，那就另當別論，否則你就是第一義天——廣義的第一義天。第一義天絕對比阿羅漢、比聲聞應供更尊貴。

這眞的夠尊貴了，可是，即使是等覺菩薩，比起你這個剛悟的賢位菩薩，那是超越好遠好遠的了，超過整整二大阿僧祇劫以上；但是他見了 世尊，都還要五體投地禮拜，然後右繞三匝表示恭敬。這表示沒有人能比 世尊更尊貴；所以祂是三界中尊，連第一義天的菩薩們都要五體投地拳拳服膺，當然是「世尊」。這樣瞭解了諸佛的十號以後，再看見有誰自稱說他成佛了，你就會覺得可笑了吧！這就是佛的十號，每一尊佛都有十號的功德，都是十號具足，欠缺一個功德就不能稱爲佛。

接著說：「**日月燈明如來，應供、正遍知等等十號具足，那時祂爲大眾演說正法。**」演說就是把法義加以推演廣說，所演說的當然都是正法，諸佛說法不會隨便說些世間笑談。諸佛說法時除了是正法以外，還有個特色，就是初善、中善、後善，不會是龍頭蛇尾。龍頭蛇尾，諸位應該也都聽過。可是你們有沒有發覺大師演說《法華經》時龍頭蛇尾？就是剛開始講經題的時候，單單是經名，哇！他講了好幾天；可是接下來講經文時，沒幾天就講完了，有沒有？有嘛！你們一定聽過，那叫作龍頭蛇尾，叫作初善、中不善、後亦不善。諸佛說法都沒有這樣的，一開始就是很勝妙，接下來中間所有的過程說的都一樣勝妙，乃至到最後結尾的時候仍然是那麼勝妙；而且「**其義深遠**」，所說正法的道理眞實有義，不是只用一些名詞堆砌起來講。

這一、二百年來的佛教界（不只一、二百年，應該說三、四百年了），所留下來的那一些文字記錄號稱爲佛法，本質都只是用一堆佛法的名相，套上一些起承轉合的字句堆砌起來，只是這樣，只能說爲相似像法。像法時期的立名，就是因爲大家熟知的大師們所說的法，都是相似的佛法——聽起來好像是佛法，但不是眞正的佛法，無法使人實證，所以名爲像法；因此到了眞正實證的佛法不再普遍弘揚的時候，多數的大師所說都是「與佛法相像的法」時，就稱爲像法時期，只剩下少數菩薩仍然在弘揚眞正的佛法。若是所有大師都不能演說相似像法，而只能演說世俗化的假佛法，只有一個菩薩能演說眞正實證的佛法時，就稱爲末法時期了；因爲大眾的根器已經很差了，菩薩演說正法時，大師們同樣都加以抵制，這時就是末法時期了。

所以，末法時期的大師們，說的都已經是違背 世尊法教的世間法，已經沒有少數大師能夠演說相似的正法了，連相似像法都不是。你們看看現在，還有誰不是如此？如果要以二十世紀最有名的中國佛教界人物來講，那就是釋印順；可是他的《妙雲集、華雨集》等書，也一樣是用一堆佛法名相曲解以後堆砌起來，都沒有實質，其中並無正義，而且還是從根本破壞正法的邪說，所以是末法。從一個實證的人來說，讀了以後會發覺釋印順書中的內容非常貧乏。實證者所說的法一定是言之有物，一定有一個勝妙法在裡頭，然後如實解說。有時為了讓眾生能夠理解，並且用許多的方便善巧加以譬喻，說明有一個具體的法在那邊；如果裡面都言之無物，只是用這一句來解釋那一句，再回頭用那一句來解釋這一句，結果他自己沒有東西，就表示他其實不懂，他說的法就是初不善、中不善，後也不善。因為他從頭到尾只是弄一些三秒膠把這一句粘住那一句，這樣一句又一句粘過來、粘過去而已，都沒有眞實義存在，那叫作堆砌佛法名相。要不然，就是他所說的「實有」的東西，全都是意識心的境界，這就是三百年來中國佛教的具體現象。

所以說法有義並不容易，你一定得要先有實證。實證了以後，說出來的有眞實義、有深妙法，這是菩薩作得到的。可是其義深而且又遠，那就不是菩薩們所能達到。遠的意思，是說無窮無盡。菩薩就是跟著佛學，所以能夠以一法貫通諸法，是因為跟著佛學才有這個智慧，不是自己獨修而能有。然而諸佛所說都是「其義深遠」無窮無盡。而且「其語巧妙」，就是善於用各種譬喻、善於用世間言詞，來說明那個非世間的眞如法，這叫作「其語巧妙」。

並且說來說去不離本行，「純一無雜」，講來講去都是在講眞如、佛性；都是說佛性由眞如心起用，附屬於眞如心，講的其實就是如來藏。所以三世諸佛不論怎麼說，說來說去都是演說如來藏妙義。即使方便從佛菩提中析出來爲聲聞人講的解脫道勝法，仍然是依如來藏而說，否則聲聞解脫道的緣起性空，本質就變成斷滅空了。所以，三世諸佛—包括諸位—將來成佛以後說法，仍然是三句不離本行，永遠就是要講如來藏妙法。我出來說法到現在，前後總共二十年（今年還沒有滿足二十年，所以說「前後」），我講來講去也都是講如來藏，有沒有誰看過我有哪一本書是跟另一本書完全一樣的？都沒有！你們看 佛陀講的經典，有沒有二部是完全一樣的？沒有！只有《阿含經》中會有一樣的經，是因爲在這裡講完了，讓弟子們證得阿羅漢果；去到另一處地方，還是得要重新再講證得阿羅漢果的法。再到了第三個地方也還是一樣，因爲初轉法輪就是要廣度許多人成爲阿羅漢；所以有時候《阿含經》

中記說：在某處講的、在另一處講的、在其餘地方講的亦如是說。《阿含經》裡面有這樣的記載，因爲解脫道的法就是那一些，在不同地方所說的內涵都是相同的。可是佛菩提的法就無邊無際了，所以你看大乘經典那麼多，想要找到兩部內容一樣的經典，你一定找不到。這就是說，同樣是一個如來藏法，雖然「純一無雜」，可是其中的法義無量無邊，才能夠說「其義深遠」。雖然「其義深遠」，講來講去還是以這個如來藏作爲中心而說，所以依舊「純一無雜」。

並且「具足清白梵行之相」，「清白」是說完全沒有染汙，才能叫作清白；梵行是清淨行，永遠都是離欲的；所以密宗行者們修雙身法、樂空雙運，既不清白，更不是梵行；因爲梵行的修行內容都是離開欲界境界的修行，樂空雙運的雙身法假修行，自始至終都是落入欲界境界中，既不清白也非梵行。所以如果有人想要看見諸佛有不淨之行，絕對不可能；因爲自從七地滿心以後，你就看不見菩薩有不淨之行了。因爲七地滿心以後，對於三界愛所攝的一切法，都是連習氣種子也都全部斷盡了，怎麼可能還看得見他有不淨之行呢？更何況是諸佛進而盡斷一切無記性的異熟種子，沒有一絲一毫的異熟愚，當然「具足清白梵行之相」。

既然成佛了，因爲有人來求聲聞法，就爲他解說能夠與四諦法相應的一切法。與四聖諦相應的一切法，就是聲聞菩提中的一切法。諸位也許想說：「那個簡單啦，不過就是苦集滅道，八聖道加上去實修就結了。」有那麼簡單喔？如果有那麼簡單的話，爲什麼南傳佛法一千五百年來，沒看見過一個阿羅漢？對不對？雖然阿羅漢果只有一世便能成就，眼下看看南洋小乘佛教，還眞的不容易證呢！他們將來如果要有阿羅漢，還得要靠未來有誰願意發大心把《阿含正義》翻譯作泰文、緬甸文，才有可能啦！因爲他們奉爲圭臬的覺音論師那一套《清淨道論》，再怎麼讀、怎麼修，都無法使人斷我見；因爲覺音自己就沒有斷我見，始終講不出個所以然。至於要證三果、四果，那就更甭提了！

所以雖然說「爲求聲聞者說應四諦法」，看來就是四聖諦、八正道，好像很簡單，其實不然，沒那麼容易，才說是「應」；因爲若是想要與四聖諦相應，還有許多次法得先修成呢；否則的話，爲什麼南傳佛法那麼久以來，沒有人證阿羅漢呢！近代南洋佛教聲稱的阿羅漢都沒有辦法經得起檢驗，他們連初果都還沒有證得呢！所以也不要小看這個四諦法。諸佛能爲人具足解說，用各種方便善巧使人親證四諦法，度過生老病死苦，所以這個「應」字代表著許多意涵，就是包括與聲聞果的實證相應前應該先修的種種次法。如果眞的證四果了，都是由於善知識的教授；也因爲可以成爲阿羅漢，捨壽一定可以入無餘涅槃，「度生老病死」。那麼，二乘無學聖人入無餘涅槃時，就方便說它叫作「究竟涅槃」，因爲進入了無餘涅槃以後都一樣，沒有三乘差別；菩薩如果入無餘涅槃，假使諸佛也入無餘涅槃，結果都與阿羅漢所入的境界一樣，不會有所差別，所以聲聞乘人所證的涅槃，也就方便稱爲究竟涅槃。

「爲求辟支佛者說應十二因緣法」。如果是爲了求辟支佛果的人，就爲他解說能夠相應於十二因緣的法。十二因緣大家都會背：無明緣行，行緣識，識緣名色……等。大家都會背，倒背過來也沒問題，但問題是，爲什麼都無法成爲辟支佛？因爲與十二因緣法不能相應。大法師們一生爲人講十二因緣，也講很多年了，爲什麼他們自己一樣不能成爲辟支佛？都因爲與十二因緣相應的法，他們還不懂，自己不懂就無法爲人演說。世尊就是能夠爲人講這個相應法，怎麼樣相應呢？當十二因緣法宣講的時候，都會先告訴大家說：名色從哪裡來。都會先解說：「識入母胎、識住母胎、識出母胎時，如果沒有這個識，能有名色不？」佛陀都會先這樣講，讓學人先瞭解名與色都是由另一個識所出生；然後才會正式開講十二因緣，這樣的教導就是「『應十二因緣法』」。所以，「爲求辟支佛者說應十二因緣法」，還眞的不容易講；所以今天的南洋佛教連初果人都沒有，多的是因中說果的假聖人，二乘菩提當然無法眞的弘揚起來；結果還得要菩薩來爲他們註解《阿含經》中的正義，否則聲聞法、緣覺法還眞的要斷滅了。今天講到這裡。

上週《妙法蓮華經》講到第八頁倒數第二行，今天要從最後一句說起：「爲諸菩薩說應六波羅蜜，令得阿耨多羅三藐三菩提，成一切種智。」上週講的是：「爲求辟支佛者說應十二因緣法。」佛陀在世，一樣是有緣覺辟支佛。有時候善知識開示，說有辟支佛的時候不可能有 世尊出現於世，有時候說 世尊出現於世間就不會有辟支佛。但是，這裡面有一點小地方要稍微說明一下，問題就是：大阿羅漢們有沒有辟支佛的證量？（有人回答，聲音不清晰。）大聲一點！剛剛不是有人說「沒有」嗎？我有聽到啊！怎麼又收回去了？佛陀在世，所有大阿羅漢都有辟支佛的證量，但都不能稱爲獨覺的辟支佛，都稱爲緣覺辟支佛，或是依舊稱爲阿羅漢，都不叫作獨覺。因爲大阿羅漢們一定會隨從 世尊學到因緣法，他既然成爲阿羅漢而修學因緣法，怎麼不能同時具有辟支佛的證量？當然同時是有的。不過這些大阿羅漢們不能稱爲獨覺，但有資格稱爲緣覺，可是卻仍然被稱爲聲聞；是因爲他沒有能力自己悟得因緣觀，都是從 佛聽聞才能證得辟支佛的證量，因此稱爲因緣覺，簡稱緣覺。

諸位想想看，假使說 世尊在人間度化眾弟子成爲阿羅漢以後，竟然不肯爲他們演說因緣法，十方三世有這樣的 世尊嗎？（有人答：沒有。）既然沒有，就一定會教因緣法。那阿羅漢們聽聞因緣法以後，能不能成爲辟支佛緣覺？能啊！那剛才爲什麼跟我說「沒有」呢？有了！終於說有了。這些阿羅漢們同時是辟支佛，可是卻仍然被稱爲聲聞法中的緣覺，不稱爲獨覺辟支佛，因爲他們是經由 世尊說法的音聲來聞聲而悟得因緣觀的。事實也是如此啊！所以《阿含經》裡面也有 世尊演說因緣觀的法。否則的話，我《阿含正義》列出十因緣、十二因緣，又說明二者之間的關係，不就變成自己創造佛法了？然而十方三世一切佛教中都沒有創見可說，後佛所說都必然與前佛相符，菩薩所證更要與諸佛所說相符，那怎麼可能會有創見呢？所以，一定前佛、後佛，以及現前十方諸佛、菩薩都同一所證，沒有第二種證法。所以，假使哪個道場蓋了個祖師的紀念堂或者什麼堂，他們命名叫作創見堂，你就要說這傢伙有問題，因爲佛法中不可能有創見。

那麼，因此說佛世的大阿羅漢們一樣有辟支佛的證量，但是這些辟支佛們仍然稱爲阿羅漢，不能稱爲獨覺，但可以同時名爲緣覺。如果不是這樣，《法華經》這一句就講不通：「爲求辟支佛者說『應』十二因緣法。」既然是爲求辟支佛果來見 佛請法，佛就爲他說與十二因緣法相應的法。那麼，與十二因緣相應的法，那就是「識緣名色，名色緣識」，就是說明七個識與色身都是緣於本識才能出生，本識也緣於名色而互爲所緣，才能在三界中顯現出祂的存在，否則就找不到祂了。這個「識與名色互緣」的法必須信受、理解，修學十二因緣法時才能相應而得實證。

另外一方面 世尊又演說十因緣法，演說這個十因緣法時，目的是要追究名色之所從來，所以從現前的老病死憂悲苦惱往前推究，推究到了名色之所出生時，當然一定是由識所生，名色不可能無因生，也不可能由物而生，更不可能是共生、他生、自生，一定是有另一個名等七識以上的識來出生名色。推究到這個出生名色而由名色所緣的識以後，再往前追究時即無一法可得，已經都沒有任何一法可得了，所以 佛陀就開示說：「齊識而還，不能過彼。」這就是說，因緣所生的諸法全部出於本識，所以 世尊教導因緣法時，一定會在世諦法中解說名的內容、色的內容以後，接著演說「名色緣識、識緣名色」以及名色所緣的識，這就是「『應』十二因緣法」。必須要有這樣的前提，如實了知這個前提，才能與十二因緣法相應。否則十二因緣法再怎麼學、再怎麼觀行，都不可能相應的。此外，觀修因緣法時，猶如觀修聲聞法解脫道的實證一樣，仍然必須先選擇五停心觀中的某一種預作觀修，調伏心性而生起未到地定，然後觀修因緣法時才能成功，這也是「『應』十二因緣法」。

末法時代修學因緣法的佛弟子們，數如菴摩羅子，但是竟無一人得證。追究大家不能與十二因緣法相應的原因，就是因為沒有先修學「『應』十二因緣法」。一定要有一些法與十二因緣法是相應的，然後你才能證得十二因緣法。事實上是不是如此？諸位可以從這三、四百年來的中國佛教界觀察出來：有沒有誰是眞正懂十二因緣法的？如果眞的懂了，他就一定已證辟支佛的果位而成為緣覺。但為什麼至今沒有人實證呢？為什麼講十二因緣法的大法師們有那麼多，都沒有人能與十二因緣法相應？就是因為沒有人為他說「應」十二因緣的法。

所以辟支佛並不是不可能修成，但是如何能夠與十二因緣法相應，而他的智慧不是未學因緣法的阿羅漢所知，這樣才能稱為辟支佛。所以剛成為阿羅漢的時候，對因緣法還是不知道的，當然　佛陀隨後就會為他們解說應十二因緣法。這個道理其實也已經失傳很久了，二十一世紀初的今天，我們又把它宣講了出來，已經寫在《阿含正義》中。如果不是有諸位，我也不可能去寫《阿含正義》，因為有諸位為我分擔了許許多多的繁雜的法務——有諸位一起來分擔了中國佛教復興的工作，所以我才有時間來寫《阿含正義》，重新復興二乘菩提。所以我們這一代——特別是在台灣的諸位，你們是實際上參與中國佛教復興的大業，這個年代的你們都參與了。

講到這個，我倒有幾句話要講一講。這一回達賴來高雄辦法會，大家努力募款來捐助災民，他卻來台灣想要海撈一票回去，可是這個時節他的算盤打錯了。然後，我們大家自動自發前往高雄，向達賴作了一個純宗教性的抗議——我們正式公開質疑他在佛法中的合法性或者正統性。他打從根本就不代表佛教——不論是在法義或行門或是心性上，然而實際上情況很嚴重，譬如諸位如果去外國歐美地區，不是南洋、也不是華人地區，凡是遇到歐洲人、美國人、南美洲人，他們只要一談到佛教，就等於是密宗，都不知道正統的佛教。可是密宗其實並不是佛教——從裡到外都不是，現在竟變成越俎代庖，等於外面收養進來的養子反而當上主人了。其實也不算是收養，是他們自己跑進來佛教家裡住定了，然後把家長的親生子趕出去，自稱是主人，反而說親生子們都遠不如他，現在已經變成這樣。

所以，洋人只要談到佛教，認為就是達賴的密宗：密宗就是佛教，佛教就是密宗。結果變成他們在全世界代表佛教，所以我們這一次特地做了那個布招——就是那個布條，做了很多種。本來大家只規劃兩種布條，可是後來取消了另一種，因為焦點會模糊不清，所以後來大家決定專門做這一個布條：「**修雙身法的喇嘛教不是佛教。**」如果記者們的相片拍起來比較小，前四個小字看不見也沒關係，還有幾個大字：修雙身法、不是佛教。現在外國媒體注意到我們在質疑達賴的正統性，因為我們的訴求就是這一個，這是主要的訴求——所有的布條都是這個訴求，所以外國媒體有報導：有宗教團體針對達賴喇嘛的正統性提出質疑。這是我們獲得的第一個效益，我們本來就是要達成這個效益，就是要讓全球注意到這個新聞的人們，只要看懂中文或讀到譯文，就知道我們的訴求：凡是搞雙身法的就不是佛教。那麼，我們訴求成功了。

可是，我聽說有極少數的同修心裡面有一點忐忑不安，因爲他們想：我們這樣會不會成爲「有根毀謗僧寶」？因爲我們都受了菩薩戒，菩薩戒是不許「有根毀謗僧寶」的，即使有根——有根據也不能毀謗。因爲有人心裡忐忑不安，所以我今天當然要用幾分鐘時間—我現在換個身分叫作戒師—以戒師的身分來解釋這件事情：我們這樣作，有沒有成爲「有根毀謗僧寶」？

首先，我們先來探討一下「有根毀謗僧寶」這六個字，我先從僧寶二個字來探討。達賴喇嘛算不算僧寶？（眾答：不算！）喔！都說不算嘛！你們大家異口同聲說：不算。那既然他不算是僧寶，這個「有根毀謗僧寶」就不能成立了！這是最大的前提，因爲他不是僧寶（僧寶廣義上的定義，是至少得要正受三壇大戒的人；較嚴格的定義，是至少得要實證三乘菩提之一），而達賴在三乘菩提中無一實證，他又不曾受過三壇大戒，還以密宗的三昧耶戒來反對比丘戒，當然不是僧寶。那麼退一萬步來說，假設他眞的是僧寶好了，他從年輕到老都修雙身法也推廣雙身法，而且他不是只跟同一個女人合修而已；他不曉得雙修過多少女人了，請問，他還有沒有僧寶的戒體？也沒有了，那當然也不是僧寶了。再說，他有沒有受過比丘戒？有沒有？（有人答：沒有。）沒有！因爲他一開始就是在密宗裡面胡搞瞎搞的，從來不曾受過比丘戒。既然沒有受比丘戒，他受的是密宗的三昧耶戒，那又不是佛戒，而且受三昧耶戒以後若不修雙身法，就是犯了密宗的戒。反而倒說：每天與女人修雙身法就是持戒清淨。這樣來欺騙善良直心的佛教徒，那他是不是僧寶？顯然更不是嘛！既然都不是，那麼極少數擔心的同修就不用擔心了，「有根毀謗僧寶」的事都與你們無關，心裡的十五個水桶可以丟掉了。

接著，我們再來說佛教中，世尊親口所說的一個典故，是說過去無量劫前，有佛名爲 歡喜增益如來的時代，到了末法時期，有兩個主要的人物，一位是覺德比丘，努力弘揚正法，破斥貪財而喜愛外道法的破戒比丘們；可是外道法的勢力越來越強勢，甚至於拿棍子、拿刀子要來殺那位比丘，要把末法時代的佛法提早滅亡。此時這位比丘座下有一位弟子是國王，名爲有德；他爲了護持覺德比丘弘揚的世尊遺教，就拿起刀槍、帶了軍隊去跟破法者打仗，後來終於是打了勝仗，但這位國王也是體無完處，傷重身亡，他隨即往生到 阿閦如來座下。過了一、二十年以後，覺德比丘弘法年老壽終正寢了，也往生到 阿閦如來座下，同樣生到 阿閦佛國去。請問諸位：這兩個人同樣往生到 阿閦如來座下，哪一位是第一弟子？（眾答：國王。）誰又是第二弟子？（眾答：覺德比丘。）諸位很有智慧，這是說護法功德無量無邊的廣大，這是 佛陀金口說的開示。

雖然在菩薩戒中受戒之後，是不許殺人的，但是菩薩戒的律法中有開緣與遮止。有時沒有詳細制定的一個法，戒律上雖然沒有明文規定不許作，但仍然要被遮止，作了一樣算是犯戒。可是也有開緣，假使是爲護持正法，去跟破法的人廝殺；殺了人，本來是有罪的，但是他殺了人以後，正法可以繼續綿延流傳，所以這個殺人就沒有戒罪，是因爲開緣的關係。當然，這有個大前提，就是要先有智慧來明辨誰是受持正法的人，誰是表面護持正法而本質是破法的人。所以說菩薩戒是有開緣的，「開緣」聽得懂嗎？打開的開，因緣的緣，南部以前常常有人說：「稍微開緣一下，沒關係啦！」「開緣一下」，有沒有聽過？就是從這裡來的，也還是從佛法裡面引申出去使用的。所以在這個開緣之下，有德國王殺了很多破法者，結果他反而成爲阿閦如來座下第一弟子，而努力弘法、被護持的覺德比丘卻成爲第二弟子。

由世尊所說這部經中的說法來看，即使達賴具有僧寶的資格，我們去抗議他修雙身法、推廣雙身法，用雙身法的犯戒惡行騙佛教徒說那是眞正的佛法，依菩薩戒而言，即使你把他殺了也都還在開緣的範圍中。只是要殺他不容易，五千個台灣警察保護著他，你能怎麼殺？但我們不用殺他，我們只要殺掉他在佛教正法中的正統性就夠了，這才是眞正的殺，也因爲現在是民主時代、法治時代。

既然世尊有這樣的開示，也舉出眞實的例子來說；假使你生在無量無邊百千萬億那由他劫之前，又有意生身去向阿閦如來禮拜承事供養，順便瞧一瞧這二位大菩薩，這是可以證實的。現在當然看不到了，因爲他們現在都已成佛了：當時爲護正法而捨命的國王就是現在接引我們的釋迦如來，當時的說法比丘即是 迦葉佛。你如果沒有意生身也沒有諸佛的宿住隨念智力，無法親自證實，那也沒關係，反正你就依止聖教裡 世尊的說法。所以我今天講了，那幾位少數同修們，聽完了以後心中就不必再有十五個吊桶七上、八下了，那十五個水桶都可以丟掉了，晚上睡覺可以疊兩個枕頭睡了，一定高枕無憂。這樣大家弄清楚了？但是台灣淨土不許再讓他來玷汙，我再宣示一遍：假使達賴再來台灣，我們還會再去抗議，並且下次的規模還會比這次更大，也有可能我就親自率隊去抗議。

這就是說，受持菩薩戒的佛弟子們，在護持正法時是有開緣的；但是最重要的大前提是不要被人家誤導了，然後去把弘揚正法的比丘殺了，硬說他是邪魔外道，那就不是護法了，那叫作破法、殺害勝義僧。所以護持正法的開緣一定有一個前提，這個大前提就是要先確認所護持的是眞實的正法，確認自己所要破斥的確實是外道法。這個大前提絕對不能忽略，所以不能盲從，去跟隨人家自以爲在護法，而其實是在破法。就像大陸以前有個居士寫了一篇二萬多字的文章破斥我，妄說我們正覺的法不正確。他自以爲是在護法；不但如此，還貼到網站上去。可是，貼上網不到一年，他就一命嗚呼了。好好的一個人，本來健健康康的，結果人家歡喜準備要過農曆新年，他是滴米難進，連一粒米都吃不下；他連一口粥都喝不下，喝了馬上就吐，據說不久就過往了。當他那一篇文章貼到網站上去，他的好朋友見了就說：「這篇文章，我管它叫作『入住地獄申請書』。」說他是自己申請要進入地獄長住，這是他的好朋友私底下說的。

所以，不要隨隨便便用「開緣」兩個字，就輕易去作什麼，我還是要告誡一下。所以殺人不可以用開緣作藉口，而是必須確定那個大前提：對方是確實大力破壞正法。在這樣的狀況下去殺掉對方才可以說是開緣，否則都是無間地獄罪，因為菩薩殺人是具足違犯重戒的。受了菩薩戒以後還去殺人，一定是深思熟慮過：「我要不要殺他？」深思熟慮過就有根本罪，重罪的根本罪成立了；然後施設方便，看如何能殺得成功，一定讓他死，有這些施設時就具足重罪的方便罪了；已經有兩個罪了。再來是成已，殺了以後已經把他殺死了，重罪的成已罪也成立；這時是重戒的根本罪、方便罪、成已罪都具足了，那就是無間地獄罪，因為對方不是個破法者。

所以開緣這兩個字當然可以用，但是一定要先把握住大前提：那個人是破法很嚴重，如果不把他殺掉，正法就會因他而滅壞，這才可以殺。如果不必殺掉他就可以讓正法維持住，那就不可殺他。所以這個開緣，諸位要理解。我還是必須要先說清楚，可別將來有人看見達賴喇嘛就把他殺了，說「我護持正法，這是某某人說的」。這個千萬不能開緣，因為現在是民主時代，如果有人這樣去殺了達賴喇嘛，正覺以後就很難弘法了，人家會說「正覺就是喜歡殺人」，那我們還弘什麼法？而且他們的存在已經不足以消滅正法。如果現在是皇帝專制的時代，皇帝被他收買了，我們處在被逼迫的年代，沒辦法維護正法了，我就帶隊去殺；我還會親自殺他，不用諸位動手。

但是現在民主時代，他們的存在已經無法妨礙我們弘揚正法，我們就不該動用到殺人的手段，我們只要把他不是佛教徒的眞相揭開就夠了。所以這個衡量很重要，「開緣」這兩個字千萬不能隨便濫用，這個觀念諸位一定要記住。這樣我講得夠清楚了，可不要以後鼓勵誰說看見達賴喇嘛就殺，千萬不要這樣，因爲這是無間地獄罪。那麼，言歸正傳，回來說十二因緣法要如何才能相應？這個大前提就是本識常住。一定基於這個本住法來演說十二因緣法，才能叫作「應十二因緣法」；否則的話，以六識論來講解十二因緣法，那一定「不應」十二因緣法。

「爲諸菩薩說應六波羅蜜，令得阿耨多羅三藐三菩提，成一切種智。」

接著說：日月燈明如來還「爲諸菩薩說應六波羅蜜」。既然說是「應六波羅蜜」，那一定有個跟六度波羅蜜相應的法，要以這個法作爲前提來修六波羅蜜，才有可能成就見道的功德；因爲「六波羅蜜」是在眞見道位的前後所修的，不是在入地後的修道位中修的。大乘的見道是在地前，地後才是修道。如果世尊「說應六波羅蜜的法」，諸位想想看是什麼法？大聲一點！（眾答：如來藏。）對啊！因爲修六波羅蜜時，如果不是以如來藏作爲實證標的，不是以八識論的大前提來修，六波羅蜜一定不能成就；爲什麼呢？因爲布施、持戒、忍辱、精進加上禪定，還勉強可修，可是到了般若這一度就完全不通了。

到了般若這一度，若以六識論來修般若波羅蜜，一定會退轉；爲什麼會退轉？因爲探究般若的時候，同時得要先理解二乘菩提。當他理解二乘菩提的時候，依據聖教所說，那是入涅槃時要把十八界我全部滅盡；既然入涅槃時要把五陰、十八界全部滅盡，而他心中認爲人類總共只有六個識，他心裡面很擔心：「完了！我入涅槃，把我自己識陰六個識都滅盡，而我總共就只有六個識，當六識都滅盡時，那我不就變成斷滅了嗎？這還得了！」於是他心中就很掙扎；可是師父明明這麼說，但是自己回頭想一想：「這樣就變成斷滅。」不但掙扎，也眞的很不甘願啊！

誰願意斷滅？本來每一世都去流轉生死，再怎麼苦也都還有一點快樂吧？對不對？譬如說人生就是苦啊！可是人生有時候不也是有一些快樂嗎？苦中作樂至少都比斷滅空要好嘛！這是世人之常情。好啦！「我努力修行的結果是要變成斷滅空」，是可忍，孰不可忍？所以後來想一想：「那我不要學佛了，我還是去流浪生死算了。」所以就離開佛教而投入外道去了，甚至很快投入密宗修學男女雙修的樂空雙運享樂去了。我看見以前許多跟著大山頭學六識論的人，回到世俗法中去享樂去了，結果他反而比學佛以前快樂。大師們弘揚的好像是正法，只是害眾生痛苦，如果大眾都不精進學佛，倒不會痛苦；要作義工時就去，大眾嘻嘻哈哈行善，回到家時說是法喜充滿，不曉得是在法喜什麼？大家也都不知道，總之就是快樂。可是等到眞的跟隨師父努力修學佛法以後呢，心裡說：「糟糕了！變成斷滅空了欸！」於是開始不快樂了。這眞是沒道理欸！照理來說，越深入修學，所知越多，所證越多，越有智慧，應該就越快樂才對；結果竟反過來，越深入修學佛法反而越不快樂。

這就好像說，家裡二個孩子：一個每天都在努力享樂、都在花錢的，堂上二老疼得不得了；另外一個很努力幫家裡賺錢的，都是省吃儉用，結果呢？堂上二老一天到晚罵他，讓他不快樂。等到他跟著老二開始花錢的時候、開始享樂的時候，堂上二老卻說：「你眞懂得生活。」就開始讚歎他了，這不是很奇怪的事嗎？應該是更精進的、更努力的人，他應該更快樂才對，可是實際上竟是顚倒的，那麼問題出在哪裡？出在他所說的法不能「應六波羅蜜」，因爲與六波羅蜜相應的一定是如來藏，而他否定第八識的實存，於是永無實證之日，實證當然遙遙無期，怎麼能快樂呢？

如果不是第八識如來藏本住常住、性如金剛、永不可壞，永遠都是妙眞如性，那麼所謂的六波羅蜜都行不通的。譬如說，他如果學的是六識論之法，當他到了修學般若度的時候，他學到後來會變成斷滅空的想法，因此他會這樣想：「那我還布施幹嘛！我爲什麼不會留著錢財自己享用，爲什麼要送給眾生去花呢？最後歸於斷滅空，而眾生快樂，我在這邊痛苦，那我布施了也沒有因果作用，最後還是斷滅啊！那我幹嘛要布施呢？」於是在布施這一度，他也就退轉了：「反正到最後都是斷滅空，布施既然到最後也是斷滅空，那我持戒幹嘛？我那麼辛苦作什麼？每天吃喝拉撒是人之常情，但我還是可以享樂、享樂，藉著吃、喝去享樂等等。」所以他也不想持戒了。那麼忍辱度呢？更甭提了：「我爲什麼平白要讓人家羞辱？爲什麼眾生對我惡劣，我就要接受？」那當然更不精進了。至於靜慮？那個禪與定也就別修了，因爲那麼辛苦盤腿在那邊熬，定力就算熬出來了，將來取得涅槃時還是斷滅空：

「我乾脆不要修了，我不如虛生浪死去。我只要在世間不造惡業，有一點小善事的因緣，我每一世多多少少作一點，不會墜入惡道就行了。那我就繼續行善，繼續輪轉生死就好了，我學佛幹嘛？」甚至有人學到後來說：「我不如去信耶穌基督，我還可以上天堂。」對啊！想一想就是這樣嘛！那表示說，六識論的行門，如果沒有信受如來藏而努力去修六波羅蜜，也都還會有問題；如果以六識論的行門，努力去修六波羅蜜，永遠都是跟六波羅蜜不相應的。那就表示說，他們所說的法不是「應六波羅蜜」。所以，「應六波羅蜜」的法一定是以八識論來說，要以如來藏爲中心來修六波羅蜜，才有可能與六波羅蜜相應。能與六波羅蜜相應的時候，才能夠使得修學的菩薩們證得無上正等正覺。

現在要請問諸位了，你們已經明心的人都自己檢討一下看看，你所證的如來藏是不是無上法？超過祂的境界時，還會有什麼法存在嗎？都沒有了。那麼，證得如來藏以後，你來檢查自己所證這個法是不是正等？就是眞正的一切平等。上從諸天天主、下到地獄有情，上從諸佛、下到凡夫眾生，是不是於一切有情中全都眞正平等？這是可以現前自我檢查的。那麼，這樣來證得如來藏而發起的智慧，是不是眞正的覺悟？或者他們六識論者所謂的緣起性空，成爲斷滅空的本質，是不是眞正的覺悟？你一定會證實後面那條路走不通，在佛法中全無實證的可能，你可以自己現前檢查而確定下來。如果證眞如的境界證實確實是無上的，沒有任何一法可以上於如來藏的妙眞如性，然後呢，檢查的結果是，證悟如來藏而得到的實相智慧，確實是正等也是正覺，那就是確實獲得無上正等正覺了！這樣實修而獲得無上正等正覺，他的前提就是「應六波羅蜜法」。這個「應」字，就是以第八識如來藏的妙眞如性作爲實證之標的，否則無法與六波羅蜜相應。

也因爲證得如來藏，所以未來才能「成一切種智」。一切種智就是一切種子的智慧。一切種子是存放在什麼地方？在如來藏裡面。一切種子總不會存在虛空中吧？如果沒有如來藏，一切種子都在虛空，那好啊！別人修行成佛，我就把祂的種子拿來用，所以只要有一個人成佛就行了，看誰運氣好，抓到成佛者的種子就拿來用，結果將是佛陀還會變成凡夫，凡夫們也會無因無緣就變成佛陀。可不可能存在這個道理？這個叫作笑譚嘛！所以一切種子一定有個存取的處所，也不可能說我修學一切種子，讓我的種子轉變清淨以後，結果變成你的。你不修行，你的染汙種子後來卻會變成我的。這眞是沒有天理，沒有公道，因果律就不能成立了。既然有一切種子，就一定有個含藏處和流注處；各人的種子各人有，各自收藏於自己的如來藏心中，不相混雜，這樣才需要修行，才能夠修行。他們認爲說，沒有如來藏在收存種子；哪天我要是遇見了，就告訴他：「你乾脆還俗算了，因爲你這樣修行是白修的，那你出家那麼辛苦幹什麼？」那麼，一切種子的修證圓滿了就稱爲一切種智。還沒有圓滿之前，在諸地的一切種子智慧都叫作道種智；這就是還在因地，還在修道位中。

既然說這個「應六波羅蜜」的法，可以使菩薩證得無上正等正覺，而且將來可以成就一切種智。這個一切種智的證得，就是要從自己的如來藏中具足實證一切種子的智慧。既然要證得如來藏中的一切種子的智慧，顯然不能外於如來藏而求證。譬如說，一個醫師想要瞭解人體，人體的所有器官都瞭解了，這是成爲醫師的基本條件；可是應該要瞭解人體所有器官功能的人，竟然主張說沒有人體存在，這樣他有辦法瞭解人體嗎？不可能嘛！可是世間竟有這樣的人說：「沒有人體存在，但是你將來要完全瞭解人體器官的功能。」就有這樣的佛法大師。這種大師，有智慧的人會找他看病嗎？當然不要嘛！可是，現在還有很多人在找那種人看病。找到那種醫師，無明病如何醫得好？當然醫不好；所以他們的無明越醫就越沉重，到最後都是沉痾難治。所以，有一段時間我就私底下笑說，那些六識論的法師們，講經完畢還都迴向，有時候寫文章也有迴向：「迴向成就一切種智。」我心裡面就覺得好笑，她們把如來藏否定了，竟然還想要成就如來藏含藏的一切種子的智慧。天下就有這樣愚癡者，可見她們對一切種智也是不懂的。

《法華經》中這一段經文，世尊的意思在講什麼呢？在告訴我們：日月燈明如來教導的是三乘菩提，不是唯說一乘。教導的既然是三乘菩提，顯然跟 釋迦如來的弘法次第與內涵是相同的。可是 文殊師利菩薩敘述完日月燈明如來的佛土相貌等典故之後，又怎麼說呢？（詳續第二輯解說。）

佛菩提二主要道次第概要表——二道並修，以外無別佛法

佛菩提道——大菩提道

遠波羅蜜多

資糧位

十信位修集信心——一劫乃至一萬劫

初住位修集布施功德（以財施為主）。

二住位修集持戒功德。

三住位修集忍辱功德。

四住位修集精進功德。

五住位修集禪定功德。

六住位修集般若功德（熏習般若中觀及斷我見，加行位也）。

外門廣修六度萬行

見道位

七住位明心般若正觀現前，親證本來自性清淨涅槃。

八住位起於一切法現觀般若中道。漸除性障。

十住位眼見佛性，世界如幻觀成就。

一至十行位，於廣行六度萬行中，依般若中道慧，現觀陰處界猶如陽焰，至第十行滿心位，陽焰觀成就。

一至十迴向位熏習一切種智；修除性障，唯留最後一分思惑不斷。第十迴向滿心位成就菩薩道如夢觀。

內門廣修六度萬行

初地：第十迴向位滿心時，成就道種智一分（八識心王一一親證後，領受五法、三自性、七種第一義、七種性自性、二種無我法）復由勇發十無盡願，成通達位菩薩。復又永伏性障而不具斷，能證慧解脫而不取證，由大願故留惑潤生。此地主修法施波羅蜜多及百法明門。證「猶如鏡像」現觀，故滿初地心。

二地：初地功德滿足以後，再成就道種智一分而入二地；主修戒波羅蜜多及一切種智。滿心位成就「猶如光影」現觀，戒行自然清淨。

解脫道：二乘菩提

→ 斷三縛結，成初果解脫

→ 薄貪瞋癡，成二果解脫

→ 斷五下分結，成三果解脫

入地前的四加行令煩惱障現行悉斷，成四果解脫，留惑潤生。分段生死已斷，煩惱障習氣種子開始斷除，兼斷無始無明上煩惱。

近波羅蜜多　大波羅蜜多　圓滿波羅蜜多

修道位　究竟位

心、五神通。能成就俱解脫果而不取證，留惑潤生。滿心位成就「猶如谷響」現觀及無漏妙定意生身。

四地：由三地再證道種智一分故入四地。主修精進波羅蜜多，於此土及他方世界廣度有緣，無有疲倦。進修一切種智，滿心位成就「如水中月」現觀。

五地：由四地再證道種智一分故入五地。主修禪定波羅蜜多及一切種智，斷除下乘涅槃貪。滿心位成就「變化所成」現觀。

六地：由五地再證道種智一分故入六地。此地主修般若波羅蜜多——依道種智現觀十二因緣一一有支及意生身化身，皆自心眞如變化所現，「非有似有」，成就細相觀，不由加行而自然證得滅盡定，成俱解脫大乘無學。

七地：由六地「非有似有」現觀，再證道種智一分故入七地。此地主修一切種智及方便波羅蜜多，由重觀十二有支一一支中之流轉門及還滅門一切細相，成就方便善巧，念念隨入滅盡定。滿心位證得「如犍闥婆城」現觀。

八地：由七地極細相觀成就故再證道種智一分而入八地。此地主修一切種智及願波羅蜜多。至滿心位純無相觀任運恆起，故於相土自在，滿心位復證「如實覺知諸法相意生身」故。

九地：由八地再證道種智一分故入九地。主修力波羅蜜多及一切種智，成就四無礙，滿心位證得「種類俱生無行作意生身」。

十地：由九地再證道種智一分故入此地。此地主修一切種智——智波羅蜜多。滿心位起大法智雲，及現起大法智雲所含藏種種功德，成受職菩薩。

等覺：由十地道種智成就故入此地。此地應修一切種智，圓滿等覺地無生法忍；於百劫中修集極廣大福德，以之圓滿三十二大人相及無量隨形好。

妙覺：示現受生人間已斷盡煩惱障一切習氣種子，並斷盡所知障一切隨眠，永斷變易生死無明，成就大般涅槃，四智圓明。人間捨壽後，報身常住色究竟天利樂十方地上菩薩；以諸化身利樂有情，永無盡期，成就究竟佛道。

七地滿心斷除故意保留之最後一分思惑時，煩惱障所攝色、受、想三陰有漏習氣種子全部斷盡。

煩惱障所攝行、識二陰無漏習氣種子任運漸斷，所知障所攝上煩惱任運漸斷。

斷盡變易生死成就大般涅槃

圓滿成就究竟佛果

佛子蕭平實　謹製
（二〇〇九、〇二　修訂）
（二〇一二、〇二　增補）

佛教正覺同修會〈修學佛道次第表〉

第一階段

* 以憶佛及拜佛方式修習動中定力。
* 學第一義佛法及禪法知見。
* 無相拜佛功夫成就。
* 具備一念相續功夫—動靜中皆能看話頭。
* 努力培植福德資糧，勤修三福淨業。

第二階段

* 參話頭，參公案。
* 開悟明心，一片悟境。
* 鍛鍊功夫求見佛性。
* 眼見佛性〈餘五根亦如是〉親見世界如幻，成就如幻觀。
* 學習禪門差別智。
* 深入第一義經典。
* 修除性障及隨分修學禪定。
* 修證十行位陽焰觀。

第三階段

* 學一切種智真實正理—楞伽經、解深密經、成唯識論…。
* 參究末後句。
* 解悟末後句。
* 透牢關—親自體驗所悟末後句境界，親見實相，無得無失。
* 救護一切眾生迴向正道。護持了義正法，修證十迴向位如夢觀。
* 發十無盡願，修習百法明門，親證猶如鏡像現觀。
* 修除五蓋，發起禪定。持一切善法戒。親證猶如光影現觀。
* 進修四禪八定、四無量心、五神通。進修大乘種智，求證猶如谷響現觀。

佛教正覺同修會 共修現況 及 招生公告　2020/05/03

一、共修現況：（請在共修時間來電，以免無人接聽。）

台北正覺講堂 103 台北市承德路三段 277 號九樓 捷運淡水線圓山站旁
Tel..**總機** 02-25957295（晚上）（**分機：九樓**辦公室 10、11；知客櫃檯 12、13。 **十樓**知客櫃檯 15、16；書局櫃檯 14。 **五樓**辦公室 18；知客櫃檯 19。**二樓**辦公室 20；知客櫃檯 21。）
Fax..25954493

第一講堂　台北市承德路三段 277 號九樓

禪淨班：週一晚班、週三晚班、週四晚班、週五晚班、週六下午班、週六上午班（共修期間二年半，全程免費。皆須報名建立學籍後始可參加共修，欲報名者詳見本公告末頁。）

增上班：瑜伽師地論詳解：單週六晚班。雙週六晚班（重播班）。17.50～20.50。平實導師講解，2003 年 2 月開講至今，僅限已明心之會員參加。

禪門差別智：每月第一週日全天　平實導師主講（事冗暫停）。

不退轉法輪經詳解　本經所說妙法極爲甚深難解，時至末法，已然無有知者；而其甚深絕妙之法，流傳至今依舊多人可證，顯示佛法眞是義學而非玄談，其中甚深極妙令人拍案稱絕之第一義諦妙義。已於 2019 年元月底開講，由平實導師詳解。每逢週二晚上開講，第一至第六講堂都可同時聽聞，歡迎菩薩種性學人，攜眷共同參與此殊勝法會現場聞法，不限制聽講資格。本會學員憑上課證進入第一至第四講堂聽講，會外學人請以身分證件換證進入聽講（此爲大樓管理處安全管理規定之要求，敬請諒解）；第五及第六講堂（B1、B2）對外開放，不需出示任何證件，請由大樓側門直接進入。

第二講堂　台北市承德路三段 267 號十樓。

不退轉法輪經詳解：平實導師講解。每週二 18.50~20.50 影像音聲即時傳輸

禪淨班：週一晚班。

進階班：週三晚班、週四晚班、週五晚班、週六早班、週六下午班。禪淨班結業後轉入共修。

第三講堂　台北市承德路三段 277 號五樓。

不退轉法輪經詳解：平實導師講解。每週二 18.50~20.50 影像音聲即時傳輸

禪淨班：週六下午班。

進階班：週一晚班、週三晚班、週四晚班、週五晚班。

第四講堂　台北市承德路三段 267 號二樓。

不退轉法輪經詳解：平實導師講解。每週二 18.50~20.50 影像音聲即時傳輸

進階班：週一晚班、週三晚班、週四晚班（禪淨班結業後轉入共修）。

第五、第六講堂

不退轉法輪經詳解：平實導師講解。每週二 18.50~20.50 影像音聲即時傳

輸。第五、第六講堂為**開放式講堂**，不需以身分證件換證即可進入聽講，台北市承德路三段 267 號地下一樓、地下二樓。每逢週二晚上講經時段開放給會外人士自由聽經，請由大樓側面梯階逕行進入聽講。**聽講者請尊重講者的著作權及肖像權，請勿錄音錄影，以免違法；若有錄音錄影被查獲者，將依法處理。**

念佛班　每週日晚上，第六講堂共修（B2），一切求生極樂世界的三寶弟子皆可參加，不限制共修資格。

進階班：週一晚班、週三晚班、週四晚班。

正覺祖師堂　桃園市大溪區美華里信義路 650 巷坑底 5 之 6 號（台 3 號省道 34 公里處 妙法寺對面斜坡道進入）電話 03-3886110　傳真 03-3881692 本堂供奉 克勤圓悟大師，專供會員每年四月、十月各三次精進禪三共修，兼作本會出家菩薩掛單常住之用。開放參訪日期請參見本會公告。教內共修團體或道場，得另申請其餘時間作團體參訪，務請事先與常住確定日期，以便安排常住菩薩接引導覽，亦免妨礙常住菩薩之日常作息及修行。

桃園正覺講堂（第一、第二講堂）：桃園市介壽路 286、288 號 10 樓（陽明運動公園對面）電話：03-3749363（請於共修時聯繫，或與台北聯繫）

禪淨班：週一晚班（1）、週一晚班（2）、週三晚班、週四晚班、週五晚班。

進階班：週四晚班、週五晚班、週六上午班。

增上班：雙週六晚班（增上重播班）。

不退轉法輪經詳解：平實導師講解。每週二晚上，以台北正覺講堂所錄 DVD 放映；歡迎會外學人共同聽講，不需出示身分證件。

新竹正覺講堂　新竹市東光路 55 號二樓之一　電話 03-5724297（晚上）

第一講堂：

禪淨班：週五晚班。

進階班：週三晚班、週四晚班、週六上午班（由禪淨班結業後轉入共修）。

增上班：單週六晚班。雙週六晚班（重播班）。

不退轉法輪經詳解：平實導師講解。每週二晚上，以台北正覺講堂所錄 DVD 放映。歡迎會外學人共同聽講，不需出示身分證件。

第二講堂：

禪淨班：週一晚班、週三晚班、週四晚班、週六上午班。

不退轉法輪經詳解：每週二晚上與第一講堂同步播放講經 DVD。

第三、第四講堂：裝修完畢，即將開放。

台中正覺講堂　04-23816090（晚上）

第一講堂　台中市南屯區五權西路二段 666 號 13 樓之四（國泰世華銀行樓上。鄰近縣市經第一高速公路前來者，由五權西路交流道可以快速到達，大樓旁有停車場，對面有素食館）。

禪淨班：週四晚班、週五晚班。

進階班：週一晚班、週三晚班、週六上午班（由禪淨班結業後轉入共修）。

增上班：單週六晚班。雙週六晚班（重播班）。

不退轉法輪經詳解：平實導師講解。每週二晚上，以台北正覺講堂所錄 DVD 放映。歡迎會外學人共同聽講，不需出示身分證件。

第二講堂　台中市南屯區五權西路二段 666 號 4 樓

禪淨班：週一晚班、週三晚班。

第三講堂台中市南屯區五權西路二段 666 號 4 樓

禪淨班：週一晚班。

第四講堂台中市南屯區五權西路二段 666 號 4 樓。

進階班：週一晚班、週四晚班、週六上午班。由禪淨班結業後轉入共修。

不退轉法輪經詳解：每週二晚上與第一講堂同步播放講經 DVD。

嘉義正覺講堂　嘉義市友愛路 288 號八樓之一　電話：05-2318228

第一講堂：

禪淨班：週四晚班、週五晚班、週六上午班。

進階班：週一晚班、週三晚班（由禪淨班結業後轉入共修）。

增上班：單週六晚班。雙週六晚班（重播班）。

不退轉法輪經詳解：平實導師講解。每週二晚上，以台北正覺講堂所錄 DVD 放映。歡迎會外學人共同聽講，不需出示身分證件。

第二講堂　嘉義市友愛路 288 號八樓之二。

第三講堂　嘉義市友愛路 288 號四樓之七。

禪淨班：週一晚班、週三晚班。

台南正覺講堂

第一講堂　台南市西門路四段 15 號 4 樓。06-2820541（晚上）

禪淨班：週一晚班、週三晚班、週四晚班、週五晚班、週六下午班。

增上班：單週六晚班。雙週六晚班（重播班）。

第二講堂　台南市西門路四段 15 號 3 樓。

不退轉法輪經詳解：每週二晚上與第三講堂同步播放講經 DVD。

第三講堂　台南市西門路四段 15 號 3 樓。

進階班：週一晚班、週三晚班、週四晚班、週五晚班（由禪淨班結業後轉入共修）。

不退轉法輪經詳解：平實導師講解。每週二晚上，以台北正覺講堂所錄 DVD 放映。歡迎會外學人共同聽講，不需出示身分證件。。

高雄正覺講堂　高雄市新興區中正三路 45 號五樓 07-2234248（晚上）

第一講堂（五樓）：

禪淨班：週一晚班、週三晚班、週四晚班、週五晚班、週六上午班。

增上班：單週六晚班。雙週六晚班（重播班）。

不退轉法輪經詳解：平實導師講解。每週二晚上，以台北正覺講堂所錄 DVD 放映。歡迎會外學人共同聽講，不需出示身分證件。

第二講堂（四樓）：

進階班：週三晚班、週四晚班、週六上午班（由禪淨班結業後轉入共修）。

不退轉法輪經詳解：每週二晚上與第一講堂同步播放講經 DVD。

第三講堂（三樓）：

進階班：週四晚班（由禪淨班結業後轉入共修）。

香港正覺講堂

九龍觀塘，成業街 10 號，電訊一代廣場 27 樓 E 室。

（觀塘地鐵站 B1 出口，步行約 4 分鐘）。電話：(852) 23262231

英文地址：Unit E，27th Floor, TG Place, 10 Shing Yip Street, Kwun Tong, Kowloon

禪淨班：雙週六下午班、雙週日下午班、單週六下午班、單週日下午班

進階班：雙週五晚上班、雙週日早上班（由禪淨班結業後轉入共修）。

增上班：每月第一週週日，以台北增上班課程錄成 DVD 放映之。

增上重播班：每月第一週週六，以台北增上班課程錄成 DVD 放映之。

大法鼓經詳解：平實導師講解。每週六、日 19:00～21:00，以台北正覺講堂所錄 DVD 放映；歡迎會外學人共同聽講，不需出示身分證件。

美國洛杉磯正覺講堂　☆已遷移新址☆

825 S. Lemon Ave Diamond Bar, CA 91789 U.S.A.

Tel. (909) 595-5222（請於週六 9:00~18:00 之間聯繫）

Cell. (626) 454-0607

禪淨班：每逢週末 16：00~18：00 上課。

進階班：每逢週末上午 10：00~12：00 上課。

不退轉法輪經詳解：平實導師講解。每週六下午 13：30~15：30 以台北所錄 DVD 放映。歡迎各界人士共享第一義諦無上法益，不需報名。

二、招生公告　**本會台北講堂及全省各講堂、香港講堂，每逢四月、十月下旬開新班，每週共修一次**（每次二小時。開課日起三個月內仍可插班）；**但美國洛杉磯共修處之禪淨班得隨時插班共修。各班共修期間皆為二年半，全程免費，欲參加者請向本會函索報名表**（各共修處皆於共修時間方有人執事，非共修時間請勿電詢或前來洽詢、請書），**或直接從本會官方網站**(http://www.enlighten.org.tw/newsflash/class)**或成佛之道網站下載報名表**。共修期滿時，若經報名禪三審核通過者，可參加四天三夜之禪三精進共修，有機會明心、取證如來藏，發起般若實相智慧，成為實義菩薩，脫離凡夫菩薩位。

三、新春禮佛祈福 農曆年假期間停止共修：自農曆新年前七天起停止共修與弘法，正月 8 日起回復共修、弘法事務。新春期間正月初一～初七 9.00～17.00 開放台北講堂、正月初一~初三開放新竹、台中、嘉義、台南、高雄講堂，以及大溪禪三道場（正覺祖師堂），方便會員供佛、祈福及會外人士請書。美國洛杉磯共修處之休假時間，請逕詢該共修處。

密宗四大派修雙身法，是外道性力派的邪法；又以生滅的識陰作為常住法，是常見外道，是假的藏傳佛教。

西藏覺囊巴以他空見弘揚第八識如來藏勝法，才是真藏傳佛教

佛教正覺同修會　弘法行事表

2019/02/18

1、**禪淨班**　以無相念佛及拜佛方式修習動中定力，實證一心不亂功夫。傳授解脫道正理及第一義諦佛法，以及參禪知見。共修期間：二年六個月。每逢四月、十月開新班，詳見招生公告表。

2、**進階班**　禪淨班畢業後得轉入此班，進修更深入的佛法，期能證悟明心。各地講堂各有多班，繼續深入佛法、增長定力，悟後得轉入增上班修學道種智，期能證得無生法忍。

3、**增上班 瑜伽師地論**詳解　詳解論中所言凡夫地至佛地等 17 師之修證境界與理論，從凡夫地、聲聞地……宣演到諸地所證無生法忍、一切種智之眞實正理。由平實導師開講，每逢一、三、五週之週末晚上開示，僅限已明心之會員參加。2003 年二月開講至今，預定 2019 年講畢。

4、**不退轉法輪經**詳解　本經所說妙法極爲甚深難解，時至末法，已然無有知者；而其甚深絕妙之法，流傳至今依舊多人可證，顯示佛法眞是義學而非玄談，其中甚深極妙令人拍案稱絕之第一義諦妙義。已於 2019 年元月底開講，由平實導師詳解。不限制聽講資格。

5、**精進禪三**　主三和尚：平實導師。於四天三夜中，以克勤圓悟大師及大慧宗杲之禪風，施設機鋒與小參、公案密意之開示，幫助會員剋期取證，親證不生不滅之眞實心——人人本有之如來藏。每年四月、十月各舉辦三個梯次；平實導師主持。僅限本會會員參加禪淨班共修期滿，報名審核通過者，方可參加。並選擇會中定力、慧力、福德三條件皆已具足之已明心會員，給以指引，令得眼見自己無形無相之佛性遍佈山河大地，眞實而無障礙，得以肉眼現觀世界身心悉皆如幻，具足成就如幻觀，圓滿十住菩薩之證境。

6、**阿含經**詳解　選擇重要之阿含部經典，依無餘涅槃之實際而加以詳解，令大眾得以現觀諸法緣起性空，亦復不墮斷滅見中，顯示經中所隱說之涅槃實際—如來藏—確實已於四阿含中隱說；令大眾得以聞後觀行，確實斷除我見乃至我執，證得**見到**眞現觀，乃至**身證**……等眞現觀；已得大乘或二乘見道者，亦可由此聞熏及聞後之觀行，除斷我所之貪著，成就慧解脫果。由平實導師詳解。不限制聽講資格。

7、**解深密經**詳解　重講本經之目的，在於令諸已悟之人明解大乘法道之成佛次第，以及悟後進修一切種智之內涵，確實證知三種自性性，並得據此證解七眞如、十眞如等正理。每逢週二 18.50~20.50 開示，由平實導師詳解。將於《**不退轉法輪經**》講畢後開講。不限制聽講資格。

8、**成唯識論**詳解　詳解一切種智眞實正理，詳細剖析一切種智之微細深妙廣大正理；並加以舉例說明，使已悟之會員深入體驗所證如來藏之微密行相；及證驗見分相分與所生一切法，皆由如來藏—阿賴耶識—直接或展轉而生，因此證知一切法無我，證知無餘涅槃之本際。將於增上班《瑜伽師地論》講畢後，由平實導師重講。僅限已明心之會員參加。

9、**精選如來藏系經典**詳解　精選如來藏系經典一部，詳細解說，以此完全印證會員所悟如來藏之眞實，得入不退轉住。另行擇期詳細解說之，由平實導師講解。僅限已明心之會員參加。

10、**禪門差別智**　藉禪宗公案之微細淆訛難知難解之處，加以宣說及剖析，以增進明心、見性之功德，啓發差別智，建立擇法眼。每月第一週日全天，由平實導師開示，僅限破參明心後，復又眼見佛性者參加（事冗暫停）。

11、**枯木禪**　先講智者大師的《小止觀》，後說《釋禪波羅蜜》，詳解四禪八定之修證理論與實修方法，細述一般學人修定之邪見與岔路，及對禪定證境之誤會，消除枉用功夫、浪費生命之現象。已悟般若者，可以藉此而實修初禪，進入大乘通教及聲聞教的三果心解脫境界，配合應有的大福德及後得無分別智、十無盡願，即可進入初地心中。親教師：平實導師。未來緣熟時將於正覺寺開講。不限制聽講資格。

註：本會例行年假，自 2004 年起，改爲每年農曆新年前七天開始停息弘法事務及共修課程，農曆正月 8 日回復所有共修及弘法事務。新春期間（每日 9.00~17.00）開放台北講堂，方便會員禮佛祈福及會外人士請書。大溪區的正覺祖師堂，開放參訪時間，詳見〈正覺電子報〉或成佛之道網站。本表得因時節因緣需要而隨時修改之，不另作通知。

佛教正覺同修會　贈閱書籍 目錄　2018/10/20

1.**無相念佛**　平實導師著　回郵 36 元
2.**念佛三昧修學次第**　平實導師述著　回郵 52 元
3.**正法眼藏—護法集**　平實導師述著　回郵 76 元
4.**真假開悟簡易辨正法**&**佛子之省思**　平實導師著　回郵 26 元
5.**生命實相之辨正**　平實導師著　回郵 31 元
6.**如何契入念佛法門**（附：印順法師否定極樂世界）平實導師著　回郵 26 元
7.**平實書箋**—答元覽居士書　平實導師著　回郵 52 元
8.**三乘唯識**—如來藏系經律彙編　平實導師編　回郵 80 元
（精裝本　長 27 cm　寬 21 cm　高 7.5 cm　重 2.8 公斤）
9.**三時繫念全集**—修正本　回郵掛號 52 元（長 26.5 cm×寬 19 cm）
10.**明心與初地**　平實導師述　回郵 31 元
11.**邪見與佛法**　平實導師述著　回郵 36 元
12.**甘露法雨**　平實導師述　回郵 36 元
13.**我與無我**　平實導師述　回郵 36 元
14.**學佛之心態**—修正錯誤之學佛心態始能與正法相應 孫正德老師著 回郵52元
附錄：平實導師著**《略說八、九識並存…等之過失》**
15.**大乘無我觀**—《悟前與悟後》別說　平實導師述著　回郵 36 元
16.**佛教之危機**—中國台灣地區現代佛教之真相（附錄：公案拈提六則）
平實導師著　回郵 52 元
17.**燈 影**—燈下黑（覆「求教後學」來函等）　平實導師著　回郵 76 元
18.**護法與毀法**—覆上平居士與徐恒志居士網站毀法二文
張正圜老師著　回郵 76 元
19.**淨土聖道**—兼評選擇本願念佛　正德老師著　**由正覺同修會購贈** 回郵 52 元
20.**辨唯識性相**—對「紫蓮心海《辯唯識性相》書中否定阿賴耶識」之回應
正覺同修會 台南共修處法義組 著　回郵 52 元
21.**假如來藏**—對法蓮法師《如來藏與阿賴耶識》書中否定阿賴耶識之回應
正覺同修會 台南共修處法義組 著　回郵 76 元
22.**入不二門**—公案拈提集錦 第一輯（於平實導師公案拈提諸書中選錄約二十則，
合輯爲一冊流通之）平實導師著　回郵 52 元
23.**真假邪說**—西藏密宗索達吉喇嘛《破除邪說論》真是邪說
釋正安法師著　上、下冊回郵各 52 元
24.**真假開悟**—真如、如來藏、阿賴耶識間之關係　平實導師述著　回郵 76 元
25.**真假禪和**—辨正釋傳聖之謗法謬說　孫正德老師著　回郵 76 元
26.**眼見佛性**—駁慧廣法師眼見佛性的含義文中謬說
游正光老師著　回郵 52 元

27.**普門自在**—公案拈提集錦 第二輯（於平實導師公案拈提諸書中選錄約二十則，合輯爲一冊流通之）平實導師著 回郵52元

28.**印順法師的悲哀**—以現代禪的質疑為線索 恒毓博士著 回郵52元

29.**識蘊真義**—現觀識蘊內涵、取證初果、親斷三縛結之具體行門。
—依《成唯識論》及《惟識述記》正義，略顯安慧《大乘廣五蘊論》之邪謬
平實導師著 回郵76元

30.**正覺電子報** 各期紙版本 免附回郵 每次最多函索三期或三本。
（已無存書之較早各期，不另增印贈閱）

31.**現代人應有的宗教觀** 蔡正禮老師 著 回郵31元

32.**遠惑趣道**—正覺電子報般若信箱問答錄 第一輯 回郵52元

33.**遠惑趣道**—正覺電子報般若信箱問答錄 第二輯 回郵52元

34.**確保您的權益**—器官捐贈應注意自我保護 游正光老師 著 回郵31元

35.**正覺教團電視弘法三乘菩提 DVD 光碟（一）**
由正覺教團多位親教師共同講述錄製 DVD 8 片，MP3 一片，共 9 片。有二大講題：一爲「三乘菩提之意涵」，二爲「學佛的正知見」。內容精闢，深入淺出，精彩絕倫，幫助大眾快速建立三乘法道的正知見，免被外道邪見所誤導。有志修學三乘佛法之學人不可不看。（製作工本費 100 元，回郵 52 元）

36.**正覺教團電視弘法 DVD 專輯（二）**
總有二大講題：一爲「三乘菩提之念佛法門」，一爲「學佛正知見（第二篇）」，由正覺教團多位親教師輪番講述，內容詳細闡述如何修學念佛法門、實證念佛三昧，以及學佛應具有的正確知見，可以幫助發願往生西方極樂淨土之學人，得以把握往生，更可令學人快速建立三乘法道的正知見，免於被外道邪見所誤導。有志修學三乘佛法之學人不可不看。（一套 17 片，工本費 160 元。回郵 76 元）

37.**喇嘛性世界**—揭開假藏傳佛教譚崔瑜伽的面紗 張善思 等人合著
由正覺同修會購贈 回郵52元

38.**假藏傳佛教的神話**—性、謊言、喇嘛教 張正玄教授編著
由正覺同修會購贈 回郵52元

39.**隨 緣**—理隨緣與事隨緣 平實導師述 回郵52元。

40.**學佛的覺醒** 正枝居士 著 回郵52元

41.**導師之真實義** 蔡正禮老師 著 回郵31元

42.**淺談達賴喇嘛之雙身法**—兼論解讀「密續」之達文西密碼
吳明芷居士 著 回郵31元

43.**魔界轉世** 張正玄居士 著 回郵31元

44.**一貫道與開悟** 蔡正禮老師 著 回郵31元

45.**博愛**—愛盡天下女人 正覺教育基金會 編印 回郵36元

46.**意識虛妄經教彙編**—實證解脫道的關鍵經文 正覺同修會編印 回郵36元

47.**邪箭囈語**—破斥藏密外道多識仁波切《破魔金剛箭雨論》之邪說
陸正元老師著　上、下冊回郵各52元
48.**真假沙門**—依　佛聖教闡釋佛教僧寶之定義
蔡正禮老師著　俟正覺電子報連載後結集出版
49.**真假禪宗**—藉評論釋性廣《印順導師對變質禪法之批判
及對禪宗之肯定》以顯示真假禪宗
附論一：凡夫知見　無助於佛法之信解行證
附論二：世間與出世間一切法皆從如來藏實際而生而顯
余正偉老師著　俟正覺電子報連載後結集出版　回郵未定

★ 上列贈書之郵資，係台灣本島地區郵資，大陸、港、澳地區及外國地區，請另計酌增（大陸、港、澳、國外地區之郵票不許通用）。尚未出版之書，請勿先寄來郵資，以免增加作業煩擾。

★ 本目錄若有變動，唯於後印之書籍及「成佛之道」網站上修正公佈之，不另行個別通知。

函索書籍請寄：佛教正覺同修會　103台北市承德路3段277號9樓
台灣地區函索書籍者請附寄郵票，無時間購買郵票者可以等值現金抵用，但不接受郵政劃撥、支票、匯票。大陸地區得以人民幣計算，國外地區請以美元計算（請勿寄來當地郵票，在台灣地區不能使用）。欲以掛號寄遞者，請另附掛號郵資。

親自索閱：正覺同修會各共修處。　★請於共修時間前往取書，餘時無人在道場，請勿前往索取；共修時間與地點，詳見書末正覺同修會共修現況表（以近期之共修現況表為準）。

註：正智出版社發售之局版書，請向各大書局購閱。若書局之書架上已經售出而無陳列者，請向書局櫃台指定洽購；若書局不便代購者，請於正覺同修會共修時間前往各共修處請購，正智出版社已派人於共修時間送書前往各共修處流通。　郵政劃撥購書及　大陸地區　購書，請詳別頁正智出版社發售書籍目錄最後頁之說明。

成佛之道　網站：http://www.a202.idv.tw　　正覺同修會已出版之結緣書籍，多已登載於　成佛之道　網站，若住外國、或住處遙遠，不便取得正覺同修會贈閱書籍者，可以從本網站閱讀及下載。　　書局版之《宗通與說通》亦已上網，台灣讀者可向書局洽購，售價300元。《狂密與眞密》第一輯~第四輯，亦於 2003.5.1.全部於本網站登載完畢；台灣地區讀者請向書局洽購，每輯約400頁，售價300元（網站下載紙張費用較貴，容易散失，難以保存，亦較不精美）。

＊＊假藏傳佛教修雙身法，非佛教＊＊

正智出版社 籌募弘法基金發售書籍目錄　2020/11/14

1.**宗門正眼**—公案拈提 第一輯 重拈　平實導師著　500 元

因重寫內容大幅度增加故，字體必須改小，並增爲 576 頁 主文 546 頁。比初版更精彩、更有內容。初版《禪門摩尼寶聚》之讀者，可寄回本公司免費調換新版書。免附回郵，亦無截止期限。（2007 年起，每冊附贈本公司精製公案拈提〈超意境〉CD 一片。市售價格 280 元，多購多贈。）

2.**禪淨圓融**　平實導師著　200 元（第一版舊書可換新版書。）

3.**真實如來藏**　平實導師著　400 元

4.**禪—悟前與悟後**　平實導師著　上、下冊，每冊 250 元

5.**宗門法眼**—公案拈提 第二輯　平實導師著　500 元

（2007 年起，每冊附贈本公司精製公案拈提〈超意境〉CD 一片）

6.**楞伽經詳解**　平實導師著　全套共 10 輯　每輯 250 元

7.**宗門道眼**—公案拈提 第三輯　平實導師著　500 元

（2007 年起，每冊附贈本公司精製公案拈提〈超意境〉CD 一片）

8.**宗門血脈**—公案拈提 第四輯　平實導師著　500 元

（2007 年起，每冊附贈本公司精製公案拈提〈超意境〉CD 一片）

9.**宗通與說通**—成佛之道 平實導師著 主文 381 頁 全書 400 頁售價 300 元

10.**宗門正道**—公案拈提 第五輯　平實導師著　500 元

（2007 年起，每冊附贈本公司精製公案拈提〈超意境〉CD 一片）

11.**狂密與真密 一～四輯**　平實導師著　西藏密宗是人間最邪淫的宗教，本質不是佛教，只是披著佛教外衣的印度教性力派流毒的喇嘛教。此書中將西藏密宗密傳之男女雙身合修樂空雙運所有祕密與修法，毫無保留完全公開，並將全部喇嘛們所不知道的部分也一併公開。內容比大辣出版社喧騰一時的《西藏慾經》更詳細。並且函蓋藏密的所有祕密及其錯誤的中觀見、如來藏見……等，藏密的所有法義都在書中詳述、分析、辨正。每輯主文三百餘頁　每輯全書約 400 頁　售價每輯 300 元

12.**宗門正義**—公案拈提 第六輯　平實導師著　500 元

（2007 年起，每冊附贈本公司精製公案拈提〈超意境〉CD 一片）

13.**心經密意**—心經與解脫道、佛菩提道、祖師公案之關係與密意　平實導師述　300 元

14.**宗門密意**—公案拈提 第七輯　平實導師著　500 元

（2007 年起，每冊附贈本公司精製公案拈提〈超意境〉CD 一片）

15.**淨土聖道**—兼評「選擇本願念佛」　正德老師著　200 元

16.**起信論講記**　平實導師述著　共六輯　每輯三百餘頁　售價各 250 元

17.**優婆塞戒經講記**　平實導師述著 共八輯 每輯三百餘頁 售價各 250 元

18.**真假活佛**—略論附佛外道盧勝彥之邪說（對前岳靈犀網站主張「盧勝彥是證悟者」之修正）　正犀居士（岳靈犀）著　流通價 140 元

19.**阿含正義**—唯識學探源　平實導師著　共七輯　每輯 300 元

20.**超意境** CD 以平實導師公案拈提書中超越意境之頌詞，加上曲風優美的旋律，錄成令人嚮往的超意境歌曲，其中包括正覺發願文及平實導師親自譜成的黃梅調歌曲一首。詞曲雋永，殊堪翫味，可供學禪者吟詠，有助於見道。內附設計精美的彩色小冊，解說每一首詞的背景本事。每片 280 元。【每購買公案拈提書籍一冊，即贈送一片。】

21.**菩薩底憂鬱** CD 將菩薩情懷及禪宗公案寫成新詞，並製作成超越意境的優美歌曲。 1.主題曲〈菩薩底憂鬱〉，描述地後菩薩能離三界生死而迴向繼續生在人間，但因尚未斷盡習氣種子而有極深沈之憂鬱，非三賢位菩薩及二乘聖者所知，此憂鬱在七地滿心位方才斷盡；本曲之詞中所說義理極深，昔來所未曾見；此曲係以優美的情歌風格寫詞及作曲，聞者得以激發嚮往諸地菩薩境界之大心，詞、曲都非常優美，難得一見；其中勝妙義理之解說，已印在附贈之彩色小冊中。 2.以各輯公案拈提中直示禪門入處之頌文，作成各種不同曲風之超意境歌曲，值得玩味、參究；聆聽公案拈提之優美歌曲時，請同時閱讀內附之印刷精美說明小冊，可以領會超越三界的證悟境界；未悟者可以因此引發求悟之意向及疑情，眞發菩提心而邁向求悟之途，乃至因此眞實悟入般若，成眞菩薩。 3.正覺總持咒新曲，總持佛法大意；總持咒之義理，已加以解說並印在隨附之小冊中。本 CD 共有十首歌曲，長達 63 分鐘。每盒各附贈二張購書優惠券。每片 280 元。

22.**禪意無限** CD 平實導師以公案拈提書中偈頌寫成不同風格曲子，與他人所寫不同風格曲子共同錄製出版，幫助參禪人進入禪門超越意識之境界。盒中附贈彩色印製的精美解說小冊，以供聆聽時閱讀，令參禪人得以發起參禪之疑情，即有機會證悟本來面目而發起實相智慧，實證大乘菩提般若，能如實證知般若經中的眞實意。本 CD 共有十首歌曲，長達 69 分鐘，每盒各附贈二張購書優惠券。每片 280 元。

23.**我的菩提路**第一輯　釋悟圓、釋善藏等人合著　售價 300 元

24.**我的菩提路**第二輯　郭正益等人合著　售價 300 元（停售，俟改版後另行發售）

25.**我的菩提路**第三輯　王美伶等人合著　售價 300 元

26.**我的菩提路**第四輯　陳晏平等人合著　售價 300 元

27.**我的菩提路**第五輯　林慈慧等人合著　售價 300 元

28.**我的菩提路**第六輯　劉惠莉等人合著　售價 300 元

29.**我的菩提路**第七輯　余正偉等人合著　售價 300 元　預定 2021/6/30 出版

30.**鈍鳥與靈龜**—考證後代凡夫對大慧宗杲禪師的無根誹謗。

平實導師著 共 458 頁 售價 350 元

31.**維摩詰經講記** 平實導師述 共六輯 每輯三百餘頁 售價各 250 元

32.**真假外道**—破劉東亮、杜大威、釋證嚴常見外道見 正光老師著 200 元

33.**勝鬘經講記**—兼論印順《勝鬘經講記》對於《勝鬘經》之誤解。

平實導師述　共六輯　每輯三百餘頁　售價250 元

34.**楞嚴經講記** 平實導師述 共**15**輯，每輯三百餘頁 售價300元

35.**明心與眼見佛性**—駁慧廣〈蕭氏「眼見佛性」與「明心」之非〉文中謬說

正光老師著 共448頁 售價300元

36.**見性與看話頭** 黃正倖老師 著，本書是禪宗參禪的方法論。

內文375頁，全書416頁，售價300元。

37.**達賴真面目**—玩盡天下女人 白正偉老師 等著 中英對照彩色精裝大本 800元

38.**喇嘛性世界**—揭開假藏傳佛教譚崔瑜伽的面紗 張善思 等人著 200元

39.**假藏傳佛教的神話**—性、謊言、喇嘛教 正玄教授編著 200元

40.**金剛經宗通** 平實導師述 共九輯 每輯售價250元。

41.**空行母**—性別、身分定位，以及藏傳佛教。

珍妮·坎貝爾著 呂艾倫 中譯 售價250元

42.**末代達賴**—性交教主的悲歌 張善思、呂艾倫、辛燕編著 售價250元

43.**霧峰無霧**—給哥哥的信 辨正釋印順對佛法的無量誤解

游宗明 老師著 售價250元

44.**霧峰無霧**—第二輯—救護佛子向正道 細說釋印順對佛法的各類誤解

游宗明 老師著 售價250元

45.**第七意識與第八意識？**—穿越時空「超意識」

平實導師述 每冊300元

46.**黯淡的達賴**—失去光彩的諾貝爾和平獎

正覺教育基金會編著 每冊250元

47.**童女迦葉考**—論呂凱文〈佛教輪迴思想的論述分析〉之謬。

平實導師 著 定價180元

48.**人間佛教**—實證者必定不悖三乘菩提

平實導師 述，定價400元

49.**實相經宗通** 平實導師述 共八輯 每輯250元

50.**真心告訴您(一)**—達賴喇嘛在幹什麼？

正覺教育基金會編著 售價250元

51.**中觀金鑑**—詳述應成派中觀的起源與其破法本質

孫正德老師著 分為上、中、下三冊，每冊250元

52.**藏傳佛教要義**—《狂密與真密》之簡體字版 平實導師 著 上、下冊

僅在大陸流通 每冊300元

53.**法華經講義** 平實導師述 共二十五輯 每輯300元

已於2015/05/31起開始出版，每二個月出版一輯

54.**西藏「活佛轉世」制度**—附佛、造神、世俗法

許正豐、張正玄老師合著 定價150元

55.**廣論三部曲** 郭正益老師著 定價150元

56.**真心告訴您(二)**—達賴喇嘛是佛教僧侶嗎？

—補祝達賴喇嘛八十大壽

正覺教育基金會編著 售價300元

57.**次法**—實證佛法前應有的條件
張善思居士著　分爲上、下二冊，每冊 250 元
58.**涅槃**—解說四種涅槃之實證及內涵　平實導師著 上、下冊 各 350 元
59.**山法**—西藏關於他空與佛藏之根本論
篤補巴·喜饒堅贊著　　傑弗里·霍普金斯英譯
張火慶教授、張志成、呂艾倫等中譯　精裝大本 1200 元
60.**佛藏經講義**　平實導師述　2019 年 7 月 31 日開始出版　共 21 輯
每二個月出版一輯，每輯 300 元。
61.**假鋒虛焰金剛乘**—揭示顯密正理，兼破索達吉師徒《般若鋒兮金剛焰》
釋正安法師著 簡體字版 即將出版 售價未定
62.**廣論之平議**—宗喀巴《菩提道次第廣論》之平議　正雄居士著
約二或三輯　俟正覺電子報連載後結集出版　書價未定
63.**大法鼓經講義**　平實導師講述　《佛藏經講義》出版後發行，每輯 300 元
64.**不退轉法輪經講義**　平實導師講述　《大法鼓經講義》出版後發行
65.**八識規矩頌**詳解　○○居士 註解　出版日期另訂　書價未定。
66.**中觀正義**—註解平實導師《中論正義頌》。
○○法師（居士）著　出版日期未定　書價未定
67.**中論正義**—釋龍樹菩薩《中論》頌正理。
孫正德老師著　出版日期未定　書價未定
68.**中國佛教史**—依中國佛教正法史實而論。○○老師 著　書價未定。
69.**印度佛教史**—法義與考證。依法義史實評論印順《印度佛教思想史、佛教史地考論》之謬說　正偉老師著　出版日期未定　書價未定
70.**阿含經講記**—將選錄四阿含中數部重要經典全經講解之，講後整理出版。
平實導師述　約二輯　每輯 300 元　出版日期未定
71.**實積經講記**　平實導師述　每輯三百餘頁 優惠價 300 元 出版日期未定
72.**解深密經講義**　平實導師述 約四輯　將於重講後整理出版
73.**成唯識論略解**　平實導師著　五～六輯　每輯300 元　出版日期未定
74.**修習止觀坐禪法要講記**　平實導師述　每輯三百餘頁
將於正覺寺建成後重講、以講記逐輯出版　出版日期未定
75.**無門關**—《無門關》公案拈提　平實導師著　出版日期未定
76.**中觀再論**—兼述印順《中觀今論》謬誤之平議。正光老師著 出版日期未定
77.**輪迴與超度**—佛教超度法會之真義。
○○法師（居士）著　出版日期未定　書價未定
78.**《釋摩訶衍論》平議**—對偽稱龍樹所造《釋摩訶衍論》之平議
○○法師（居士）著　出版日期未定　書價未定
79.**正覺發願文**註解—以真實大願為因 得證菩提
正德老師著　出版日期未定　書價未定
80.**正覺總持咒**—佛法之總持　正圜老師著　出版日期未定　書價未定
81.**三自性**—依四食、五蘊、十二因緣、十八界法，說三性三無性。
作者未定　出版日期未定

82.**道品**—從三自性說大小乘三十七道品　　作者未定　出版日期未定
83.**大乘緣起觀**—依四聖諦七真如現觀十二緣起 作者未定　出版日期未定
84.**三德**—論解脫德、法身德、般若德。　　作者未定　出版日期未定
85.**真假如來藏**—對印順《如來藏之研究》謬說之平議　作者未定 出版日期未定
86.**大乘道次第**　　作者未定　出版日期未定　書價未定
87.**四緣**—依如來藏故有四緣。　作者未定　出版日期未定
88.**空之探究**—印順《空之探究》謬誤之平議　作者未定 出版日期未定
89.**十法義**—論阿含經中十法之正義　　作者未定　出版日期未定
90.**外道見**—論述外道六十二見　　作者未定　　出版日期未定

正智出版社有限公司 書籍介紹

禪淨圓融：言淨土諸祖所未曾言，示諸宗祖師所未曾示；禪淨圓融，另闢成佛捷徑，兼顧自力他力，闡釋淨土門之速行易行道，亦同時揭櫫聖教門之速行易行道；令廣大淨土行者得免緩行難證之苦，亦令聖道門行者得以藉著淨土速行道而加快成佛之時劫。乃前無古人之超勝見地，非一般弘揚禪淨法門典籍也，先讀為快。平實導師著 200元。

宗門正眼—公案拈提第一輯：繼承克勤圜悟大師碧巖錄宗旨之禪門鉅作。先則舉示當代大法師之邪說，消弭當代禪門大師鄉愿之心態，摧破當今禪門「世俗禪」之妄談；次則旁通教法，表顯宗門正理；繼以道之次第，消弭古今狂禪；後藉言語及文字機鋒，直示宗門入處。悲智雙運，禪味十足，數百年來難得一睹之禪門鉅著也。平實導師著 500元（原初版書《禪門摩尼寶聚》，改版後補充為五百餘頁新書，總計多達二十四萬字，內容更精彩，並改名為《宗門正眼》，讀者原購初版《禪門摩尼寶聚》皆可寄回本公司免費換新，免附回郵，亦無截止期限）（2007年起，凡購買公案拈提第一輯至第七輯，每購一輯皆贈送本公司精製公案拈提〈超意境〉CD一片，市售價格280元，多購多贈）。

禪—悟前與悟後：本書能建立學人悟道之信心與正確知見，圓滿具足而有次第地詳述禪悟之功夫與禪悟之內容，指陳參禪中細微淆訛之處，能使學人明自真心、見自本性。若未能悟入，亦能以正確知見辨別古今中外一切大師究係真悟？或屬錯悟？便有能力揀擇，捨名師而選明師，後時必有悟道之緣。一旦悟道，遲者七次人天往返，便出三界，速者一生取辦。學人欲求開悟者，不可不讀。 平實導師著。上、下冊共500元，單冊250元。

……法師、達賴喇嘛等人所說之「唯有名相、無此心體」。如來藏是涅槃之本際，是一切有智之人竭盡心智、不斷探索而不能得之生命實相；是古今中外許多大師自以爲悟而當面錯過之生命實相。如來藏即是阿賴耶識，乃是一切有情本自具足、不生不滅之眞實心。當代中外大師於此書出版之前所未能言者，作者於本書中盡情流露、詳細闡釋。眞悟者讀之，必能增益悟境、智慧增上；錯悟者讀之，必能檢討自己之錯誤，免犯大妄語業；未悟者讀之，能知參禪之理路，亦能以之檢查一切名師是否眞悟。此書是一切哲學家、宗教家、學佛者及欲昇華心智之人必讀之鉅著。　平實導師著　售價400元。

宗門法眼—公案拈提第二輯：列舉實例，闡釋土城廣欽老和尚之悟處；並直示這位不識字的老和尚妙智橫生之根由，繼而剖析禪宗歷代大德之開悟公案，解析當代密宗高僧卡盧仁波切之錯悟證據，並例舉當代顯宗高僧、大居士之錯悟證據（凡健在者，爲免影響其名聞利養，皆隱其名）。藉辨正當代名師之邪見，向廣大佛子指陳禪悟之正道，彰顯宗門法眼。悲勇兼出，強捋虎鬚；慈智雙運，巧探驪龍；摩尼寶珠在手，直示宗門入處，禪味十足；若非大悟徹底，不能爲之。禪門精奇人物，允宜人手一冊，供作參究及悟後印證之圭臬。本書於2008年4月改版，增寫爲大約500頁篇幅，以利學人研讀參究時更易悟入宗門正法，以前所購初版首刷及初版二刷舊書，皆可免費換取新書。平實導師著　500元（2007年起，凡購買公案拈提第一輯至第七輯，每購一輯皆贈送本公司精製公案拈提〈超意境〉CD一片，市售價格280元，多購多贈）。

宗門道眼—公案拈提第三輯：繼宗門法眼之後，再以金剛之作略、慈悲之胸懷、犀利之筆觸，舉示寒山、拾得、布袋三大士之悟處，消弭當代錯悟者對於寒山大士……等之誤會及誹謗。　亦舉出民初以來與虛雲和尚齊名之蜀郡鹽亭袁煥仙夫子——南懷瑾老師之師，其「悟處」何在？並蒐羅許多眞悟祖師之證悟公案，顯示禪宗歷代祖師之睿智，指陳部分祖師、奧修及當代顯密大師之謬悟，作爲殷鑑，幫助禪子建立及修正參禪之方向及知見。假使讀者閱此書已，一時尚未能悟，亦可一面加功用行，一面以此宗門道眼辨別眞假善知識，避開錯誤之印證及歧路，可免大妄語業之長劫慘痛果報。欲修禪宗之禪者，務請細讀。平實導師著　售價500元（2007年起，凡購買公案拈提第一輯至第七輯，每購一輯皆贈送本公司精製公案拈提〈超意境〉CD一片，市售價格280元，多購多贈）。

楞伽經詳解：本經是禪宗見道者印證所悟眞僞之根本經典，亦是禪宗見道者悟後起修之依據經典；故達摩祖師於印證二祖慧可大師之後，將此經典連同佛缽祖衣一併交付二祖，令其依此經典佛示金言、進入修道位，修學一切種智。由此可知此經對於眞悟之人修學佛道，是非常重要之一部經典。此經能破外道邪說，亦破佛門中錯悟名師之謬說，亦破禪宗部分祖師之狂禪：不讀經典、一向主張「一悟即成究竟佛」之謬執。並開示愚夫所行禪、觀察義禪、攀緣如禪、如來禪等差別，令行者對於三乘禪法差異有所分辨；亦糾正禪宗祖師古來對於如來禪之誤解，嗣後可免以訛傳訛之弊。此經亦是法相唯識宗之根本經典，禪者悟後欲修一切種智而入初地者，必須詳讀。　平實導師著，全套共十輯，已全部出版完畢，每輯主文約320頁，每冊約352頁，定價250元。

宗門血脈—公案拈提第四輯：末法怪象—許多修行人自以爲悟，每將無念靈知認作眞實；崇尚二乘法諸師及其徒衆，則將外於如來藏之緣起性空—無因論之無常空、斷滅空、一切法空—錯認爲　佛所說之般若空性。這兩種現象已於當今海峽兩岸及美加地區顯密大師之中普遍存在；人人自以爲悟，心高氣壯，便敢寫書解釋祖師證悟之公案，大多出於意識思惟所得，言不及義，錯誤百出，因此誤導廣大佛子同陷大妄語之地獄業中而不能自知。彼等書中所說之悟處，其實處處違背第一義經典之聖言量。彼等諸人不論是否身披袈裟，都非佛法宗門血脈，或雖有禪宗法脈之傳承，亦只徒具形式；猶如螟蛉，非眞血脈，未悟得根本眞實故。禪子欲知　佛、祖之眞血脈者，請讀此書，便知分曉。平實導師著，主文452頁，全書464頁，定價500元（2007年起，凡購買公案拈提第一輯至第七輯，每購一輯皆贈送本公司精製公案拈提〈超意境〉CD一片，市售價格280元，多購多贈）。

宗通與說通：古今中外，錯誤之人如麻似粟，每以常見外道所說之靈知心，認作眞心；或妄想虛空之勝性能量爲眞如，或錯認物質四大元素藉冥性（靈知心本體）能成就吾人色身及知覺，或認初禪至四禪中之了知心爲不生不滅之涅槃心。此等皆非通宗者之見地。復有錯悟之人一向主張「宗門與教門不相干」，此即尚未通達宗門之人也。其實宗門與教門互通不二，宗門所證者乃是眞如與佛性，教門所說者乃說宗門證悟之眞如佛性，故教門與宗門不二。本書作者以宗教二門互通之見地，細說「宗通與說通」，從初見道至悟後起修之道、細說分明；並將諸宗諸派在整體佛教中之地位與次第，加以明確之教判，學人讀之即可了知佛法之梗概也。欲擇明師學法之前，允宜先讀。平實導師著，主文共381頁，全書392頁，只售成修學大乘佛法有二果須證—解脫果及大菩提果。二乘人不證大菩提果，唯證解脫果；此果之智慧，名為聲聞菩提、緣覺菩提。大乘佛子所證二果之菩提果為佛菩提，故名大菩提果，其慧名為一切種智—函蓋二乘解脫果。然此大乘二果修證，須經由禪宗之宗門證悟方能相應。而宗門證悟極難，自古已然；其所以難者，咎在古今佛教界普遍存在三種邪見：1.以修定認作佛法，2.以無因論之緣起性空—否定涅槃本際如來藏以後之一切法空作為佛法，3.以常見外道邪見（離語言妄念之靈知性）作為佛法。如是邪見，或因自身正見未立所致，或因邪師之邪教導所致，或因無始劫來虛妄熏習所致。若不破除此三種邪見，永劫不悟宗門真義、不入大乘正道，唯能外門廣修菩薩行。平實導師於此書中，有極為詳細之說明，有志佛子欲摧邪見、入於內門修菩薩行者，當閱此書。主文共496頁，全書512頁。售價500元（2007年起，凡購買公案拈提第一輯至第七輯，每購一輯皆贈送本公司精製公案拈提〈超意境〉CD一片，市售價格280元，多購多贈）。

狂密與真密：密教之修學，皆由有相之觀行法門而入，其最終目標仍不離顯教經典所說第一義諦之修證；若離顯教第一義經典、或違背顯教第一義經典，即非佛教。西藏密教之觀行法，如灌頂、觀想、遷識法、寶瓶氣、大聖歡喜雙身修法、喜金剛、無上瑜伽、大樂光明、樂空雙運等，皆是印度教兩性生生不息思想之轉化，自始至終皆以如何能運用交合淫樂之法達到全身受樂為其中心思想，純屬欲界五欲的貪愛，不能令人超出欲界輪迴，更不能令人斷除我見；何況大乘之明心與見性，更無論矣！故密宗之法絕非佛法也。而其明光大手印、大圓滿法教，又皆同以常見外道所說離語言妄念之無念靈知心錯認為佛地之真如，不能直指不生不滅之真如。西藏密宗所有法王與徒眾，都尚未開頂門眼，不能辨別真偽，以依人不依法、依密續不依經典故，不肯將其上師喇嘛所說對照第一義經典，純依密續之藏密祖師所說為準，因此而誇大其證德與證量，動輒謂彼祖師上師為究竟佛、為地上菩薩；如今台海兩岸亦有自謂其師證量高於釋迦文佛者，然觀其師所述，猶未見道，仍在觀行即佛階段，尚未到禪宗相似即佛、分證即佛階位，竟敢標榜為究竟佛及地上法王，誑惑初機學人。凡此怪象皆是狂密，不同於真密之修行者。近年狂密盛行，密宗行者被誤導者極眾，動輒自謂已證佛地真如，自視為究竟佛，陷於大妄語業中而不知自省，反謗顯宗真修實證者之證量粗淺；或如義雲高與釋性圓…等人，於報紙上公然誹謗真實證道者為「騙子、無道人、人妖、癩蛤蟆…」等，造下誹謗大乘勝義僧之大惡業；或以外道法中有為有作之甘露、魔術……等法，誑騙初機學人，狂言彼外道法為真佛法。如是怪象，在西藏密宗及附藏密之外道中，不一而足，舉之不盡，學人宜應慎思明辨，以免上當後又犯毀破菩薩戒之重罪。密宗學人若欲遠離邪知邪見者，請閱此書，即能了知密宗之邪謬，從此遠離邪見與邪修，轉入真正之佛道。平實導師著 共四輯 每輯約400頁（主文約340頁）每輯售價300元。

宗門正義—公案拈提第六輯：佛教有六大危機，乃是藏密化、世俗化、膚淺化、學術化、宗門密意失傳、悟後進修諸地之次第混淆；其中尤以宗門密意之失傳，爲當代佛教最大之危機。由宗門密意失傳故，易令 世尊本懷普被錯解，易令 世尊正法被轉易爲外道法，以及加以淺化、世俗化，是故宗門密意之廣泛弘傳與具緣佛弟子，極爲重要。然而欲令宗門密意之廣泛弘傳予具緣之佛弟子者，必須同時配合錯誤知見之解析、普令佛弟子知之，然後輔以公案解析之直示入處，方能令具緣之佛弟子悟入。而此二者，皆須以公案拈提之方式爲之，方易成其功、竟其業，是故平實導師續作宗門正義一書，以利學人。　全書500餘頁，售價500元（2007年起，凡購買公案拈提第一輯至第七輯，每購一輯皆贈送本公司精製公案拈提〈超意境〉CD一片，市售價格280元，多購多贈）。

心經密意—心經與解脫道、佛菩提道、祖師公案之關係與密意。二乘菩提所證之解脫道，實依第八識心之斷除煩惱障現行而立解脫之名；大乘菩提所證之佛菩提道，實依親證第八識如來藏之涅槃性、清淨自性、及其中道性而立般若之名；禪宗祖師公案所證之眞心，即是此第八識如來藏；是故三乘佛法所修所證之三乘菩提，皆依此如來藏心而立名也。此第八識心，即是《心經》所說之心也。證得此如來藏已，即能漸入大乘佛菩提道，亦可因證知此心而了知二乘無學所不能知之無餘涅槃本際，是故《心經》之密意，與三乘佛菩提之關係極爲密切、不可分割，三乘佛法皆依此心而立名故。今者平實導師以其所證解脫道之無生智及佛菩提之般若種智，將《心經》與解脫道、佛菩提道、祖師公案之關係與密意，以演講之方式，用淺顯之語句和盤托出，發前人所未言，呈三乘菩提之眞義，令人藉此《心經密意》一舉而窺三乘菩提之堂奧，迴異諸方言不及義之說；欲求眞實佛智者、不可不讀！主文317頁，連同跋文及序文…等共384頁，售價300元。

宗門密意—公案拈提第七輯：佛教之世俗化，將導致學人以信仰作爲學佛，則將以感應及世間法之庇祐，作爲學佛之主要目標，不能了知學佛之主要目標爲親證三乘菩提。大乘菩提則以般若實相智慧爲主要修習目標，以二乘菩提解脫道爲附帶修習之標的；是故學習大乘法者，應以禪宗之證悟爲要務，能親入大乘菩提之實相般若智慧中故，般若實相智慧非二乘聖人所能知故。此書則以台灣世俗化佛教之三大法師，說法似是而非之實例，配合眞悟祖師之公案解析，提示證悟般若之關節，令學人易得悟入。平實導師著，全書五百餘頁，售價500元（2007年起，凡購買公案拈提第一輯至第七輯，每購一輯皆贈送本公司精製公案拈提〈超意境〉CD一片，市售價格280元，多購多贈）。

淨土聖道—兼評選擇本願念佛：佛法甚深極廣，般若玄微，非諸二乘聖僧所能知之，一切凡夫更無論矣！所謂一切證量皆歸淨土是也！是故大乘法中「聖道之淨土、淨土之聖道」，其義甚深，難可了知；乃至眞悟之人，初心亦難知也。今有正德老師眞實證悟後，復能深探淨土與聖道之緊密關係，憐憫衆生之誤會淨土實義，亦欲利益廣大淨土行人同入聖道，同獲淨土中之聖道門要義，乃振奮心神、書以成文，今得刊行天下。主文279頁，連同序文等共301頁，總有十一萬六千餘字，正德老師著，成本價200元。

起信論講記：詳解大乘起信論心生滅門與心眞如門之眞實意旨，消除以往大師與學人對起信論所說心生滅門之誤解，由是而得了知眞心如來藏之非常非斷中道正理；亦因此一講解，令此論以往隱晦而被誤解之眞實義，得以如實顯示，令大乘佛菩提道之正理得以顯揚光大；初機學者亦可藉此正論所顯示之法義，對大乘法理生起正信，從此得以眞發菩提心，眞入大乘法中修學，世世常修菩薩正行。平實導師演述，共六輯，都已出版，每輯三百餘頁，售價各250元。

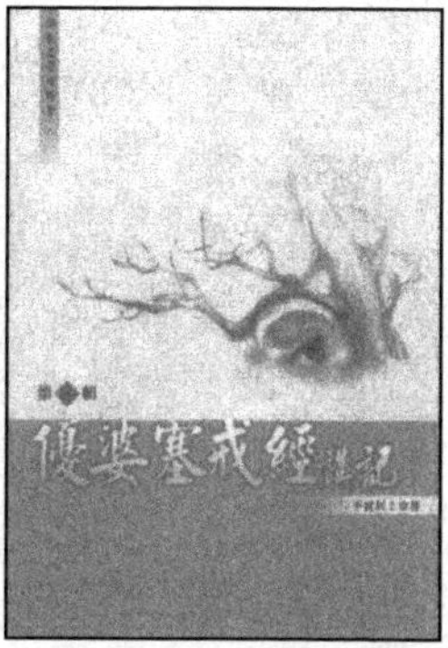

優婆塞戒經講記：本經詳述在家菩薩修學大乘佛法，應如何受持菩薩戒？對人間善行應如何看待？對三寶應如何護持？應如何正確地修集此世後世證法之福德？應如何修集後世「行菩薩道之資糧」？並詳述第一義諦之正義：五蘊非我非異我、自作自受、異作異受、不作不受……等深妙法義，乃是修學大乘佛法、行菩薩行之在家菩薩所應當了知者。出家菩薩今世或未來世登地已，捨報之後多數將如華嚴經中諸大菩薩，以在家菩薩身而修行菩薩行，故亦應以此經所述正理而修之，配合《楞伽經、解深密經、楞嚴經、華嚴經》等道次第正理，方得漸次成就佛道；故此經是一切大乘行者皆應證知之正法。平實導師講述，每輯三百餘頁，售價各250元；共八輯，已全部出版。

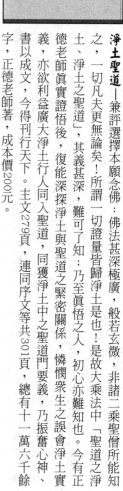

真假活佛—略論附佛外道盧勝彥之邪說：人人身中都有眞活佛，永生不滅而有大神用，但衆生都不了知，所以常被身外的西藏密宗假活佛籠罩欺瞞。本來就眞實存在的眞活佛，才是眞正的密宗無上密！諾那活佛因此而說禪宗是大密宗，但藏密的所有活佛都不知道、也不曾實證自身中的眞活佛。本書詳實宣示眞活佛的道理，舉證盧勝彥的「佛法」不是眞佛法，也顯示盧勝彥是假活佛，直接的闡釋第一義佛法見道的眞實正理。眞佛宗的所有上師與學人們，都應該詳細閱讀，包括盧勝彥個人在內。正犀居士著，優惠價140元。

阿含正義—唯識學探源：廣說四大部《阿含經》諸經中隱說之眞正義理，一一舉示佛陀本懷，令阿含時期初轉法輪根本經典之眞義，如實顯現於佛子眼前。並提示末法大師對於阿含眞義誤解之實例，一一比對之，證實唯識增上慧學確於原始佛法之阿含諸經中已隱覆密意而略說之，證實 世尊確於原始佛法中已曾密意而說第八識如來藏之總相；亦證實 世尊在四阿含中已說此藏識是名色十八界之因、之本—證明如來藏是能生萬法之根本心。佛子可據此修正以往受諸大師（譬如西藏密宗應成派中觀師：印順、昭慧、性廣、大願、達賴、宗喀巴、寂天、月稱、……等人）誤導之邪見，建立正見，轉入正道乃至親證初果而無困難；書中並詳說三果所證的心解脫，以及四果慧解脫的親證，都是如實可行的具體知見與行門。全書共七輯，已出版完畢。平實導師著，每輯三百餘頁，售價300元。

超意境CD：以平實導師公案拈提書中超越意境之頌詞，加上曲風優美的旋律，錄成令人嚮往的超意境歌曲，其中包括正覺發願文及平實導師親自譜成的黃梅調歌曲一首。詞曲雋永，殊堪翫味，可供學禪者吟詠，有助於見道。內附設計精美的彩色小冊，解說每一首詞的背景本事。每片280元。【每購買公案拈提書籍一冊，即贈送一片。】

我的菩提路第一輯：凡夫及二乘聖人不能實證的佛菩提證悟，末法時代的今天仍然有人能得實證，由正覺同修會釋悟圓、釋善藏法師等二十餘位實證如來藏者所寫的見道報告，已爲當代學人見證宗門正法之絲縷不絕，證明大乘義學的法脈仍然存在，爲末法時代求悟般若之學人照耀出光明的坦途。由二十餘位大乘見道者所繕，敘述各種不同的學法、見道因緣與過程，參禪求悟者必讀。全書三百餘頁，售價300元。

我的菩提路第二輯：由郭正益老師等人合著，書中詳述彼等諸人歷經各處道場學法，一一修學而加以檢擇之不同過程以後，因閱讀正覺同修會、正智出版社書籍而發起抉擇分，轉入正覺同修會中修學；乃至學法及見道之過程，都一一詳述之。（本書暫停發售，俟改版重新發售流通。）

我的菩提路第三輯：由王美伶老師等人合著。自從正覺同修會成立以來，每年夏初、冬初都舉辦精進禪三共修，藉以助益會中同修們得以證悟明心發起般若實相智慧；凡已實證而被平實導師印證者，皆書具見道報告用以證明佛法之眞實可證而非玄學，證明佛法並非純屬思想、理論而無實質，是故每年都能有人證明正覺同修會的「實證佛教」主張並非虛語。特別是眼見佛性一法，自古以來中國禪宗祖師實證者極寡，較之明心開悟的證境更難令人信受；至2017年初，正覺同修會中的證悟明心者已近五百人，然而其中眼見佛性者至今唯十餘人爾，可謂難能可貴，是故明心後欲冀眼見佛性者實屬不易。黃正倖老師是懸絕七年無人見性後的第一人，她於2009年的見性報告刊於本書的第二輯中，爲大衆證明佛性確實可以眼見；其後七年之中求見性者都屬解悟佛性而無人眼見，幸而又經七年後的2016冬初，以及2017夏初的禪三，復有三人眼見佛性，希冀鼓舞四衆佛子求見佛性之大心，今則具載一則於書末，顯示求見佛性之事實經歷，供養現代佛教界欲得見性之四衆弟子。全書四百頁，售價300元，已於2017年6月30日發行。

我的菩提路第四輯：由陳晏平等人著。中國禪宗祖師往往有所謂「見性」之言，所言多屬看見如來藏具有能令人發起成佛之自性，並非《大般涅槃經》中 如來所說之眼見佛性。眼見佛性者，於親見佛性之時，即能於山河大地眼見自己佛性，亦能於他人身上眼見自己佛性及對方之佛性，如是境界無法爲尚未實證者解釋；勉強說之，縱使眞實明心證悟之人聞之，亦只能以自身明心之境界想像之，但不論如何想像多屬非量，能有正確之比量者亦是稀有，故說眼見佛性極爲困難。眼見佛性之人若所見極分明時，在所見佛性之境界下所眼見之山河大地、自己五蘊身心皆是虛幻，自有異於明心者之解脫功德受用，此後永不思證二乘涅槃，必定邁向成佛之道而進入第十住位中，已超第一阿僧祇劫三分有一，可謂之爲超劫精進也。今又有明心之後眼見佛性之人出於人間，將其明心及後來見性之報告，連同其餘證悟明心者之精彩報告一同收錄於此書中，供養眞求佛法實證之四眾佛子。全書380頁，售價300元，已於2018年6月30日發行。

我的菩提路第五輯：林慈慧老師等人著，本輯中所舉學人從相似正法中來到正覺同修會的過程，各人都有不同，發生的因緣亦是各有差別，然而都會指向同一個目標——證實生命實相的源底，確證自己生從何來、死往何去的事實，所以最後都證明佛法眞實而可親證，絕非玄學；本書將彼等諸人的始修及末後證悟之實例，羅列出來以供學人參考。本期亦有一位會裡的老師，是從1995年即開始追隨 平實導師修學，1997年明心後持續進修不斷，直到2017年眼見佛性之實例，足可證明《大般涅槃經》中世尊開示眼見佛性之法正眞無訛，第十住位的實證在末法時代的今天仍有可能，如今一併具載於書中以供學人參考，並供養現代佛教界欲得見性之四眾弟子。全書四百頁，售價300元，已於2019年12月31日發行。

我的菩提路第六輯：劉惠莉老師等人著，本輯中舉示劉老師明心多年以後的眼見佛性實錄，供末法時代學人了知明心之異於見性本質，足可證明《大般涅槃經》中世尊開示眼見佛性之法正眞無訛。亦列舉多篇學人從各道場來到正覺學法之不同過程，以及如何發覺邪見之異於正法的所在，最後終能在正覺禪三中悟入的實況，以證明佛教正法仍在末法時代的人間繼續弘揚的事實，鼓舞一切眞實學法的菩薩大眾思之：我等諸人亦可有因緣證悟，絕非空想白思。約四百頁，售價300元，已於2020年6月30日發行。

鈍鳥與靈龜：鈍鳥及靈龜二物，被宗門證悟者說爲二種人：前者是精修禪定而無智慧者，也是以定爲禪的愚癡禪人；後者是或有禪定、或無禪定的宗門證悟者，凡已證悟者皆是靈龜。但後者被人虛造事實，用以嘲笑大慧宗杲禪師，說他雖是靈龜，卻不免被天童禪師預記「患背」痛苦而亡：「鈍鳥離巢易，靈龜脫殼難。」藉以貶低大慧宗杲的證量。同時將天童禪師實證如來藏的證量，曲解爲意識境界的離念靈知。自從大慧禪師入滅以後，錯悟凡夫對他的不實毀謗就一直存在著，不曾止息，並且捏造的假事實也隨著年月的增加而越來越多，終至編成「鈍鳥與靈龜」的假公案、假故事。本書是考證大慧與天童之間的不朽情誼，顯現這件假公案的虛妄不實；更見大慧宗杲面對惡勢力時的正直不阿，亦顯示大慧對天童禪師的至情深義，將使後人對大慧宗杲的誣謗至此而止，不再有人誤犯毀謗賢聖的惡業。書中亦舉證宗門的所悟確以第八識如來藏爲標的，詳讀之後必可改正以前被錯悟大師誤導的參禪知見，日後必定有助於實證禪宗的開悟境界，得階大乘眞見道位中，即是實證般若之賢聖。全書459頁，售價350元。

維摩詰經講記：本經係 世尊在世時，由等覺菩薩維摩詰居士藉疾病而演說之大乘菩提無上妙義，所說函蓋甚廣，然極簡略，是故今時諸方大師與學人讀之悉皆錯解，何況能知其中隱含之深妙正義，是故普遍無法爲人解說；若強爲人說，則成依文解義而有諸多過失。今由平實導師公開宣講之後，詳實解釋其中密意，令維摩詰菩薩所說大乘不可思議解脫之深妙正法得以正確宣流於人間，利益當代學人及與諸方大師。書中詳實演述大乘佛法深妙不共二乘之智慧境界，顯示諸法之中絕待之實相境界，建立大乘菩薩妙道於永遠不敗不壞之地，以此成就護法偉功，欲冀永利娑婆人天。已經宣講圓滿整理成書流通，以利諸方大師及諸學人。全書共六輯，每輯三百餘頁，售價各250元。

真假外道：本書具體舉證佛門中的常見外道知見實例，並加以教證及理證上的辨正，幫助讀者輕鬆而快速的了知常見外道的錯誤知見，進而遠離佛門內外的常見外道知見，因此即能改正修學方向而快速實證佛法。 游正光老師著 。成本價200元。

勝鬘經講記：如來藏爲三乘菩提之所依，若離如來藏心體及其含藏之一切種子，即無三界有情及一切世間法，亦無二乘菩提緣起性空之出世間法；本經詳說無始無明、一念無明皆依如來藏而有之正理，藉著詳解煩惱障與所知障間之關係，令學人深入了知二乘菩提與佛菩提相異之妙理；聞後即可了知佛菩提之特勝處及三乘修道之方向與原理，邁向攝受正法而速成佛道的境界中。平實導師講述，共六輯，每輯三百餘頁，售價各250元。

楞嚴經講記：楞嚴經係密教部之重要經典，亦是顯教中普受重視之經典；經中宣說明心與見性之內涵極爲詳細，將一切法都會歸如來藏及佛性—妙真如性；亦闡釋佛菩提道修學過程中之種種魔境，以及外道誤會涅槃之狀況，旁及三界世間之起源。然因言句深澀難解，法義亦復深妙寬廣，學人讀之普難通達，是故讀者大多誤會，不能如實理解佛所說之明心與見性內涵，亦因是故多有悟錯之人引爲開悟之證言，成就大妄語罪。今由平實導師詳細講解之後，整理成文，以易讀易懂之語體文刊行天下，以利學人。全書十五輯，全部出版完畢。每輯三百餘頁，售價每輯300元。

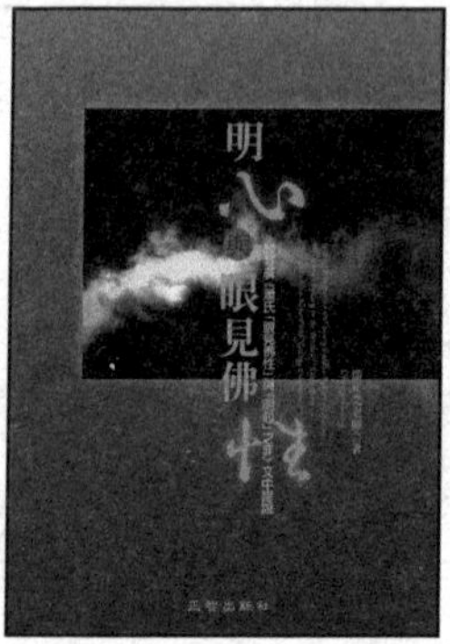

明心與眼見佛性：本書細述明心與眼見佛性之異同，同時顯示了中國禪宗破初參明心與重關眼見佛性二關之間的關聯；書中又藉法義辨正而旁述其他許多勝妙法義，讀後必能遠離佛門長久以來積非成是的錯誤知見，令讀者在佛法的實證上有極大助益。也藉慧廣法師的謬論來教導佛門學人回歸正知正見，遠離古今禪門錯悟者所墮的意識境界，非唯有助於斷我見，也對未來的開悟明心實證第八識如來藏有所助益，是故學禪者都應細讀之。游正光老師著　共448頁　售價300元。

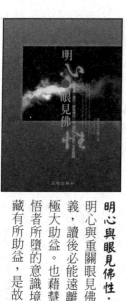

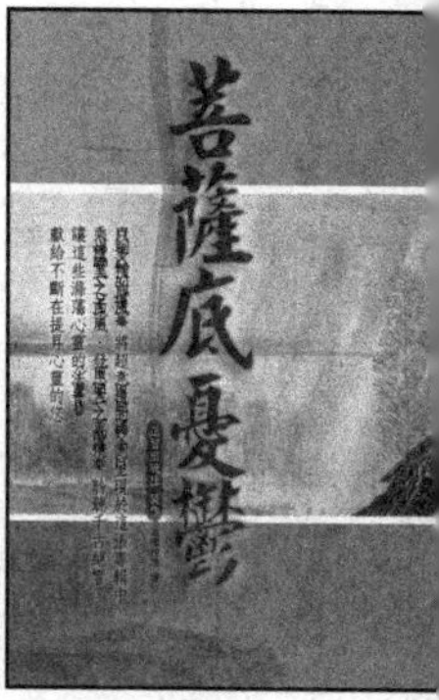

菩薩底憂鬱CD：將菩薩情懷及禪宗公案寫成新詞，並製作成超越意境的優美歌曲。 1.主題曲〈菩薩底憂鬱〉，描述地後菩薩能離三界生死而迴向繼續生在人間，但因尚未斷盡習氣種子而有極深沈之憂鬱，非三賢位菩薩及二乘聖者所知，此憂鬱在七地滿心位方才斷盡；本曲之詞中所說義理極深，昔來所未曾見；此曲係以優美的情歌風格寫詞及作曲，聞者得以激發嚮往諸地菩薩境界之大心，詞、曲都非常優美，難得一見；其中勝妙義理之解說，已印在附贈之彩色小冊中。 2.以各輯公案拈提中直示禪門入處之頌文，作成各種不同曲風之超意境歌曲，值得玩味、參究；聆聽公案拈提之優美歌曲時，請同時閱讀內附之印刷精美說明小冊，可以領會超越三界的證悟境界；未悟者可以因此引發求悟之意向及疑情，眞發菩提心而邁向求悟之途，乃至因此眞實悟入般若，成眞菩薩。 3.正覺總持咒新曲，總持佛法大意；總持咒之義理，已加以解說並印在隨附之小冊中。本CD共有十首歌曲，長達63分鐘，附贈二張購書優惠券。每片280元。

金剛經宗通：三界唯心，萬法唯識，是成佛之修證內容，是諸地菩薩之所修；般若則是成佛之道（實證三界唯心、萬法唯識）的入門，若未證悟實相般若，即無成佛之可能，必將永在外門廣行菩薩六度，永在凡夫位中。然而實相般若的發起，全賴實證萬法的實相；若欲證知萬法的眞相，則必須探究萬法之所從來，則須實證自心如來—金剛心如來藏，然後現觀這個金剛心的金剛性、眞實性、如如性、清淨性、涅槃性、能生萬法的自性性、本住性，名爲證眞如；進而現觀三界六道唯是此金剛心所成，人間萬法須藉八識心王和合運作方能現起。如是實證《華嚴經》的「三界唯心、萬法唯識」以後，由此等現觀而發起實相般若智慧，繼續進修第十住位的如幻觀、第十行位的陽焰觀、第十迴向位的如夢觀，再生起增上意樂而勇發十無盡願，方能滿足三賢位的實證，轉入初地；自知成佛之道而無偏倚，從此按部就班、次第進修乃至成佛。第八識自心如來是般若智慧之所依，般若智慧的修證則要從實證金剛心自心如來開始；《金剛經》則是解說自心如來之經典，是一切三賢位菩薩所應進修之實相般若經典。這一套書，是將平實導師宣講的《金剛經宗通》內容，整理成文字而流通之；書中所說義理，迥異古今諸家依文解義之說，指出大乘見道方向與理路，有益於禪宗學人求開悟見道，及轉入內門廣修六度萬行。已於2013年9月出版完畢，總共9輯，每輯約三百餘頁，售價各250元。

禪意無限CD：平實導師以公案拈提書中偈頌寫成不同風格曲子，與他人所寫不同風格曲子共同錄製出版，幫助參禪人進入禪門超越意識之境界。盒中附贈彩色印製的精美解說小冊，以供聆聽時閱讀，令參禪人得以發起參禪之疑情，即有機會證悟本來面目，實證大乘菩提般若。本CD共有十首歌曲，長達69分鐘，每盒各附贈二張購書優惠券。每片280元。

空行母—性別、身分定位，以及藏傳佛教：本書作者為蘇格蘭哲學家，因為嚮往佛教深妙的哲學內涵，於是進入當年盛行於歐美的假藏傳佛教密宗，擔任卡盧仁波切的翻譯工作多年以後，被邀請成為卡盧的空行母（又名佛母、明妃），開始了她在密宗裡的實修過程；後來發覺在密宗雙身法中的修行，其實無法使自己成佛，也發覺密宗對女性岐視而處處貶抑，並剝奪女性在雙身法中擔任一半角色時應有的身分定位。當她發覺自己只是雙身法中被喇嘛利用的工具，沒有獲得絲毫應有的尊重與基本定位時，發現了密宗的父權社會控制女性的本質；於是作者傷心地離開了卡盧仁波切與密宗，但是卻被恐嚇不許講出她在密宗裡的經歷，也不許她說出自己對密宗的教義與教制下對女性剝削的本質，否則將被咒殺死亡。後來她去加拿大定居，十餘年後方才擺脫這個恐嚇陰影，下定決心將親身經歷的實情及觀察到的事實寫下來並且出版，公諸於世。出版之後，她被流亡的達賴集團人士大力攻訐，誣指她為精神狀態失常、說謊……等。但有智之士並未被達賴集團的政治操作及各國政府政治運作吹捧達賴的表相所欺，使她的書銷售無阻而又再版。正智出版社鑑於作者此書是親身經歷的事實，所說具有針對「藏傳佛教」而作學術研究的價值，也有使人認清假藏傳佛教剝削佛母、明妃的男性本位實質，因此洽請作者同意中譯而出版於華人地區。珍妮·坎貝爾女士著，呂艾倫 中譯，每冊250元。

霧峰無霧—給哥哥的信　本書作者藉兄弟之間信件往來論義，略述佛法大義；並以多篇短文辨義，舉出釋印順對佛法的無量誤解證據，並一一給予簡單而清晰的辨正，令人一讀即知。久讀、多讀之後即能認清楚釋印順的六識論見解，與眞實佛法之牴觸是多麼嚴重；於是在久讀、多讀之後，於不知不覺之間提升了對佛法的極深入理解，正知正見就在不知不覺間建立起來了。當三乘佛法的正知見建立起來之後，對於三乘菩提的見道條件便將隨之具足，於是聲聞解脫道的見道也就水到渠成；接著大乘見道的因緣也將次第成熟，未來自然也會有親見大乘菩提之道的因緣，悟入大乘實相般若也將自然成功，自能通達般若系列諸經而成實義菩薩。作者居住於南投縣霧峰鄉，自喻見道之後不復再見霧峰之霧，故鄉原野美景一一明見，於是立此書名爲《霧峰無霧》；讀者若欲撥霧見月，可以此書爲緣。游宗明　老師著　已於2015年出版　售價250元。

霧峰無霧—第二輯—救護佛子向正道　本書作者藉釋印順著作中之各種錯謬法義提出辨正，以詳實的文義一一提出理論上及實證上之解析，列舉釋印順對佛法的無量誤解證據，藉此教導佛門大師與學人釐清佛法義理，遠離岐途轉入正道，然後知所進修，久之便能見道明心而入大乘勝義僧數。被釋印順誤導的大師與學人極多，很難救轉，是故作者大發悲心深入解說其錯謬之所在，佐以各種義理辨正而令讀者在不知不覺之間轉歸正道。如是久讀之後欲得斷身見、證初果，即不爲難事；乃至久之亦得大乘見道而得證眞如，脫離空有二邊而住中道，實相般若智慧生起，於佛法不再茫然，漸漸亦知悟後進修之道。屆此之時，對於大乘般若等深妙法之迷雲暗霧亦將一掃而空，生命及宇宙萬物之故鄉原野美景一一明見，是故本書仍名《霧峰無霧》，爲第二輯；讀者若欲撥雲見日、離霧見月，可以此書爲緣。游宗明　老師著　已於2019年出版　售價250元。

假藏傳佛教的神話—性、謊言、喇嘛教：本書編著者是由一首名為「阿姊鼓」的歌曲為緣起，展開了序幕，揭開假藏傳佛教—喇嘛教—的神秘面紗。其重點是蒐集、摘錄網路上質疑「喇嘛教」的帖子，以揭穿「假藏傳佛教的神話」為主題，串聯成書，並附加彩色插圖以及說明，讓讀者們瞭解西藏密宗及相關人事如何被操作為「神話」的過程，以及神話背後的眞相。作者：張正玄教授。售價200元。

達賴真面目—玩盡天下女人：假使您不想戴綠帽子，請記得詳細閱讀此書；假使您不想讓好朋友戴綠帽子，請您將此書介紹給您的好朋友。假使您想保護家中的女性，也想要保護好朋友的女眷，請記得將此書送給家中的女性和好友的女眷都來閱讀。本書為印刷精美的大本彩色中英對照精裝本，為您揭開達賴喇嘛的眞面目，內容精彩不容錯過，為利益社會大眾，特別以優惠價格嘉惠所有讀者。編著者：白志偉等。大開版雪銅紙彩色精裝本。售價800元。

童女迦葉考—論呂凱文〈佛教輪迴思想的論述分析〉之謬：童女迦葉是佛世率領五百大比丘遊行於人間的歷史事實，是以童貞行而依止菩薩戒弘化於人間的大菩薩，不依別解脫戒（聲聞戒）來弘化於人間。這是大乘佛教與聲聞佛教同時存在於佛世的歷史明證，證明大乘佛教不是從聲聞法中分裂出來的部派佛教的產物，卻是聲聞佛教分裂出來的部派佛教聲聞凡夫僧所不樂見的史實；於是古今聲聞法中的凡夫都欲加以扭曲而作詭說，更是末法時代高聲大呼「大乘非佛說」的六識論聲聞凡夫極力想要扭曲的佛教史實之一，於是想方設法扭曲迦葉菩薩為聲聞僧，以及扭曲迦葉童女為比丘僧等荒謬不實之論著便陸續出現，古時聲聞僧寫作的《分別功德論》是最具體之事例，現代之代表作則是呂凱文先生的〈佛教輪迴思想的論述分析〉論文。鑑於如是假藉學術考證以籠罩大眾之不實謬論，未來仍將繼續造作及流竄於佛教界，繼續扼殺大乘佛教學人法身慧命，必須舉證辨正之，遂成此書。平實導師 著，每冊180元。

末代達賴—性交教主的悲歌： 簡介從藏傳僞佛教（喇嘛教）的修行核心—性力派男女雙修，探討達賴喇嘛及藏傳僞佛教的修行內涵。書中引用外國知名學者著作、世界各地新聞報導，包含：歷代達賴喇嘛的祕史、達賴六世修雙身法的事蹟，以及《時輪續》中的性交灌頂儀式……等；達賴喇嘛書中開示的雙修法、達賴喇嘛的黑暗政治手段；達賴喇嘛所領導的寺院爆發喇嘛性侵兒童；新聞報導《西藏生死書》作者索甲仁波切性侵女信徒、澳洲喇嘛秋達公開道歉、美國最大假藏傳佛教組織領導人邱陽創巴仁波切的性氾濫，等等事件背後眞相的揭露。作者：張善思、呂艾倫、辛燕。售價250元。

黯淡的達賴—失去光彩的諾貝爾和平獎： 本書舉出很多證據與論述，詳述達賴喇嘛不爲世人所知的一面，顯示達賴喇嘛並不是眞正的和平使者，而是假借諾貝爾和平獎的光環來欺騙世人；透過本書的說明與舉證，讀者可以更清楚的瞭解，達賴喇嘛是結合暴力、黑暗、淫欲於喇嘛教裡的集團首領，其政治行爲與宗教主張，早已讓諾貝爾和平獎的光環染污了。　本書由財團法人正覺教育基金會寫作、編輯，由正覺出版社印行，每冊250元。

第七意識與第八意識？—穿越時空「超意識」： 「三界唯心，萬法唯識」是佛教中應該實證的聖教，也是《華嚴經》中明載而可以實證的法界實相。唯心者，三界一切境界、一切諸法唯是一心所成就，即是每一個有情的第八識如來藏，不是意識心。唯識者，即是人類各各都具足的八識心王——眼識、耳鼻舌身意識、意根、阿賴耶識，第八阿賴耶識又名如來藏，人類五陰相應的萬法，莫不由八識心王共同運作而成就，故說萬法唯識。依聖教量及現量、比量，都可以證明意識是二法因緣生，是由第八識藉意根與法塵二法爲因緣而出生，又是夜夜斷滅不存之生滅心，即無可能反過來出生第七識意根、第八識如來藏，當知不可能從生滅性的意識心中，細分出恆審思量的第七識意根，更無可能細分出恆而不審的第八識如來藏。本書是將演講內容整理成文字，細說如是內容，並已在〈正覺電子報〉連載完畢，今彙集成書以廣流通，欲幫助佛門有緣人斷除意識我見，跳脫於識陰之外而取證聲聞初果；嗣後修學禪宗時即得不墮外道神我之中，得以求證第八識金剛心而發起般若實智。平實導師 述，每冊300元。

中觀金鑑—詳述應成派中觀的起源與其破法本質：學佛人往往迷於中觀學派之不同學說，被應成派與自續派所迷惑；修學般若中觀二十年後自以爲實證般若中觀了，卻仍不曾入門，甫聞實證般若中觀者之所說，則茫無所知，迷惑不解；隨後信心盡失，不知如何實證佛法；凡此，皆因惑於這二派中觀學說所致。自續派中觀所說同於常見，以意識境界立爲第八識如來藏之境界，應成派所說則同於斷見，但又同立意識爲常住法，故亦具足斷常二見。今者孫正德老師有鑑於此，乃將起源於密宗的應成派中觀學說，追本溯源，詳考其來源之外，亦一一舉證其立論內容，詳加辨正，令密宗雙身法祖師以識陰境界而造之應成派中觀學說本質，詳細呈現於學人眼前，令其維護雙身法之目的無所遁形。若欲遠離密宗此二大派中觀謬說，欲於三乘菩提有所進道者，允宜具足閱讀並細加思惟，反覆讀之以後將可捨棄邪道返歸正道，則於般若之實證即有可能，證後自能現觀如來藏之中道境界而成就中觀。本書分上、中、下三冊，每冊250元，全部出版完畢。

人間佛教—實證者必定不悖三乘菩提：「大乘非佛說」的講法似乎流傳已久，卻只是日本人企圖擺脫中國正統佛教的影響，而在明治維新時期才開始提出來的說法；台灣佛教、大陸佛教的淺學無智之人，由於未曾實證佛法而迷信日本人錯誤的學術考證，錯認爲這些別有用心的日本佛學考證的講法爲天竺佛教的眞實歷史；甚至還有更激進的反對佛教者提出「釋迦牟尼佛並非眞實存在，只是後人捏造的假歷史人物」，竟然也有少數佛教徒願意跟著「學術」的假光環而信受不疑，亦導致部分台灣佛教界人士，造作了反對中國大乘佛教而推崇南洋小乘佛教的行爲，使台灣佛教的信仰者難以檢擇，亦導致一般大陸人士開始轉入基督教的盲目迷信中。在這些佛教及外教人士之中，也就有一分人根據此邪說而大聲主張「大乘非佛說」的謬論，這些人以「人間佛教」的名義來抵制中國正統佛教，公然宣稱中國的大乘佛教是由聲聞部派佛教的凡夫僧所創造出來的。這樣的說法流傳於台灣及大陸佛教界凡夫僧之中已久，卻非眞正的佛教歷史中曾經發生過的事，只是繼承六識論的聲聞法中凡夫僧，以及別有居心的日本佛教界，依自己的意識境界立場，純憑臆想而編造出來的妄想說法，卻已經影響許多無智之凡夫僧俗信受不移。本書則是從佛教的經藏法義實質及實證的現量內涵本質立論，證明大乘佛法本是佛說，是從《阿含正義》尚未說過的不同面向來討論「人間佛教」的議題，證明「大乘眞佛說」。閱讀本書可以斷除六識論邪見，迴入三乘菩提正道發起實證的因緣；也能斷除禪宗學人學禪時普遍存在之錯誤知見，對於建立參禪時的正知見有很深的著墨。平實導師 述，內文488頁，全書528頁，定價400元。

喇嘛性世界—揭開假藏傳佛教譚崔瑜伽的面紗：這個世界中的喇嘛，號稱來自世外桃源的香格里拉，穿著或紅或黃的喇嘛長袍，散布於我們的身邊傳教灌頂，吸引了無數的人嚮往學習；這些喇嘛虔誠地爲大眾祈福，手中拿著寶杵（金剛）與寶鈴（蓮花），口中唸著咒語：「唵．嘛呢．叭咪．吽……」，咒語的意思是說：「我至誠歸命金剛杵上的寶珠伸向蓮花寶穴之中」！「喇嘛性世界」是什麼樣的「世界」呢？本書將爲您呈現喇嘛世界的面貌。當您發現眞相以後，您將會唸：「噢！喇嘛．性．世界，譚崔性交嘛！」作者：張善思、呂艾倫。售價200元。

見性與看話頭：黃正倖老師的《見性與看話頭》於《正覺電子報》連載完畢，今結集出版。書中詳說禪宗看話頭的詳細方法，並細說看話頭與眼見佛性的關係，以及眼見佛性者求見佛性前必須具備的條件。本書是禪宗實修者追求明心開悟時參禪的方法書，也是求見佛性者作功夫時必讀的方法書，內容兼顧眼見佛性的理論與實修之方法，是依實修之體驗配合理論而詳述，條理分明而且極爲詳實、周全、深入。本書內文375頁，全書416頁，售價300元。

實相經宗通：學佛之目的在於實證一切法界背後之實相，禪宗稱之爲本來面目或本地風光，佛菩提道中稱之爲實相法界；此實相法界即是金剛藏，又名佛法之祕密藏，即是能生有情五陰、十八界及宇宙萬有（山河大地、諸天、三惡道世間）的第八識如來藏，又名阿賴耶識心，即是禪宗祖師所說的眞如心，此心即是三界萬有背後的實相。證得此第八識心時，自能瞭解般若諸經中隱說的種種密意，即得發起實相般若—實相智慧。每見學佛人修學佛法二十年後仍對實相般若茫然無知，亦不知如何入門，茫無所趣；更因不知三乘菩提的互異互同，是故越是久學者對佛法越覺茫然，都肇因於尚未瞭解佛法的全貌，亦未瞭解佛法的修證內容即是第八識心所致。本書對於修學佛法者所應實證的實相境界提出明確解析，並提示趣入佛菩提道的入手處，有心親證實相般若的佛法實修者，宜詳讀之，於佛菩提道之實證即有下手處。平實導師述著，共八輯，已於2016年出版完畢，每輯成本價250元。

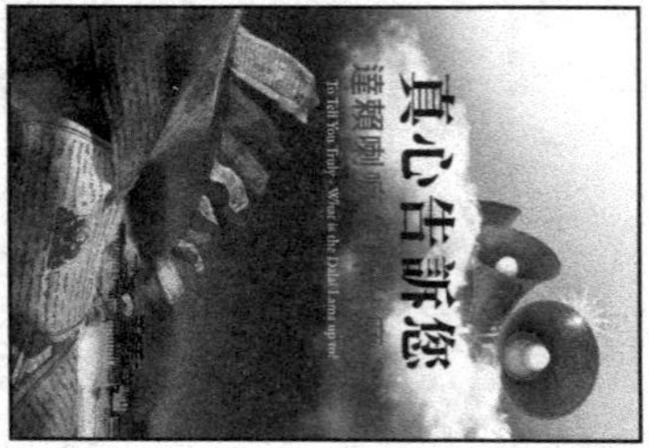

真心告訴您㈠—達賴喇嘛在幹什麼？這是一本報導篇章的選集，更是「破邪顯正」的暮鼓晨鐘。「破邪」是戳破假象，說明達賴喇嘛及其所率領的密宗四大派法王、喇嘛們，弘傳的佛法是仿冒的佛法；他們是假藏傳佛教，是坦特羅（譚崔性交）外道法和藏地崇奉鬼神的苯教混合成的「喇嘛教」，推廣的是以所謂「無上瑜伽」的男女雙身法冒充佛法的假佛教，詐財騙色誤導衆生，常常造成信徒家庭破碎、家中兒少失怙的嚴重後果。「顯正」是揭櫫眞相，指出眞正的藏傳佛教只有一個，就是覺囊巴，傳的是 釋迦牟尼佛演繹的第八識如來藏妙法，稱爲他空見大中觀。正覺教育基金會即以此古今輝映的如來藏正法正知見，在眞心新聞網中逐次報導出來，將箇中原委「眞心告訴您」，如今結集成書，與想要知道密宗眞相的您分享。售價250元。

法華經講義：此書爲平實導師始從2009/7/21演述至2014/1/14之講經錄音整理所成。世尊一代時教，總分五時三教，即是華嚴時、聲聞緣覺教、般若教、種智唯識教、法華時；依此五時三教區分爲藏、通、別、圓四教。本經是最後一時的圓教經典，圓滿收攝一切法教於本經中，是故最後的圓教聖訓中，特地指出無有三乘菩提，其實唯有一佛乘；皆因衆生愚迷故，方便區分爲三乘菩提以助衆生證道。世尊於此經中特地說明如來示現於人間的唯一大事因緣，便是爲有緣衆生「開、示、悟、入」諸佛的所知所見——第八識如來藏妙眞如心，並於諸品中隱說「妙法蓮花」如來藏心的密意。然因此經所說甚深難解，眞義隱晦，古來難得有人能窺堂奧；平實導師以知如是密意故，特爲末法佛門四衆演述《妙法蓮華經》中各品蘊含之密意，使古來未曾被古德註解出來的「此經」密意，如實顯示於當代學人眼前。乃至〈藥王菩薩本事品〉、〈妙音菩薩品〉、〈觀世音菩薩普門品〉、〈普賢菩薩勸發品〉中的微細密意，亦皆一併詳述之，可謂開前人所未曾言之密意，示前人所未見之妙法。最後乃至以〈法華大義〉而總其成，全經妙旨貫通始終，而依佛旨圓攝於一心如來藏妙心，厥爲曠古未有之大說也。平實導師述，共有25輯，已於2019/05/31出版完畢。每輯300元。

西藏「活佛轉世」制度—附佛、造神、世俗法：歷來關於喇嘛教活佛轉世的研究，多針對歷史及文化兩部分，於其所以成立的理論基礎，較少系統化的探討。尤其是此制度是否依據「佛法」而施設？是否合乎佛法眞實義？現有的文獻大多含糊其詞，或人云亦云，不曾有明確的闡釋與如實的見解。因此本文先從活佛轉世的由來，探索此制度的起源、背景與功能，並進而從活佛的尋訪與認證之過程，發掘活佛轉世的特徵，以確認「活佛轉世」在佛法中應具足何種果德。定價150元。

真心告訴您(二)—達賴喇嘛是佛教僧侶嗎？補祝達賴喇嘛八十大壽：這是一本針對當今達賴喇嘛所領導的喇嘛教，冒用佛教名相、於師徒間或師兄姊間，實修男女邪淫，而從佛法三乘菩提的現量與聖教量，揭發其謊言與邪術，證明達賴及其喇嘛教是仿冒佛教的外道，是「假藏傳佛教」。藏密四大派教義雖有「八識論」與「六識論」的表面差異，然其實修之內容，皆共許「無上瑜伽」四部灌頂爲究竟「成佛」之法門，也就是共以男女雙修之邪淫法爲「即身成佛」之密要，雖美其名曰「欲貪爲道」之「金剛乘」，並誇稱其成就超越於（應身佛）釋迦牟尼佛所傳之顯教般若乘之上；然詳考其理論，則或以意識離念時之粗細心爲第八識如來藏，或以中脈裡的明點爲第八識如來藏，或如宗喀巴與達賴堅決主張第六意識爲常恆不變之眞心者，分別墮於外道之常見與斷見中；全然違背 佛說能生五蘊之如來藏的實質。售價300元。

涅槃—解說四種涅槃之實證及內涵：眞正學佛之人，首要即是見道，由見道故方有涅槃之實證，證涅槃者方能出生死，但涅槃有四種：二乘聖者的有餘涅槃、無餘涅槃，以及大乘聖者的本來自性清淨涅槃、佛地的無住處涅槃。大乘聖者實證本來自性清淨涅槃，入地前再取證二乘涅槃，然後起惑潤生捨離二乘涅槃，繼續進修而在七地心前斷盡三界愛之習氣種子，依七地無生法忍之具足而證得念念入滅盡定；八地後進斷異熟生死，直至妙覺地下生人間成佛，具足四種涅槃，方是眞正成佛。此理古來少人言，以致誤會涅槃正理者比比皆是，今於此書中廣說四種涅槃、如何實證之理、實證前應有之條件，實屬本世紀佛教界極重要之著作，令人對涅槃有正確無訛之認識，然後可以依之實行而得實證。本書共有上下二冊，每冊各四百餘頁，對涅槃詳加解說，每冊各350元。

佛藏經講義：本經說明爲何佛菩提難以實證之原因，都因往昔無數阿僧祇劫前的邪見，引生此世求證時之業障而難以實證。即以諸法實相詳細解說，繼之以念佛品、念法品、念僧品，說明諸佛與法之實質；然後以淨戒品之說明，期待佛弟子四眾堅持清淨戒而轉化心性，並以往古品的實例說明，教導四眾務必滅除邪見轉入正見中，然後以了戒品的說明和囑累品的付囑，期望末法時代的佛門四眾弟子皆能清淨知見而得以實證。平實導師於此經中有極深入的解說，總共21輯，每輯300元，於2019/07/31開始發行。

我的菩提路第七輯：余正偉老師等人著，本輯中舉示余老師明心二十餘年以後的眼見佛性實錄，供末法時代學人了知明心異於見性之本質，並且舉示其見性後與平實導師互相討論眼見佛性之諸多疑訛處；除了證明《大般涅槃經》中 世尊開示眼見佛性之法正眞無訛以外，亦得一解明心後尚未見性者之所未知處，甚爲精彩。此外亦列舉多篇學人從各不同宗教進入正覺學法之不同過程，以及發覺諸方道場邪見之內容與過程，最終得於正覺精進禪三中悟入的實況，足供末法精進學人借鑑，以彼鑑己而生信心，得以投入了義正法中修學及實證。凡此，皆足以證明不唯明心所證之第七住位般若智慧及解脫功德仍可實證，乃至第十住位的實證與當場發起如幻觀之實證，於末法時代的今天皆仍有可能。本書約四百頁，售價300元，將於2021年6月30日發行。

大法鼓經講義：本經解說佛法的總成：法、非法。由開解法、非法二義，說明了義佛法與世間戲論法的差異，指出佛法實證之標的即是法——第八識如來藏；並顯示實證後的智慧，如實擊大法鼓、演深妙法，演說如來祕密教法，非二乘定性及諸凡夫所能得聞，唯有具足菩薩性者方能得聞。正聞之後即得依於 世尊大願而拔除邪見，入於正法而得實證：深解不了義經之方便說，亦能實解了義經所說之眞實義，得以證法——如來藏，而得發起根本無分別智，乃至進修而發起後得無分別智；並堅持布施及受持清淨戒而轉化心性，得以現觀眞我如來藏之各種層面。此爲第一義諦聖教，於末法最後餘四十年時，一切世間樂見離車童子將繼續護持此經所說正法。平實導師於此經中有極深入的解說，總共約六輯，每輯300元，於《佛藏經講義》出版完畢後開始發行，每二個月發行一輯。

解深密經講義：本經係 世尊晚年第三轉法輪，宣說地上菩薩所應熏修之唯識正義經典，經中所說義理乃是大乘一切種智增上慧學，以阿陀那識—如來藏—阿賴耶識爲主體。禪宗之證悟者，若欲修證初地無生法忍乃至八地無生法忍者，必須修學《楞伽經、解深密經》所說之八識心王一切種智；此二經所說正法，方是眞正成佛之道；印順法師否定第八識如來藏之後所說萬法緣起性空之法，是以誤會後之二乘解脫道取代大乘眞正成佛之道，尚且不符二乘解脫道正理，亦已墮於斷滅見中，不可謂爲成佛之道也。平實導師曾於本會郭故理事長往生時，於喪宅中從首七開始宣講，於每一七各宣講三小時，至第十七而快速略講圓滿，作爲郭老之往生佛事功德，迴向郭老早證八地、速返娑婆住持正法。茲爲今時後世學人故，將擇期重講《解深密經》，以淺顯之語句講畢後，將會整理成文，用供證悟者進道；亦令諸方未悟者，據此經中佛語正義，修正邪見，依之速能入道。平實導師述著，全書輯數未定，每輯三百餘頁，將於未來重講完畢後逐輯出版。

修習止觀坐禪法要講記：修學四禪八定之人，往往錯會禪定之修學知見，欲以無止盡之坐禪而證禪定境界，卻不知修除性障之行門才是修證四禪八定不可或缺之要素，故智者大師云「性障初禪」；性障不除，初禪永不現前，云何修證二禪等？又：行者學定，若唯知數息，而不解六妙門之方便善巧者，欲求一心入定，未到地定極難可得，智者大師名之爲「事障未來」：障礙未到地定之修證。又禪定之修證，不可違背二乘菩提及第一義法，否則縱使具足四禪八定，亦不能實證涅槃而出三界。此諸知見，智者大師於《修習止觀坐禪法要》中皆有闡釋。作者平實導師以其第一義之見地及禪定之實證證量，曾加以詳細解析。將俟正覺寺竣工啓用後重講，不限制聽講者資格；講後將以語體文整理出版。欲修習世間定及增上定之學者，宜細讀之。平實導師述著。

阿含經講記—小乘解脫道之修證：數百年來，南傳佛法所說證果之不實，所說解脫道之虛妄，所弘解脫道法義之世俗化，皆已少人知之；從南洋傳入台灣與大陸之後，所說法義虛謬之事，亦復少人知之；今時台灣全島印順系統之法師居士，多不知南傳佛法數百年來所說解脫道之義理已然偏斜、已然世俗化、已非眞正之二乘解脫正道，猶極力推崇與弘揚。彼等南傳佛法近代所謂之證果者皆非眞實證果者，譬如阿迦曼、葛印卡、帕奧禪師、一行禪師……等人，悉皆未斷我見故。近年更有台灣南部大願法師，高抬南傳佛法之二乘修證行門爲「捷徑究竟解脫之道」者，然而南傳佛法縱使眞修實證，得成阿羅漢，至高唯是二乘菩提解脫之道，絕非究竟解脫，無餘涅槃中之實際尚未得證故，法界之實相尚未了知故，習氣種子待除故，一切種智未實證故，焉得謂爲「究竟解脫」？即使南傳佛法近代眞有實證之阿羅漢，尚且不及三賢位中之七住明心菩薩本來自性清淨涅槃智慧境界，則不能知此賢位菩薩所證之無餘涅槃實際，仍非大乘佛法中之見道者，何況普未實證聲聞果乃至未斷我見之人？謬充證果已屬逾越，更何況是誤會二乘菩提之後，以未斷我見之凡夫知見所說之二乘菩提解脫偏斜法道，焉可高抬爲「究竟解脫」？而且自稱「捷徑之道」？又妄言解脫之道即是成佛之道，完全否定般若實智、否定三乘菩提所依之如來藏心體，此理大大不通也！平實導師爲令修學二乘菩提欲證解脫果者，普得迴入二乘菩提正見、正道中，是故選錄四阿含諸經中，對於二乘解脫道法義有具足圓滿說明之經典，預定未來十年內將會加以詳細講解，令學佛人得以了知二乘解脫道之修證理路與行門，庶免被人誤導之後，未證言證，梵行未立，干犯道禁自稱阿羅漢或成佛，成大妄語，欲升反墮。本書首重斷除我見，以助行者斷除我見而實證初果爲著眼之目標，若能根據此書內容，配合平實導師所著《識蘊眞義》《阿含正義》內涵而作實地觀行，實證初果非爲難事，行者可以藉此三書自行確認聲聞初果爲實際可得現觀成就之事。此書中除依二乘經典所說加以宣示外，亦依斷除我見等之證量，及大乘法中道種智之證量，對於意識心之體性加以細述，令諸二乘學人必定得斷我見、常見，免除三縛結之繫縛。次則宣示斷除我執之理，欲令升進而得薄貪瞋痴，乃至斷五下分結…等。平實導師將擇期講述，然後整理成書。共二冊，每冊三百餘頁。每輯300元。

＊喇嘛教修外道雙身法，墮識陰境界，非佛教＊

＊弘揚如來藏他空見的覺囊派才是真正藏傳佛教＊

總經銷： 聯合發行股份有限公司

231 新北市新店區寶橋路 235 巷 6 弄 6 號 4F

Tel.02－2917-8022（代表號） Fax.02－2915-6275（代表號）

零售：1.**全台連鎖經銷書局：**

三民書局、誠品書局、何嘉仁書店

敦煌書店、紀伊國屋、金石堂書局、建宏書局

諾貝爾圖書城、墊腳石圖書文化廣場

2.**台北市：**佛化人生 **大安區**羅斯福路 3 段 325 號 6 樓之 4 台電大樓對面

3.**新北市：**春大地書店 **蘆洲區**中正路 117 號

4.**桃園市：**御書堂 **龍潭區**中正路 123 號

5.**新竹市：**大學書局 **東區**建功路 10 號

6.**台中市：**瑞成書局 **東區**雙十路 1 段 4 之 33 號

佛教詠春書局 **南屯區**永春東路 884 號

文春書店 **霧峰區**中正路 1087 號

7.**彰化市：**心泉佛教文化中心 南瑤路 286 號

8.**高雄市：**政大書城 **前鎮區**中華五路 789 號 2 樓（高雄夢時代店）

明儀書局 **三民區**明福街 2 號

青年書局 **苓雅區**青年一路 141 號

9.**台東市：**東普佛教文物流通處 博愛路 282 號

10.**其餘鄉鎮市經銷書局：**請電詢總經銷**聯合**公司。

11.**大陸地區請洽：**

香港：樂文書店

旺角店 :香港九龍旺角西洋菜街 62 號 3 樓

電話 :(852) 2390 3723 email: luckwinbooks@gmail.com

銅鑼灣店 :香港銅鑼灣駱克道 506 號 2 樓

電話 :(852) 2881 1150 email: luckwinbs@gmail.com

廈門：廈門外圖臺灣書店有限公司

地址：廈門市思明區湖濱南路809 號 廈門外圖書城3 樓 郵編：361004

電話：0592-5061658（臺灣地區請撥打 86-592-5061658）

E-mail：JKB118＠188.COM

12.**美國：世界日報圖書部：**紐約圖書部 電話 7187468889#6262

洛杉磯圖書部 電話 3232616972#202

13.**國內外地區網路購書：**

正智出版社 書香園地 http://books.enlighten.org.tw/

（書籍簡介、經銷書局可直接聯結下列網路書局購書）

三民 網路書局 http://www.sanmin.com.tw

誠品 網路書局 http://www.eslitebooks.com

博客來 網路書局 http://www.books.com.tw

金石堂 網路書局　http://www.kingstone.com.tw

聯合 網路書局　http:// www.nh.com.tw

附註：1.請儘量向各經銷書局購買：郵政劃撥需要八天才能寄到（本公司在您劃撥後第四天才能接到劃撥單，次日寄出後第二天您才能收到書籍，此六天中可能會遇到週休二日，是故共需八天才能收到書籍）若想要早日收到書籍者，請劃撥完畢後，將劃撥收據貼在紙上，旁邊寫上您的姓名、住址、郵區、電話、買書詳細內容，直接傳眞到本公司 02-28344822，並來電 02-28316727、28327495 確認是否已收到您的傳眞，即可提前收到書籍。 2.因台灣每月皆有五十餘種宗教類書籍上架，書局書架空間有限，故唯有新書方有機會上架，通常每次只能有一本新書上架；本公司出版新書，大多上架不久便已售出，若書局未再叫貨補充者，書架上即無新書陳列，則請直接向書局櫃台訂購。 3.若書局不便代購時，可於晚上共修時間向正覺同修會各共修處請購（共修時間及地點，詳閱**共修現況表**。每年例行年假期間請勿前往請書，年假期間請見共修現況表）。 4.郵購：郵政劃撥帳號 19068241。 5.正覺同修會會員購書都以八折計價（戶籍台北市者爲一般會員，外縣市爲護持會員）都可獲得優待，欲一次購買全部書籍者，可以考慮入會，節省書費。入會費一千元（第一年初加入時才需要繳），年費二千元。**6.尚未出版之書籍，請勿預先郵寄書款與本公司，謝謝您！** 7.若欲一次購齊本公司書籍，或同時取得正覺同修會贈閱之全部書籍者，請於正覺同修會共修時間，親到各共修處請購及索取；**台北市讀者**請洽：103 台北市承德路三段 267 號 10 樓（捷運淡水線 圓山站旁）請書時間：週一至週五爲 18.00~21.00，第一、三、五週週六爲 10.00~21.00，雙週之週六爲 10.00~18.00 請購處專線電話：25957295-分機 14（於請書時間方有人接聽）。

敬告大陸讀者：

大陸讀者購書、索書捷徑（尚未在大陸出版的書籍，以下二個途徑都可以購得，電子書另包括結緣書籍）：

1.**廈門外國圖書公司**：廈門市思明區湖濱南路 809 號 廈門外圖書城 3F
郵編：361004　電話：0592-5061658　網址：http://www.xibc.com.cn/

2.**電子書**：正智出版社有限公司及正覺同修會在台灣印行的各種局版書、結緣書，已有『**正覺電子書**』陸續上線中，提供讀者於手機、平板電腦上購書、下載、閱讀正智出版社、正覺同修會及正覺教育基金會所出版之電子書，詳細訊息敬請參閱『正覺電子書』專頁：http://books.enlighten.org.tw/ebook

關於平實導師的書訊，請上網查閱：

成佛之道　http://www.a202.idv.tw

正智出版社 書香園地　http://books.enlighten.org.tw/

★ 正智出版社有限公司售書之稅後盈餘，全部捐助財團法人正覺寺籌備處、佛教正覺同修會、正覺教育基金會，供作弘法及購建道場之用；懇請諸方大德支持，功德無量。

★ 聲　明 ★

本社於 2015/01/01 開始調整本目錄中部分書籍之售價，以因應各項成本的持續增加。

＊ 喇嘛教修外道雙身法、墮識陰境界，非佛教 ＊

＊ 弘揚如來藏他空見的覺囊派才是真正藏傳佛教 ＊

售後服務—換書啓事（免附回郵）　2017/12/05

《楞伽經詳解》第三輯初版免費調換新書啓事：茲因 平實導師弘法早期尚未回復往世全部證量，有些法義接受他人的說法，寫書當時並未察覺而有二處（同一種法義）跟著誤說，如今發現已將之修正。茲爲顧及讀者權益，已開始免費調換新書；敬請所有讀者將以前所購第三輯（不論第幾刷），攜回或寄回本公司免費換新；郵寄者之回郵由本公司負擔，不需寄來郵票。因此而造成讀者閱讀、以及換書的不便，在此向所有讀者致上萬分的歉意，祈請讀者大眾見諒！

《楞嚴經講記》第 14 輯初版首刷本免費調換新書啓事：本講記第 14 輯出版前因 平實導師諸事繁忙，未將之重新閱讀而只改正校對時發現的錯別字，故未能發覺十年前所說法義有部分錯誤，於第 15 輯付印前重閱時才發覺第 14 輯中有部分錯誤尚未改正。今已重新審閱修改並已重印完成，煩請所有讀者將以前所購第 14 輯初版首刷本，寄回本公司免費換新（初版二刷本無錯誤），本公司將於寄回新書時同時附上您寄書來換新時的郵資，並在此向所有讀者致上最誠懇的歉意。

《心經密意》初版書免費調換二版新書啓事：本書係演講錄音整理成書，講時因時間所限，省略部分段落未講。後於再版時補寫增加 13 頁，維持原價流通之。茲爲顧及初版讀者權益，自 2003/9/30 開始免費調換新書，原有初版一刷、二刷書籍，皆可寄來本公司換書。

《宗門法眼》已經增寫改版爲 464 頁新書，2008 年 6 月中旬出版。讀者原有初版之第一刷、第二刷書本，都可以寄回本公司免費調換改版新書。改版後之公案及錯悟事例維持不變，但將內容加以增說，較改版前更具有廣度與深度，將更能助益讀者參究實相。

換書者**免附回郵**，亦無截止期限；舊書請寄：111 台北郵政 73-151 號信箱 或 103 台北市承德路三段 267 號 10 樓 正智出版社有限公司。舊書若有塗鴨、殘缺、破損者，仍可換取新書；但缺頁之舊書至少應仍有五分之三頁數，方可換書。所有讀者不必顧念本公司是否有盈餘之問題，都請踴躍寄來換書；本公司成立之目的不是營利，只要能眞實利益學人，即已達到成立及運作之目的。若以郵寄方式換書者，免附回郵；並於寄回新書時，由本公司附上您寄來書籍時耗用的郵資。造成您不便之處，再次致上萬分的歉意。

正智出版社有限公司 啓

換書及道歉公告

《法華經講義》第十三輯，因謄稿、印製等相關人員作業疏失，導致該書中的經文及內文用字將「**親近**」誤植成「清淨」。茲爲顧及讀者權益，自 2017/8/30 開始免費調換新書；敬請所有讀者將以前所購第十三輯初版首刷及二刷本，攜回或寄回本社免費換新，或請自行更正其中的錯誤之處；郵寄者之回郵由本社負擔，不需寄來郵票。同時對因此而造成讀者閱讀、以及換書的困擾及不便，在此向所有讀者致上最誠懇的歉意，祈請讀者大眾見諒！錯誤更正說明如下：

一、第 256 頁第 10 行~第 14 行：【就是先要具備「**法親近處**」、「**眾生親近處**」；法**親近**處就是在實相之法有所實證，如果在實相法上有所實證，他在二乘菩提中自然也能有所實證，以這個作爲第一個**親近**處——第一個基礎。然後還要有第二個基礎，就是瞭解應該如何善待眾生；對於眾生不要有排斥或者是貪取之心，平等觀待而攝受、親近一切有情。以這兩個**親近**處作爲基礎，來實行其他三個安樂行法。】。

二、第 268 頁第 13 行：【具足了那兩個「**親近處**」，使你能夠在末法時代，如實而圓滿的演述《法華經》時，那麼你作這個夢，它就是如理作意的，完全符合邏輯去完成這個過程，就表示你那個晚上，在那短短的一場夢中，已經度了不少眾生了。】

正智出版社有限公司 敬啓

國家圖書館出版品預行編目(CIP)資料

法華經講義 / 平實導師述. -- 初版. -
- 臺北市 : 正智, 2015.05　面 ;　公分
ISBN 978-986-56553-0-3 (第一輯：平裝)
ISBN 978-986-56554-6-4 (第二輯：平裝)
ISBN 978-986-56555-6-3 (第三輯：平裝)
ISBN 978-986-56556-1-7 (第四輯：平裝)
ISBN 978-986-56556-9-3 (第五輯：平裝)
ISBN 978-986-56557-9-2 (第六輯：平裝)
ISBN 978-986-56558-2-2 (第七輯：平裝)
ISBN 978-986-56558-9-1 (第八輯：平裝)
ISBN 978-986-56559-8-3 (第九輯：平裝)
ISBN 978-986-93725-2-7 (第十輯：平裝)
ISBN 978-986-93725-4-1 (第十一輯：平裝)
ISBN 978-986-93725-6-5 (第十二輯：平裝)
ISBN 978-986-93725-7-2 (第十三輯：平裝)
ISBN 978-986-94970-3-9 (第十四輯：平裝)
ISBN 978-986-94970-7-7 (第十五輯：平裝)
ISBN 978-986-94970-9-1 (第十六輯：平裝)
ISBN 978-986-95830-1-5 (第十七輯：平裝)
ISBN 978-986-95830-4-6 (第十八輯：平裝)
ISBN 978-986-95830-9-1 (第十九輯：平裝)
ISBN 978-986-96548-1-4 (第二十輯：平裝)
ISBN 978-986-96548-5-2 (第二十一輯：平裝)
ISBN 978-986-97233-0-5 (第二十二輯：平裝)
ISBN 978-986-97233-2-9 (第二十三輯：平裝)
ISBN 978-986-97233-4-3 (第二十四輯：平裝)
ISBN 978-986-97233-6-7 (第二十五輯：平裝)
1. 法華部
221.5　　104004638

法華經講義——第一輯

著述者：平實導師
音文轉換：章乃鈞、高惠齡、劉惠莉、蔡正利、黃昇金
校對：章乃鈞 陳介源 孫淑貞 傅素嫻 王美伶
出版者：正智出版社有限公司
電話：○二 28327495 28316727（白天）
傳眞：○二 28344822
111 台北郵政 73-151 號信箱
郵政劃撥帳號：一九○六八二四一
正覺講堂：總機○二 25957295（夜間）
總經銷：聯合發行股份有限公司
231 新北市新店區寶橋路 235 巷 6 弄 6 號 4 樓
電話：○二 29178022（代表號）
傳眞：○二 29156275
初版首刷：二○一五年五月三十一日 二千冊
初版十刷：二○二○年十一月 二千冊
定價：三○○元